메타버스 스쿨혁명

메타버스 스쿨혁명

METAVERSE SCHOOL REVOLUTION

미래 교육의 방향

메타버스세대 아이들을 위한

김은형 지음

서사원

아버지와 어머니, 또 그 어머니와 아버지 너머
모든 선지식들의 삶의 경험과 지혜와 깊은 사랑 앞에
경외감으로 전율하며 내 생애 최초로 겸손한 이가 되어
이 책을 바친다.

이 책을 재미있게 읽는 법

하나,
용어로 먼저 맛보기

어쩌면 이 책은 '메타버스Metaverse'를 주제로 쓴 인문교육서가 아니라 최초의 '교육 SF소설'로 읽혀질지도 모르겠다. 아니면 곧 현실로 닥칠 교육의 미래에 살을 조금 붙인 메타팩션일까?

메타팩션Metafaction은 필자가 만들어낸 신조어다. 현실과 가상현실의 구분은 모호하다. 왜냐하면 우리의 상상이 곧 우리의 현실이 되고 가상현실도 만들어내기 때문이다. '메타버스'도 우리 현실 세계를 거울처럼 반영하는 판타지의 세계이고, 팩션faction01 또한 역사나 현실 속 이야기를 소설처럼 묘사한 이야기로 인간의 상상력의 소산이라는 생각에서 '메타버스'는 곧 '메타팩션'이

---

01 팩션: 팩트(fact)와 픽션(fiction)을 합성한 신조어로 역사극 시나리오 작법에서 자주 사용됨.

라는 생각을 하게 되었다.

　이러한 생각은 코로나19 이후 급격하게 떠오른 '메타버스'를 크게 두 가지 갈래로 구분하여 미래 교육을 전망하게 하였는데, 게임과 같은 상품자본주의 기반 '디지털 메타버스'와 자연이 태초부터 간직한 개별적이고 우주적인 '내추럴natural 메타버스'가 그것이다. 이것을 더 쉬운 일상용어로 말하자면 전자는 과학기술 문명의 발달적 측면이고, 후자는 슬로우 라이프적인 삶의 지향이라고 할 수 있다. 두 갈래 길 모두 메타버스세대인 Z세대 아이들이 살아야 할 '메타팩션'의 현실 세계다. 아이들이 두 개의 세계를 스스로의 상상력으로 '지혜'롭게 선택하고 결정해서 인간답고 조화롭게 살아가도록 돕는 일이 미래 교육의 역할이다.

둘,
생각을 제안하다

　〈스노우 크래시Snow Crash〉와 〈레디 플레이어 원Ready Player One〉(2018)은 가상현실이 공존하는 미래 세계를 보여줬다. 우리는 이미 행운을 향한 판타지fantasy와 SFscience fiction의 세계 속에 현실의 집을 짓고 살며 미래를 달리고 있다. 상상력과 과학은 초음속도계Mach meter로도 측정할 수 없을 만큼 빠른 속도로 새로운 시대의 초월적 초인들을 등장시키고 있다. 이제 초극적 거인들은 물질적인 크기와 사고력의 깊이만으로 규정할 수 없다.

인간의 상상력이 디지털 메타버스라는 새로운 가상현실의 시대를 열고 있고 AI는 빅데이터로 인간의 행동을 알고리즘^{algor-ism}으로 조종하고 있다. 《학교 없는 사회^{Deschooling society}》의 저자 이반 일리히^{Ivan Illich}는 교육 개혁은 물론 문명의 변혁을 내세우며 사람은 시스템으로 들어가서 작동될 수 있는 성격의 존재가 아니라고 주장한다. 그러나 세상 사람들은 스스로 디지털 메타버스 플랫폼이라는 가두리에 갇혀 아바타의 삶을 자처하거나 AI의 알고리즘을 비평 없이 받아들이고 온라인 플랫폼에서 의식주 모두를 해결하는 것이 바이러스의 위협으로부터 생명을 지키기 위한 당연한 선택으로 생각하며 스스로 디지털 소인이 된다.

'디지털 LSD(환각제)'라고까지 불리며 디지털 중독과 스마트폰 중독으로 병적 증상으로 분류되던 디지털 메타버스의 세계는 코로나19 이후 단절된 관계로부터 오는 우울과 자살 충동 등으로부터 인간을 보호하는 생존을 위한 파라다이스로 다시 자리매김했다. 디지털 매체를 많이 이용하면 치매나 뇌 손상 등 치명적인 병적 요인이 온다던 입장에서, 코로나19로 단절된 노인 우울증 치료를 위해 메타버스 아바타 노인당이 효과가 있었다는 등 관점 자체가 180도로 바뀌기 시작한 것이다.

메타버스가 트렌드가 될 수밖에 없는 이유는 코로나19로 현실 세계에서 대면 활동이 축소되면서 온라인 메타버스 세계에서 소셜 활동과 더불어 전자화폐 기반의 경제활동이 활발해졌기 때문이다. 이반 일리히가 비판했던 것처럼 공부는 학교에서 책임지고 건강은 병원이 책임지는 식의 가치의 제도화는 코로나 시대 온라인 등교에 대한 비판과 맥락을 같이한다. 로블록스^{Roblox}나 제페토^{Zepeto}, 마인크래프트^{Minecraft}와 같은 디지털 메타버스는 상품자본주의 기반 타자들의 상상력의 소산이지만, Z세대라 불리는 메타버스세대 아이들의 놀이터이자 학교이기도 하다.

이제 아이들은 디지털 메타버스 내에서 친구를 만나고 학습 정보도 교환한다. 그러나 메타버스세대 아이들도 타자가 아닌 자신 스스로의 상상력으로 오프라인 현실 세계에서 슬로우라이프로 대표되는 귀농귀촌의 자급자족적인 삶의 기술로도 가치 있는 삶과 학습을 주도해나갈 수 있다. 공부와 배움이란 결국 자신의 의지와 선택의 문제이고 생존의 문제이기 때문이다. 메타버스세대를 키우는 부모와 교사들이 함께 선택하고 나눠야 할 매우 중요한 '지혜'다.

셋,
요약해서 미리 보기

Chapter 1. 메타버스 스쿨 혁명의 시작
코로나19 이후 온라인 전환 사회의 교육혁명의 필연성을 이야기한다. 온라인 중심의 교육시스템 변화는 단순히 코로나19에 의한 것이 아니라 이미 글로벌 IT 기업들에 의해 시스템 전환을 위한 준비가 이어져오던 차에 코로나19로 한순간에 온라인 중심

사회로 전환되면서 IT 기업들은 에듀테크 기반 솔루션과 플랫폼으로 사교육과 공교육 모두를 장악하며 주가를 올렸다.

이제 미래 교육은 그동안 핵심 역량으로 제시되어 오던 글로벌 IT 기업의 문제 중심 해결 능력과 창의성 기반 교육 프로그램을 뛰어넘는 자발성과 상상력, 스스로 선택하고 결정하는 지혜, 실패를 두려워하지 않는 용기, 종교적 수행처럼 꾸준한 자기 주도성, 자유를 위한 자급자족적 경제관념, 실행력의 극대화와 같은 새로운 대안이 마련되어야 한다.

메타버스시대는 상상력을 현실로 만들어내는 능력 자체가 부귀영화의 지름길이 된다. 상품 권력 사회에서 생각의 한계는 소비의 한계를 만들고 그 자체가 라이프스타일이 되어 한 개인의 삶이 되고 운명이 된다. 메타버스세대 아이들의 고도로 발달된 디지털 지능에 걸맞을 뿐더러 인간됨의 근본인 자유와 자기 본성을 지키며 살아가기 위한 완전히 새로운 교육을 준비해야 한다.

디지털 메타버스는 단순한 소프트웨어 이전에 21세기 현대인의 욕망이 점철된 무의식이 작동하는 하나의 의식 세계다. 개별 메타버스에서 작동하던 무의식은 다른 메타버스에서도 그대로 구현된다. 메타버스세대 아이들을 위한 교육목표는 무엇보다 '자기 결정권과 종속되지 않을 권리와 공존'이다. 특히 10대들 대부분이 디지털 메타버스 유저이기에 자칫 방심하면 메타버스의 가두리에 영원히 종속적인 존재가 될 수도 있다. 이에 메타버스세대 아이들은 자기만의 삶의 스타일을 스스로 선택하고 결정할 수 있는 자기 주도적 삶의 '지혜'를 배워나가야 한다.

'내추럴 메타버스'의 세계인 수행·명상·뇌 과학·철학·예술·환경과 식량 등 인문학적 교육 프로그램은 물론 디지털 메타버스의 세계인 과학기술·생태 바이오 등 또한 균형 잡힌 앎으로 구조화할 수 있도록 해야 한다. 이를 위해 메타버스시대와 메타버스세대를 정확히 인지하고 새로운 교육목표와 내용 및 방향은 물론 교실 환경 디자인까지도 모두 달라져야 한다.

Chapter 2. 메타버스시대 필수과목

욕망이라는 이름의 '메타버스'에 오르기 전에 우리는 먼저 기업의 플랫폼이 추구하는 세계관과 가치관을 꼼꼼히 따져서 접속해야 한다. 기업의 목표는 고객 개발과 이윤 추구이기에 상품 중독적 삶의 개연성을 부정할 수 없다.

미래 사회는 현실과 가상현실의 구분이 모호해지기 때문에 분열적인 삶을 살지 않기 위해서는 더욱 중요한 문제다. 어쩌면 미래 메타버스세대의 일생은 그가 속한 메타버스 내의 가치관과 세계관에 의해 구성된 내러티브와 스토리텔링에 의해 시작과 결말이 미리 만들어질지도 모른다. 현실 세계에서는 이를 신이 주신 운명이라는 말로 대신해왔다. 인간 그 자체로 하나의 거대한 우주적 존재임에도 불구하고 상업자본 기반의 디지털 메타버스에 갇히면 자기 삶의 주인이 되던 시대는 가고, 타자의 신념에 의해 만들어진 삶을 시스템에 의해 강요당할 수도 있다.

메타버스세대 아이들에게 있어서 교육은 식량과 함께 생존의 문제다. 그래서 메타버스세대 아이들의 필수 교과목은 자신의 삶을 스스로의 상상력과 생각으로 디자인하여 구체화하고 시각화할 수 있는 능력과 자급자족적 라이프스타일을 키워주는 교육과정으로 전환되어야 한다.

글쓰기, 비평적이고 성찰적인 리터러시[literacy] 교육, 명상과 뇌 과학 등 영적이며 철학적인 교육은 물론 상상력과 문화예술, 독서 교육과 자발성, 환경, 식량, 공유 경제 등 온라인 전환 사회의 상식과 개념의 전환에 합당한 교육 내용과 과정 개발은 물론 스스로의 삶을 선택하고 결정할 수 있는 지혜와 창조적 상상력 기반 교육 목표를 다시 설정하는 것은 매우 중요한 일이라고 할 수 있다.

Chapter 3. 메타버스시대 라이프스타일 교육

공교육은 죽었다. 코로나19 이후 집은 이미 일터이자 학교이며 쉼터다. 전통 사회에서 행해지던 가정교육과 마찬가지로 기능이 마비된 학교를 대신하는 홈스쿨링이 중요한 교육적 모토가 되었다. 집과 일상 모든 것이 교육이 된다. 부모 교사들에 대한 구체적이고 조직적인 학부모 교육이 절실한 이유다. 기존의 학부모 교육처럼 이벤트성 특강이 아닌 상설적인 단계별 연수 프로그램을 만들어 의무교육화해야 한다.

의식주를 중심으로 한 부모의 라이프스타일이 홈스쿨링의 중요한 지표가 되고 교사들의 역할은 공동체 프로젝트 팀 리더로서 행정적 서포터supporter, 전문 교과 온라인 강좌와 큐레이션Curation, 진로 지도 코디네이터coordinator와 상담가, 퍼실리테이터facilitator로서의 역할 등으로 다시 재규정되어야 하고 가정이 위험한 아이들을 가정 폭력으로부터 예방하는 가정방문 업무도 부활되어야 한다.

학교는 또 하나의 집이 되어 기숙사를 확대하여 맞벌이 부부들의 자녀 교육의 한계를 해소함은 물론 청소년기 아이들이 직접 교류하며 면대면面對面 대인 관계를 배워나갈 수 있도록 한다. 학습은 하나의 프로젝트 주제를 정해서 현장 체험과 스마트 기기를 이용하여 지식을 넓혀가고 종교적 수행처럼 스스로 꾸준히 행해나가며 자기 삶의 주인 되는 법을 익혀간다. 더불어 경제교육으로 자신 삶의 자유를 증득함은 물론 함께 살아가는 선물경제gift economy(텃밭에서 딴 토마토를 나눠먹는 행위와 같은 전통 사회의 물물교환과 같은 의미) 기반 공동체적 삶의 가치와 의미를 배우고 쇼핑센터는 평생교육기관으로 발전해서 가족 모두의 학교가 되고 아이들이 사는 동네 또한 삶의 배움터로 성장할 수 있는 새로운 지역 활성화 정책을 개발해나간다.

변화를 제안하다

부모들의 라이프스타일 자체가 곧 메타버스세대 교육인 시대가 도래했다. 당신의 상상력이 당신의 현실을 만들고 당신 현실의 삶은 하나의 패턴, 바로 라이프스타일을 만들어낸다. 그것은 다시 당신 자녀의 삶이 되고 행복이 되고 존재 이유가 됨은 물론 운명이라는 묵직한 무게감도 만들어내며 행과 불행의 단초가 되기도 한다. 라이프스타일 교육이 중요한 이유는 입고 먹고 자는 기초적인 생활 패턴인 라이프스타일은 매일 반복적으로 행해지기에 아이 삶의 무의식이 되어 선택과 결정의 기준이 되기 때문이다.

자신은 물론 아이가 긍정적으로 변화하기를 원한다면 우선 먼저 부모부터 변화해가야 한다. 어떤 상황에서도 자기 삶의 '선택과 결정'은 자신이 하고 책임도 자신이 진다는 지혜로운 삶의 자세를 갖도록 아이들을 교육한다면 아이들의 삶은 무조건 태양빛을 향해 나아간다. 바이러스와 AI의 추격, 온난화와 식량난, 종교 분쟁과 전쟁에 대한 예보 앞에서도 공포와 두려움에 떨기보다는 의연하고 당당한 자세를 스스로 '선택하고 결정'해서 기운생동氣韻生動하는 주인 된 삶을 살아나가도록 어린 어깨를 어루만지고 격려하며 말해보자.

"존경하고 사랑하는 ○○○! 우리는 항상 진심으로 너를 믿고 사랑한다. 소중한 분! 귀한 존재!"

이 책 안에 담긴 모든 존재에 감사하다

초가을바람에게 먼저 감사의 인사를 전한다. 6월 초여름부터 더위 먹었던 머리를 이제 비로소 식혀주며 마지막까지 책을 잘 정리하도록 살랑거리니 어찌 감사하지 않겠는가? 늘 자연의 섭리 앞에 고개를 숙이게 된다. 애써 가꾼 정원의 어린 장미꽃잎을 모조리 따먹고 친구를 열 받게 만든 하얀 토끼에게도 감사하다. 덕분에 깔깔대다가 가득 찬 머리를 단번에 비워낼 수 있었다. 제발 별주부의 꼬임에 넘어가 용궁으로 떠났거나 토끼탕이 되지 않았기를 기도한다. 빨간 눈에 흰 털을 가진 토끼 뱃속에서 자라는 빨간 장미 꽃을 상상해보라. 동화의 시작이다.

이 책을 쓰면서 내게 스승이 되어주신 모든 분들! 아마도 지금 책을 읽고 있는 당신이 바로 그분 중 한 분임은 분명하다. 나의 존재를 있게 한 당신과, 당신을 있게 한 또 다른 존재들 모두에게도 감사를 올린다. 이제 나는 당신의 존재가 나를 성장시키고 배움의 길로 인도하기 위해 온 스승이라는 사실을 아주 명확히 알게 되었다.

나를 둘러싼 당신과 당신을 둘러싼 가을바람과 모든 것들이 나의 세포핵까지 떨게 하며 절실한 배움의 파동을 전해온다. 이제 나는 당신이 무조건 고맙다. 당신이 나의 가족이든 친구든 연인이든 지인이든 원수든 악마든 당신은 내게 삶을 가르치러 온 스승임을 나는 비로소 겸허히 받아들인다.

이 책에서 제안한 메타버스시대 교육에 대한 문제의식과 상상적 대안은 모두 당신들이 5억 년의 인류 역사 이래 쌓아온 지혜로부터 배워온 배움을 근간으로 한 것이다. 특히 가족들은 가장 가까이에서 내 삶의 리듬을 음양으로 변주하면서 행과 불행의 참맛을 알게 하며 영적 성장을 도모해주는 큰 스승들임을 깨달았다. 누구라도 가족들의 존재는 그러하리라…. 특히 아이들은 비로소 우리를 어른으로 성장시키는 큰 스승임이 분명하다. 가을바람과 함께 다시 한 번 모두에게 마음속 깊은 감사의 인사를 전한다.

마지막으로 첫 만남에서 당황스러움을 '새로움^{new}'으로 이해하며 마음 열어 용기 있게 출판을 제안해주신 서사원 장선희 대표께 감사드린다. 작년에 브런치 북으로 발간한 〈코로나 스쿨 혁명〉 출판을 제안했으나, 필자가 '메타버스 스쿨 혁명'으로 원고를 처음부터 다시 쓰기 시작하여 오랜 시간 졸고를 인내로 기다려주셨다. 이 모든 삶의 기적과 범사에 감사하며 하늘에 연을 날리는 아이처럼 기쁜 마음으로 '메타버스 스쿨 혁명'의 첫 장을 시작한다.

차례

CHAPTER 1　　　　메타버스 스쿨 혁명의 시작

CHAPTER 2　　　　메타버스시대 필수과목

CHAPTER 3   메타버스시대 라이프스타일 교육

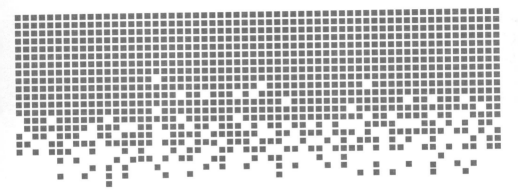

METAVERSE
SCHOOL
REVOLUTION

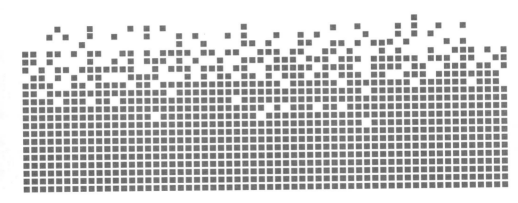

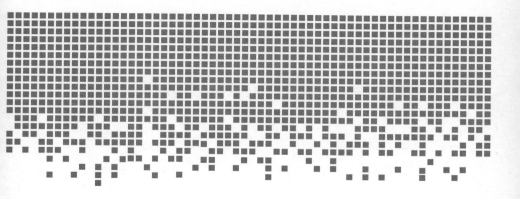

CHAPTER 1

메타버스
스쿨 혁명의 시작

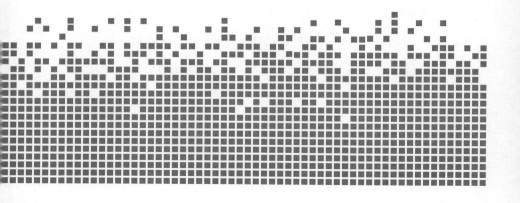

Anno Smartphone 14

올해는 예수가 탄생한 해(Anno Domini)를 원년으로 기원후 2021년, 서력으로 표현하면 'AD 2021'이다. 하지만 2007년 전지전능한 스마트폰 탄생(Anno Smartphone) 이후 인간의 역사는 'AS 14'로 연대표를 다시 써야 한다. 과학기술의 방향은 역사의 방향이자 인간 삶의 방향이기 때문이다. 인간의 상상력과 과학기술이 마술적인 디지털 시공간을 만들고 있음은 물론 코로나19로 가속화되면서 상상에서만 가능했던 메타버스와 메타버스세대를 탄생시켰다.

메타버스는 크게 두 가지 세계로 나눌 수 있다. 〈서유기〉에서 손오공이 부처와 달리기 시합을 하며 달렸던 부처 손바닥도 어쩌면 메타버스의 세계다. 《아라비안나이트》에서 알라딘의 요술 램프가 펼치는 초월적 세계와 나는 양탄자가 활약하는 세계 또한 풍성한 상상력의 초월적 메타버스 세계라고 할 수 있다. 이렇듯 게임이나 라이프로깅Lifelogging 등 디지털 메타버스 이전에 이미 초월적인 세계는 인간의 두뇌와 의식 속에 상상력이나 환각, 열반 등으로 존재했다. 그것을 과학기술의 힘으로 디지털 상품으로 만들어낸 것이 바로 요즘 많이 회자되고 있는 로블록스, 마인크래프트, 제페토, 이프랜드ifland, 포트나이트Fortnite 등 컴퓨터 게임들이다.

전자는 개인의 수행이나 두뇌 활동을 중심으로 자신의 의지와 상상력과 두뇌 작용(병적인 요인도 포함)을 기반으로 초월적 세계에 입성한다면, 후자는 타자가 세워 놓은 상상력의 세계인 게임 안에 들어가 자신의 본캐02를 부캐 아바타로 바꿔 생활하며 새로운 삶의 감각과 즐거움을 느끼게 된다. 특히 상품 거래 활동 등 소셜 활동이 중심을 이루면서 코로나19로 격리적 일상을 사는 현대인에게 관계하는 즐거움을 주고 있다고 할 것이다.

1989년 노벨평화상 수상 당시 달라이 라마Dalai Lama는 과학과 불교 모두 우리에게 만물의 근본적인 조화에 대해 가르쳐준다고 언급한 바 있다. 2005년 뉴로사이언스학회Society for Neuroscience, SfN에서는 마음을 연구하기 위한 방법의 하나로 명상 수행에 대해 이야기하며, 긍정적인 감정을 강화함으로써 나타나는 인간의 행복에 대해 연구할 필요성이 있음을 설파했다. 그와 더불어 뇌 과학

---

02 본캐는 본래 자신이고 부캐는 자신을 대신하고 있는 SNS나 게임의 아바타를 말한다. 본업은 본캐로, 알바는 부캐로 구분하기도 한다.

자들은 매일 수 시간씩 티베트 불교의 선승들을 대상으로 명상 시 나타나는 정신 현상에 대한 연구를 시작하며 불교의 명상 활동이 뇌 과학적인 현상으로 설명될 수 있음을 밝혀냈다.

스타니슬라프 그로프Stanislav Grof는 《초월의식 When the Impossible Happens》에서 명상 이외에 주술, 샤머니즘, 약물 등을 통한 초월의식을 경험할 수 있고 깨달음을 얻을 수 있으며 그 순간 인생이 달라진다고 말한다. 그가 말하는 초월의식은 육체의 속박을 벗어나며 시간과 공간을 떠나서 불가사의한 신비경으로 들어가는 의식을 말한다. 인간 두뇌의 상상력과 힘은 아직 과학기술이 따라 올수 없는 무한대의 영역임이 견성한 승려들은 물론 뇌과학적으로도 속속 밝혀지고 있다.

한편 디지털 메타버스를 대표하는 '가상현실 VR'이란 개념을 고안하고 상용화한 재런 러니어Jaron Lanier도 환각 체험과 같은 경험을 바탕으로 가상현실이라는 개념을 만들고 VR 고글과 장갑을 판매하는 최초의 회사인 VPL 리서치VPL Research, Inc를 설립하기도 했다. 그는 디지털 시스템 안에서 아바타를 개발하고 네트워크로 연결된 사람들이 가상 세계를 탐험하는 응용프로그램을 만들어 초월의식을 메타버스라는 과학기술로 구현한 장본인이다.

본인 또한 다리가 6개 달린 가재가 되기도 하며 디지털 메타버스 안에서 다양한 존재로 살아가는 환상 놀이를 즐기기도 한다. 하지만 우리에게 익숙한 디지털 메타버스는 대체로 기업의 이윤을 추구하는 상품자본주의를 기반으로 만들어진 과학기술들로 로블록스나 포트나이트 등의 디지털 메타버스를 만든 회사 개발자들의 세계관과 상상력을 기반으로 한다.

　베타 엔도르핀을 발산하며 우주적인 초자아를 느끼게 하고 동시성까지 끌어당기는 인간 두뇌 메타버스와 달리 상품인 디지털 메타버스의 경우 유저들의 상상력을 동원하는 데 한계가 있다. 이제 세계는 누구도 상상할 수 없는 상상력으로 새로운 무엇인가를 만들어내고 그것으로 독점하는 사람들이 부자가 되고 리더가 된다. 그들은 새로운 과학자들의 아이디어와 콘텐츠를 돈을 주고 사들이며 기술을 독점하고 유저들에게 사용료를 받는다. 옛날에는 지주들에게 소작농들이 토지세를 냈다면, 현대에는 대기업의 솔루션과 콘텐츠 사용으로 매달 정기적인 구독료를 내야만 살아남을 수 있다. 지주와 소작농의 관계는 주인과 종의 관계와 같다. 바로 이 부분부터 짚어보고 넘어가자.

　디지털 메타버스의 유저 중 75% 이상이 Z세대 아이들이라면, 자신들의 디지털 놀이터 또한 누군가의 상상력의 소산이란 것을 이해하고 그들 자신만의 상상력 또한 그 이상의 새로운 무엇을 창조할 수 있다는 확신과 자신감을 심어줘야 한다. 아이들이 창조성과 지성을 기반으로 한 삶을 스스로 선택하는 지혜로움을 배워나가도록 교육해야 한다. 무조건 디지털 메타버스가 상업자본이 몰리는 시대적 트렌드라고 말하기 전에 그것이 정말 우리 삶에 합당한지 꼼꼼히 다시 생각해보고 아이들의 행복한 삶에 부합되는 '세계'를 스스로 선택해서 자신만의 라이프스타일을 만들어가도록 교육해야 한다는 것이다.

　이것이 결론적으로 메타버스세대 아이들의 라이프스타일 교육이다. '인간적 아니면 기계적'이란 선택지는 결국 그들의 라이프스타일이 슬로우 라이프 중심의 자연 친화적으로 갈 것인지, 디지털 온라인 중심의 디지털 메타버스로 갈 것인지를 결정 짓게 하고 아이들 삶의 길이 된다. 우리는 이러한 삶의 길을 운명이라고도 말한다. 스스로 선택하고 결정하고 자기가 선택한 길을 당당하게 가는 것이 바로 지혜다. 그리고 아이의 선택과 결정이 행복으로 귀결되도록 동기부여하며 서포터와 촉진자가 되는 것이 부모와 교사의 역할이다. 먼저 인류 등장 이후 태곳적부터 있었던 우리 두뇌의 메타버스부터 살펴보자.

인간의 두뇌
메타버스

　인간의 두뇌는 그 자체의 구조와 작동 메카니즘이 하나의 초월적인 세계다. 브레인 자체가 기억을 기반으로 밀어붙이는 의지력과 몰입으로 불교에서 삼매三昧라고 일컫는 법열의 경지, 초월적인 세상을 만나게 한다.

　앤드루 뉴버그Andrew Newberg는 '신경종교학'의 권위자로《신은 왜 우리 곁을 떠나지 않는가Why God won't to away》라는 책에서 승려가 무아지경에 이르렀을 때 SPECT(단일광자방사형컴퓨터단층촬영) 뇌 영상 장치로 뇌를 촬영하자 두정엽의 활동이 완전히 정지해 있었다고 한다. 승려가 무아지경인 삼매에 들어가 감각 입력이 중단되자 방향 영역인 두정엽 활동이 정지하면서 자신과 외부 세계의 경계를 찾지 못했다는 것이다.

앤드루 뉴버그 박사는 "뇌가 명상 중에는 자신과 세계가 하나라고 인식했다."고 설명했다. 불교에서 깨달은 선지식들의 지혜 중 실상반야實相般若는 보는 자와 우주가 하나 되는 경지를 말하는데, 바로 그 세계가 초월된 자신만의 세상인 무아지경의 삼매이거나 메타버스다. 승려가 용맹 정진을 위해 손가락을 소지하거나(소지는 손가락을 불태워 자신의 몸을 공양하는 승려들의 수련의 한 형태를 의미한다.) 오랜 시간 단식을 하거나 누워서 잠을 자지 않는 등 강한 의지력으로 자신을 몰아붙이며 수행에 정진하는 것은 모든 것을 초월한 우주와의 일체감인 삼매의 경지를 깨닫기 위한 것인지도 모른다.

박문호 박사의 뇌 과학 특강[03]에 따르면 우리의 브레인은 초월적 상태를 느끼게끔 진화해 왔음은 물론 의지력은 어린 시절부터 내재하는 기억이 중요하다고 강조한다. 인간의 밀어붙이는 강한 의지력 자체가 깨달음에 이르게 함은 물론 삼매에 들어선 후 양질의 기억과 학습에 따라 확장되는 세계는 달라진다는 것이다. 우리에게 양질의 기억인 학습이 중요한 이유다. 특히 부

---

03 불교방송 유튜브 채널 "박문호 박사: 뇌 과학이 밝혀낸 깨달음의 신비"(2020. 8. 28.) 참조. https://youtu.be/PL2z-ViBHQ

모로부터 물려받는 가정교육과 다양한 경험들이 양질의 것이라면 무아지경이 황홀경이 되지 않을까? 좋은 기억을 가진다는 것, 좋은 교육을 받는 다는 것은 아름다운 언어와 행동 등 삶의 태도를 만들어가는 중요한 문화적 코드이기에 부모들의 라이프스타일은 더욱더 중요하다고 할 수 있다. 석가모니의 열반도 양질의 교육적 기억 덕분에 더 강력할 수 있었다고 박문호 박사는 같은 강의에서 이야기한다. 좋은 경험과 기억이 아름다운 상상을 촉발시킨다. 이렇듯 인간 두뇌의 메타버스는 개인의 상상력과 생각의 힘으로 세계를 통제하고 장악할 수 있으며 독자적이다.

디지털 메타버스
시스템을 만든 자가 권력을 잡는다

국가가 교육정책으로 아이들을 교육한다는 것은 우리의 습관적인 사고일 뿐 현실은 세계적인 에듀테크^{EduTech} 기업들이 대세를 잡고 있다. 어디 교육뿐이겠는가? 이미 세계의 권력은 글로벌 IT 공룡 기업의 수중에 있다. 시스템을 만든 자가 권력을 잡는다. 국가 단위의 행정력은 앞으로 10년 안에 모두 재편되어야 할 상황이다. 국가권력이란 국민들이 내는 세금과 국가만이 찍어낼 수 있었던 화폐에 있었다고 해도 과언이 아니다. 그러나 이제는 블록체인 기술에 의한 비트코인과 같은 전자화폐가 대세임은 물론 지역민의 신뢰를 바탕으로 한 로컬 토큰, 페이스북이나 아마존 같은 기업들이 자체 전자화폐를 만들어 통용시키는 단계 직전에 와 있다. 메타버스라는 새로운 가상 세계가 2021년 커다란 이슈가 되어 있는 것 또한 그 안에서 거래되는 전자화폐의 환전 가치에 눈을 떴기 때문이라는 분석이 일반적이다.

대표적인 메타버스로 손꼽히고 있는 로블록스는 2020년 8월 기준 유저가 1억 6400만 명에 달했고, 네이버의 제페토는 2021년 현재 2억 명의 유저들이 활동하고 있는데 로블록스의 '로벅스Ro-bux'와 네이버의 '잼Zem'은 전자 코인이지만 실제 화폐와 같은 교환가치를 지닌다. 여기에 페이스북도 오큘러스 퀘스트Oculus Quest를 이용한 호라이즌Horizon 서비스와 인피니트 오피스Infinite office 등으로 AR(증강현실)과 VR(가상현실)을 합친 기술 개발에 박차를 가해 페이스북 세상 안에 사람들을 모두 즐거운 '놀이'로 가두겠다는 계획을 가지고 있다. 유저 30억 명의 페이스북 제국에서 구독료와 사용료를 세금으로 받기 시작한다면 세상 모든 질서가 페이스북화될 수 있다. 세계는 모두 하나로 연결되어 있음은 분명하나 단 하나의 제국을 우리는 독재라 부르고 그것의 사악함을 이미 피땀 눈물로 경험했다. 단순하게 세상 모든 옛날이야기를 떠올려보라. 일찍이 돈 없는 왕은 없었다. 청동기시대에 계급이 분화되며 지배자가 나타난 것도 청동기라는 새로운 도구를 가진 자들이 지배자로 등극했기 때문이었다.

도구의 발달과 기술력이 시대 변화를 이끌어 왔다는 것은 인류의 역사를 돌이켜볼 때 막을 수 없는 흐름이다. 만약 화폐와 경제를 글로벌 대표 공룡 기업들이 장악한다면 이제 지역을 기반한 국가의 개념은 사라지고, 온라인 플랫폼 자체가 하나의 국가적 영역으로 떠오르고 그곳에서 활동하는 유저는 시민이 되고, 해당 플랫폼에서 사용하는 코인을 이용해서 경제활동과 교육과 문화 활동도 이루어진다. 플랫폼 자체가 하나의 독립된 영토가 되고 새로운 국가적 기능을 수반하게 되는 것이다. 이것이 바로 메타버스가 현시점에서 주목받는 이유다. 디지털 트윈Digital twin의 탄생이다. 구글 맵 서비스는 세계에 지도 서비스를 제공하는 동시에 세계 지역의 정보 데이터를 모두 빨아들이고 있다. 얼마 전에 네이버 랩스는 서울 스마트 모빌리티 엑스포를 통해 대규모 도시 단위의 디지털 트윈 데이터를 빠르고 효율적으로 제작할 수 있는 '어라이크ALIKE' 솔루션을 공개했다.

이제 세계 전쟁이란 단순히 지역적인 영역으로 구분되던 국가 간의 전쟁이 아닌, 각자가 속한 플랫폼별 계층 전쟁이 될 확률이 높다. 해킹은 하나의 전쟁 전략과 전술로 상대의 방화벽을 뚫은 사람들이 영웅으로 떠오를 날도 머지않았다. 단 한 차례의 세계 전쟁도 없이 글로벌 IT 플랫폼 기업들은 이미 인구를 수억 명씩 거느린 대제국이 되었다. 그들에게 코로나19는 어쩌면 생화학전 이후의 승리와도 같은 것일지도 모른다. 글로벌 공룡 기업들의 선한 의도와 영향력을 다시 생각하는 이유다.

이제 더 이상
주먹도끼를 쓸 수는 없다

연대기를 구분하였으니 이제 인류 또한 구분해보자. 모태부터 스마트폰을 썼던 Z세대 아이들은 그야말로 호모사피엔스가 아닌 포노사피엔스^{Phono Sapiens}다. 그들은 우리처럼 지구가 삶의 공간이 아닌 지구를 초월한 또 다른 세계인 온라인 메타버스의 신인류로 메타버스세대다.

교육도 마찬가지다. 공장제 기계 산업혁명에 필요한 인재 양성이 목적이었던 근대 교육시스템으로 메타버스시대의 인류들을 교육할 수는 없다. 교육은 각 사회가 처한 시대의 사회적 상식을 배워가는 일련의 교양 수업 과정임은 물론 코로나19 이후 관 주도의 사회시스템이 IT 기업 주도의 시대로 급격하게 변하고 있다. 특히 세계에 새로운 질서를 부여하는 시스템을 만들어낸 아마존, 마이크로소프트, 구글, 페이스북, 테슬라 등 세계적인 IT기업의 CEO들은 자신의 상상력과 생각을 현실로 만들어내는 성취를 경험한 사람들이다.

그야말로 그들 하나하나의 철학과 세계관 자체가 해당 기업의 플랫폼이라는 또 하나의 세계와 질서를 만들어냈음은 물론 당사의 플랫폼을 이용하는 유저들 또한 그들의 세계관에 동승하여 온라인 대제국이 만들어지고 있는 것이다. 페이스북의 유저가 30억 명 정도라고 하니 지구상에 그 이상의 국민을 가진 국가가 있을까? 세계적인 플랫폼 공룡 기업들에게 국가의 영역은 이미 의미가 없는 것은 물론이고 공권력의 지배력이라는 것 또한 기업의 권익 중심으로 해석되고 집행된다. 물론 중국의 대대적인 빅테크 기업 규제와 같은 예외도 있다.

같은 음식을 먹는다고 단일한 종의 생물이라 말할 수 없듯이 이제 우리 아이들 또한 우리와 단일한 생물이 아니다. 그들은 태교부터 스마트폰으로 받았음은 물론 디지털 기기에 온라인 스위치가 켜졌을 때 비로소 자신의 영역을 되찾아 활기를 띠기 시작하는 인류 최고의 변종으로 새로운 사회시스템과 새 역사의 시대를 열고 있는 것이다. 수천 년 동안 왕이 권력을 장악하고 사회를 지배하던 관료 중심 전체주의 시스템은 멈추고 전파를 타고 상품자본주의의 원리 아래 수평적으로 보이는 디지털의 세계가 움직이고 있다. 우리는 그들이 만든 새로운 시스템의 세계에 '편리성'이라는 가치 하나로 사육되며 구독료라는 세금을 죽을 때까지 내야만 하는 플랫폼 제국의 국민이 되고 말았다. 어쩌면 디지털 노예일까? 디지털 세계에서 우리는 아무런 통제권도 가질 수 없다.

오스트랄로피테쿠스부터 호모사피엔스까지 자연물을 도구로 만들어 의식주 생활을 감당했다는 공통점이 있다면, Z세대들은 메타버스에서 제공하는 소프트웨어 도구를 이용하여 땅을 파지 않고 상품을 팔아 생활한다. 기존 인류의 클래식한 역사는 농경 생활에서 상업 도시의 발달과 함께 경제활동이 활발해졌다면, Z세대들은 엄마들의 뱃속에서부터 상업자본주의로 세팅된 사회시스템에서 토큰의 중요성을 먼저 알아간다. 가르치지 않아도 그들은 돈을 벌기 위한 전략을 스스로 짜서 실행하고 새로운 기술과 배움을 자발적으로 개척해나간다.

이렇듯 새로운 연대기, 새로운 인류, 새로운 사회시스템이라면 당연히 그 아이들을 새로운 시대와 사회에 적응시키기 위한 훈련이라고 할 수 있는 교육 또한 달라져야 한다. 이미 세계적인 공룡 테크 기업들은 과학기술의 발전 방향과 속도를 가늠하고 새로운 사회와 새로운 비즈니스에 적합한 인재 육성을 위한 교육 사업 전략을 짜고 현실 세계의 변화를 도모하며 준비해왔다.

교실을
집으로

마이크로소프트는 물론 구글 또한 이미 에듀테크를 꾸준히 개발하며 사용자와의 친화를 위해 미래 교육과 혁신 교육이라는 주제로 전 세계적으로 수만 명의 교사와 교육 커뮤니티를 키워왔다. 그뿐 아니라 2014년 페이스북의 저커버그Mark Zuckerberg는 오큘러스 퀘스트를 인수하면서 전 세계 학생들과 교사들이 가상현실 교실에서 모두 만나 공부하는 세상에 대한 비전을 발표했다. 오큘러스를 플랫폼으로 메타버스 세계로 나가겠다는 선전포고

였다. 메타버스를 이용하는 고객 대부분이 초등학생이라는 점은 바로 미래 고객들 삶의 방향을 보여준다고 할 수 있다. 먼저 마이크로소프트 교육 사업 전략은 다음 세 가지다.

첫째, Global: **마이크로소프트의 교육 플랫폼은 세계 어디에서든 활용이 가능하다.**

둘째, Life Learning: **소프트웨어 학습이 생애 단계별로 삶의 성장에 영향을 준다.**

셋째, Affordabe: **학생들에게 배움의 평등한 기회를 준다.**

구글의 사훈 또한 'Don't be evil(악하지 말자)'로 MS나 구글 모두 선한 영향력으로 미래 인재 개발을 위한 교육 사업을 진행하는 것으로 보이나 비즈니스 관점으로 다시 읽는다면 '전 세계 사람들에게 전 생애에 걸쳐 사용료를 받아 수익을 창출한다'는 전략과도 같다. 비즈니스에서 교육이 중요한 이유는 인간이란 존재 자체가 습관에 의해서 자동적으로 움직이는 기계와 다르지 않기 때문이다. 이를테면 미래 고객 만들기 전략이라고 할 수 있다. 마이크로소프트의 교육 사업의 역사를 정리해보면 글로벌 IT 기업들의 전략을 더 명확하게 읽을 수 있다.

이제 공교육의 시대는 가고 기술력과 자본력으로 무장한 솔루션과 시스템을 가진 사기업에 의존한 교육 시대가 코로나19 덕분에 본격적으로 열렸다. 코로나19 이후 학부모들은 교사들의

● 마이크로소프트의 교육 사업의 역사

년도	교육 사업
2014년	교육 소프트웨어 전략 전환. 기술이 학교에 어떻게 자리 잡아야 하는가?
2015년	'교실을 집으로' 슬로건
2016년	마인크래프트 에듀 인수
2017년	클라우드 서비스인 애저(Azure), 오피스 365, 윈도우 10 에듀케이션 업그레이드
2018~2019년	글로벌 교육 플랫폼 '러닝 패스포트' 개발
2020년 4월	유니세프와 글로벌 교육 플랫폼 '러닝 패스포트' 오픈
2020년 5월	마이크로소프트 팀즈, 국내외 원격 교육 허브로 도약
2020년 11월	글로벌 스킬 이니셔티브 진행(한국 협의 내용) 초등: 마인크래프트 교육용 에디션 활용 교육 중등: 마이크로소프트 이매진 아카데미 무료 제공 SW 교육 협력 대학: 마이크로소프트 런(Microsoft Learn) 연계 산학 협력 협의

무능을 질책하기 시작했으며 돌봄과 학업을 모두 가정에서 떠안아야 하는 온라인 개학 시스템에 분노한다. 그런가 하면 교사들은 IT 기술이 바탕이 되어야만 가능한 온라인 수업을 개발할 틈도 없이 정책의 변화에 따른 행정 지시 사항을 이행해가기도 바쁘다. 등교 준비 사항을 보면, 수업이 중심이 아니라 아이들의 '격리'와 '거리 두기'가 중심이 된 행정력에 온 힘이 집중되어 있음을 간파할 수 있을 것이다. 공교육의 교육적 기능은 멈춘 반면

에듀테크 산업이 그 자리를 차지하기 시작했으며 집은 교실이
되었다.

선한 영향력으로
사육되는 삶을 경계하라

로버트 그린Robert Greene은 《인간 욕망의 법칙The 48 Laws of Power》
에서 권력에 무관심한 체하는 사람들은 자신들의 도덕적 자질과
경건한 언동, 예민한 정의감을 과시하며 도덕적 우월성이라는
연막으로 자신들의 권력 게임을 가린다고 말했다. 여기서 핵심
은 상대의 선한 의도가 아니라 행동으로 얻어진 결과에 따라 상
대의 진의를 명확히 파악할 수 있다는 것이다.[04]

문제 해결 능력과 협력을 필요로 하는 맞춤형 인재 육성을 위
해 마이크로소프트는 스템Stem과 컴퓨터 사이언스는 물론 읽고
쓰고 셈하는 기초 학습 역량과 글로벌 마인드 셋을 강조하며 마인
크래프트를 인수하는 등 교육 솔루션을 개발해 왔다. 2016년 그들
이 인수한 마인크래프트에는 2020년 코로나19를 거쳐 2021년 현
재 Z세대 유저들이 가득하다. 디지털 샌드박스로 자신들만의 게
임 영토로 삶을 꾸려가는 메타버스의 신인류다.

그들은 마인크래프트 안에 만들어진 가상의 학교에 등교도

---

04 로버트 그린, 안진환 외 역, 《인간 욕망의 법칙》, 웅진지식하우스, 2021. 참조.

하고 졸업식도 한다. 그들의 하루는 국기에 대한 경례로 시작했던 386세대의 라이프스타일과는 달리 매일 컴퓨터를 켜면서 IT 기업 로고로 시작해서 그것으로 끝나는 삶을 살아간다. 국가도 IT 기업의 디지털 솔루션이 없다면 기능이 마비된다.

이렇듯 온라인 기반 사회시스템에서 IT 기업들의 디지털 환경은 컴퓨팅 시스템만으로도 우리의 일과 배움이 가능하다는 것을 확인시켰음은 물론 이제 온라인 학습에도 치맛바람이 부는 시대가 된 것이다. 사교육이란 이런 것이다. 바로 돈이 되는 것이다. 기업의 선한 영향력을 의심하라! 그들의 선한 영향력으로 사육되는 삶을 경계하라!

모든 기업의 목표는 이윤 추구이고, 모든 정당의 목표는 정권 획득이라는 단순한 상식만으로도 글로벌 IT 기업들의 비전이 새롭게 읽힌다. 코로나19 이전 시대에는 국가 단위 교육정책 기관에서 수업을 위한 보조 도구의 쓸모로 컴퓨터 솔루션을 샀지만, 이제는 각 지역 교육청이나 학교 단위에서 기업의 교육 솔루션 시스템에 맞춰 아이들 교육을 진행한다. 구글과 마이크로소프트는 혁신 교육 연수 등 많은 교사들을 각 기업의 에듀케이터로 배출시켜 현장 적용을 확장시켜 왔다.

지역 교육청은 구글에서 인증 절차를 받아 초·중·고교 전체 학교를 대상으로 학교 관리자용 계정을 만들어 학생들이 컴퓨터 프로그램 계정을 만들 수 있게 했다. 국가기관이 사기업의 승인을 받아 그들 시스템과 플랫폼 안에서 교육을 진행하는 것이다.

국가 단위 교육 콘텐츠와 전략은 물론 학생 개인의 정보 또한 모두 사기업의 클라우드 안으로 빨려 들어간다.

이제 교육을 공적 의미로 공론화하기에는 기업의 온라인 플랫폼과 에듀테크 기술이 너무 앞서 있다. 메타버스의 괄목상대한 성장이 바로 그 증거다. 그와는 반대로 교육 입안자들의 사고는 석기시대쯤에 있기에 코로나19시대 교사들의 존재 자체가 분열적인 것이다. 구글 클래스룸을 이용해 수업하는 교사들은 공직자인가, 아닌가? 유튜브를 이용해 수익을 창출한 교사들의 겸직 논란도 국가에서 문제없음으로 수용했다.

교육을 공과 사로 구분하여 논할 수 있는가? 무엇이 공교육이고 무엇이 사교육인가? 그 경계는 무엇인가? 위기의 시대일수록 새로운 사회를 이끌어갈 다양한 사회적 담론은 무성해진다. 고삐를 늦추지 말고 위기 상황의 교육에 대한 대안을 우리 스스로 자발적으로 만들어가야 한다.

구글의
혁신훈련가

구글은 신입 사원은 물론이고 혁신적인 사고를 지속시키기 위한 직원 교육 프로그램을 개별적으로 진행하면서 기업의 비즈니스 목표와 비전에 다가갈 수 있는 독립적인 교육시스템을 구축하고 있다. 이미 막강한 데이터로 많은 수익을 얻고 있지만 그것을 만들어내는 인재 육성의 무게를 구글은 이미 알고 있다. 창업자인 래리 페이지^{Larry Page}와 세르게이 브린^{Sergey Brin} 또한 어려서 몬테소리 교육을 받고 남다른 가정환경에서 자라난 사람들임은 물론 교육의 중요성을 잘 알고 있기에 혁신훈련가 그룹이 직원 교육을 또 다른 하나의 프로젝트 개념으로 진행하고 있는 것이다.

구글의 혁신훈련가는 직원들이 아이디어의 이면을 생각하고 윤리적인 문제를 고려하며 새로운 규칙에 대한 적응 훈련을 해가도록 교육을 진행한다. 구성원들의 사고 혁신을 위한 재교육은 물론 초심을 잃지 않고 구글에서 꾸준히 연구를 지속할 수 있도록 훈련하는 것이다. 디지털 메타버스시대를 이끌어가는 구글의 직원 교육 프로그램은 Z세대 아이들 교육의 새로운 지향점을 다시 생각하게 한다.

토마스 슐츠Thomas Schulz는《구글의 미래What Google Really Wants》05 에서 구글의 혁신훈련가와 사내 교육 프로그램에 대해 상세히 소개하고 있다. 구글은 호기심과 탐구력을 가진 장기적인 안목의 인재 양성을 목표로 리더십과 기술적인 이해에 능하고 직설적인 사고로 세상을 좀 더 나은 방향으로 이끄는 인재상을 교육하고 있다. 구글에서 혁신을 위해 내세우는 핵심 가치는 자유다. 독립적인 결정과 수평적인 기업 구조, 판단의 자유, 실험의 즐거움 등이 그것이다.

'사람과 혁신 연구소PiLab'에서 인간 행동과 관련된 모든 연구 결과를 분석하고 직원들의 생활 방식에 적합한 근무 환경에서 정직함과 신뢰로 상호 소통하는 인사 정책으로 인재 확보에 주력한다. 구글의 리더십 교육 중 한눈에 들어오는 원칙은 '실패'라는 낙인을 없애기 위한 시스템 마련과 위대한 성공에는 오만함과 실패를 두려워하지 않는 용기가 중요함을 강조하는 부분이다.

05　토마스 슐츠, 이덕임 역,《구글의 미래》, 비즈니스북스, 2016.

구글의 직원 교육 프로그램 중 흥미로운 것은 근무시간 동안 동료를 위한 클래스를 열어 자발적인 강사가 되는 '구글러스-투-구글러Googlers-to-Googler' 프로그램이다. 킥복싱부터 마음을 다스리는 명상에 이르기까지 온갖 영역에 관한 재능을 사내에서 자발적으로 제공하고 교류한다. 실수로부터 신속하게 교훈을 얻는 운영 방식인 혁신과 창조 프로그램Innovation and Creativity Programs은 크리스텐슨Clayton M. Christensen 교수의 파괴적 혁신 접근 방식을 정확히 따라가고 있다. 모든 신입 사원은 첫 주에 CSI연구소에서 진행하는 '혁신을 위한 창조적 재능Creative Skills for Innovation 훈련 캠프' 교육에 참가해야 한다.

개별 참가팀은 구체적인 문제를 해결하고 훈련 기간 동안 80~100가지 아이디어를 개발하며 이를 통해 10~20개의 제품 모델을 만들라는 과제를 받는다. 이를 위해 워크숍과 아트 스튜디오, 산업체 연구소가 뒤섞인 '차고'라는 어른 놀이터가 만들어졌다. 마지막으로 일반 학교 교육에서도 많이 사용되고 있는 '디자인적 사고Design Thinking'는 제품 개발 과정뿐 아니라 경영 철학까지 다양하게 진행되며 사회, 경제, 심리, 문화, 교육 등 다양한 전문가들의 연구를 재교육 프로그램을 디자인하여 교육하고 있음을 확인할 수 있다.

교육은 가치 있고 의미 있는 삶의 철학이 무의식 단계에서 자동적으로 작동할 수 있도록 훈련되었을 때 빛을 발한다. 특히 디지털 세계 안에서 정신적인 싱글 플레이가 많아지는 메타버스

시대의 교육에서 자발적이고 꾸준한 수행적 관점의 교육시스템을 구조화하는 것은 무엇보다 중요한 일이다. 이런 관점에서 구글의 사원 대상 혁신훈련가 프로그램은 미래 교육의 하나의 모델이 될 수 있다.

그와 더불어서 새로운 메타버스시대에 커뮤니케이션의 방식에 대해서도 다시 생각해야 한다. 텍스트 중심의 사회에서 비주얼 중심의 디지털 사회로 변환되면서 사람들이 소통을 위해 사용하는 기호가 주로 사진과 동영상이기 때문이다.

구글의 가상현실 프로젝트의 책임자 크리스티안 플라게만은 우리가 어느 날 갑자기 완전히 다른 방식으로 이야기할 수 있게 될 것이라고 말한다. 구글은 아이들에게 중국이나 사람의 인체 등을 가상현실로 보여줄 수 있는 카드보드cardboard와 스마트폰 VR-패키지를 학교로 보내고 있다.[06] 그와 더불어 더 직관적인 컴퓨터 작동 방식을 찾고 있는데 그 기저에는 가상현실에 대한 거대한 꿈이 도사리고 있다. 컴퓨터라는 인공 세계에서 인간과 기술이 밀접하게 연결되어 직관적으로 움직이는 세계를 구현하는 일이다. 기존 터치스크린 정도로는 현실처럼 느껴지는 가상현실 메타버스 세계로 온전히 몰입해 들어갈 수 없다. 그래서 VR도 더 직관적이고 자연스러운 작동 방식과 기호 체계를 마련해야만 한다는 말이다. 페이스북이 오큘러스 퀘스트를 거듭된 손

---

06 토마스 슐츠(2016), 위의 책, 308쪽.

해를 보면서까지 인수한 이유가 있는 것이다.

만약 VR과 AR이 메타버스 세계의 기본적인 기술을 제공하면서 엔비디아 NVIDIA07 젠슨 황 Jensen Huang이 말하는 것처럼 상상할 수 없는 현실적인 메타버스 기술이 더해진다면 우리는 현재 사용하고 있는 한국어, 영어, 중국어, 일본어 같은 기호 체계를 읽고 쓰는 것에서 AR과 VR의 축약키를 기본 알파벳처럼 배워야 하고, 글씨를 쓰는 것에서 VR과 AR 조종키를 잘 조정하는 신체적 능력을 더 키워야 할지도 모른다. 오른손을 중심으로 쓰는 글씨 쓰기는 양손으로 콘솔을 조정하는 능력과 스킬을 배우는 것이 될지도 모른다. 왼손잡이가 마녀사냥을 당하던 시대를 메타버스세대인 Z세대 아이들은 상상할 수도 없을 것이다.

아니 그보다 어쩌면 말이 사라지는 세계를 살아가야 하는 것은 아닐까? 인간은 두 손으로 콘솔만 작동시키고 음성은 AI가 대신한다. 어쩌면 청각 장애인을 위한 수화 시스템이 일반적인 언어 소통이 될지도 모르겠다. 다음 장에서는 메타버스시대 커뮤니케이션의 문제에 대해 조금 더 생각을 확장시켜보도록 하자.

---

07 엔비디아는 그래픽 처리 장치와 멀티미디어 장치를 개발 제조하는 회사다.

IT 기업의 슬로건은
인류 삶의 방향이자 교육 방향이다

학교교육은 학생들의 진로와 매우 긴밀하게 연결되어 있다. 코로나19 이후 65%가 지금은 존재하지 않는 IT 관련 서비스 직종이 늘어날 전망이라고 한다. 만약 미래 사회의 일자리가 대부분 IT 관련이라면, IT 기술 역량에 맞춘 교육과정의 구성은 당연하다고 할 수 있다. 디지털 플랫폼의 교육적 사용은 이제 필연적이다. 사물인터넷(IoT)Internet of Things, 인공지능(AI)Artificial Intelligence, 머신러닝Machine Learning, 가상현실과 증강현실, 3D 프린팅과 융·복합 생명공학과 바이오 등 IT 과학기술이 학습 과정에 적용되려면 학습 방법 또한 달라져야 한다. 그와 더불어 자신들이 살고 있는 정치·경제·사회·문화에 대해 비평적인 관점으로 다시 생각할 수 있는 생각의 힘을 키워야 한다. 국가를 넘어서는 권력을 구사하는 글로벌 IT 기업의 선과 악의 기준점이 인류의 행복과 안전을 판가름 낼 수도 있기 때문이다.

글로벌 IT 기업의 슬로건은 인류의 삶의 방향이 되고 교육의 방향이 된다. 서로 상생하는 건강한 기업 윤리는 물론 자신이 무엇이고 무엇을 원하는지에 대해서도 깊게 생각할 수 있는 생각의 힘을 키우고 자신이 어떤 시스템의 사회 프레임 속에 처해 있는지에 대해 알아가는 인문학 교육은 더욱 더 절실한 시점이다.

교육은 학생들의 진로와 매우 긴밀하게 연결되어 있고 삶의 모든 국면에서 선택과 결정은 자신의 자유의지이며 책임은 자신이 지는 것이기 때문이다.

상품 권력 사회에서
생각의 한계는 삶의 한계를 만든다

생각의 한계는 삶의 한계이자 비즈니스의 한계다. 삶의 한계 또한 생각의 한계다. 고객에게 가장 빠르고 싸고 좋은 물건을 팔겠다는 제프 베이조스의 아이디어는 무거운 책을 팔기보다 전자책 하드웨어 '킨들'을 만들어 매달 세계인들에게 구독료를 받고 도서 콘텐츠를 공급하고 있다. 드론까지 동원한 빠른 배송은 인류에게 엄청난 편리를 도모하고 있는 것처럼 보인다.

그러나 의식주 생필품이 몇몇 기업에 독점되었을 때의 위험성에 깨어 있어야 한다. 그것은 세계의 상업자본가들이 장악하고 있는 AI와 빅데이터에게 절대 권력의 통제권을 던져주는 것과 같다. 글로벌 IT 기업의 권력과 권위는 독과점에서 비롯된다. 그들의 통제를 수용하지 않을 경우 소비자인 세계인들에게 다양한 불이익이 초래될 수도 있다. 가장 큰 문제는 이번 코로나19 사태로 감지했던 '인간 자유의 통제'와 '고립과 격리'다. 사람들은 이제 고독을 잊고 누군가와 관계하고 있다는 감각을 느끼기 위해 디지털 세계의 사람들과 접속을 시작했다. 오프라인의 관계 중심 현실 세계가 단절되다 보니 디지털 세상에 그들의 욕망을 투사하고 더 현실적인 감각의 관계를 원하기 시작했다. 플랫폼별 핵심 커뮤니케이션 도구들을 정리해보면 그 움직임이 한눈에 보인다.

• 플랫폼별 핵심 커뮤니케이션 도구들

플랫폼	페이스북	인스타그램	틱톡	제페토	에픽게임스
매체	텍스트	사진	동영상	아바타	메타휴먼

VR 게임에서 아바타로 만난 파트너가 키스를 거절했다고 우울증에 시달린다는 청년 이야기는 이미 우리의 현실이다. 제페토에 접속하여 나의 아바타를 생성하는 과정에서 나의 감정이 화면 속의 아바타에게 이입되는 경험을 했다. 3D 그림일 뿐이라는 사실을 분명히 인지하고 있으면서도 내가 선택한 귀걸이가

아바타 스타일에 맞지 않으면 바로 떼고, 더 잘 어울리는 헤어스타일을 찾아 머리 모양을 수십 번도 더 올렸다 내렸다 했음은 물론 아직 옷은 결정조차도 하지 못해 기본으로 제공되는 파자마 바람이다.

코로나19로 집 안에 갇힌 아이들은 어디든 뛰어놀 곳이 필요했고, 아바타로 만나 대화도 하고 옷도 사 입고 치킨집도 가는 상호작용이 가능한 디지털 메타버스는 아이들에게 다가온 새로운 환상의 놀이공원이 되었던 것이다. 그러나 곧 그곳에도 프리미엄이 생길 것이고 계층을 분화시킬 확률도 높다. 디지털 메타버스는 단순한 천국과 천당이 아니라 토큰 사용이 가능할 때 천국처럼 움직이는 상업자본의 세상이기 때문이다.

유대인들은 단순히 밥을 먹기 위해 경제 교육을 시키는 것이 아니라 경제 교육을 통해 '삶의 자유'를 가르친다. '부를 성취한다는 것이 단순히 잘 먹고 잘사는 문제일까? 부자는 선한가?' 등등 서로 짝을 지어 대화하고 토론하며 스스로 답을 찾아가는 하브루타Havruta 학습법으로 상황에 적절한 삶의 기술로써 경제교육을 진행한다. 조선의 왕세자들도 경연이라는 제도를 통해 유교 경전은 물론 겨울 가뭄으로 인한 다음 해의 민생 문제까지 스승들과 다양한 토론을 거쳐 상황에 적절하게 대처하고 정책을 실행하는 토론학습을 진행했다. 이처럼 메타버스세대 아이들도 유대인의 전통 교육과 조선시대 세자 교육처럼 이론과 현실을 오가는 토론 학습이나 유아기부터 부모와의 일상적인 경제활동

경험으로 경제적 감각을 배우는 교육과정이 도입되어 자기 주도적으로 살아가는 자세를 키워줘야 한다.

상품자본주의 사회의 일원으로서 돈 없이는 의식주 일상생활이 불가능하다시피한 메타버스세대 아이들에게 경제적 독립은 곧 주체적인 삶의 기반이 되고 세계를 이해하는 인식 기반도 달라지게 된다. 좀 더 계산적이 된다는 것은 다르게 말하자면 좀 더 합리적이고 논리적으로 자신의 입지를 따져볼 수 있는 안목을 말한다. 경제적 안목이 생긴 아이들은 매 상황을 분석하고 실리를 따져가며 유행에 현혹되지 않고 스스로 브레이크를 잡는 균형 감각을 가지게 된다. 현실 세계에서 돈은 곧 삶(道)이기도 하기 때문이다.

아이들도 상품을 소비하는 소비자로서 규정당하고 소비자가 물건을 사는 주체로서 소비 권력을 가지는 시대로 들어섰다면, 교육 내용 또한 경제는 우리 자신의 삶과 직결되어 있다는 관점을 배워나가도록 해야 한다. 상품권력 사회에서 소비를 단순한 경제활동으로 생각할 경우 불행을 자초할 수도 있기 때문이다. 소비자가 어떤 기업의 상품과 콘텐츠를 선택하는가의 문제는 현대 인류 문명의 발전 방향이 된다.

우리가 듀퐁사의 나일론 스타킹을 선택해서 신고, 다이너마이트를 선택해서 산업을 발달시켰을 때 이미 우리는 지구의 자연환경을 파괴하는 데 일조하고 있었던 것이다. 미래 사회의 교육혁명이 단순히 한 국가의 교육 혁신이 아닌 글로벌 단위의 전체적인 혁명이어야 하는 이유가 바로 이 지점에 있다. 온라인 세상은 국경도 없고 소비자는 무엇이든 싸고 빠르면 사기 때문이다. 아마존이 고객 중심의 기업 전략을 사용하는 것도 마찬가지 맥락이다. 더 많은 물건을 더 빨리 배송하고 이익을 독점한다.

소비자 입장에서 싸고 빠른 배송은 좋지만 공동체 사회에 정의롭지 않다면 소비를 거부하는 민주적인 소비 행동과 새로운 시대의 정치적 주인 의식이 사회 문화 비평 프로젝트 수업으로 진행되어야 한다. 이것이야말로 민주 시민 양성이라는 사회 교과의 학습 목표에 따른 진정한 교육이라고 할 수 있다.

트렌드를 따르는 유행 상품이 우리의 일상을 재구조화하는 것이 아니라 나의 생각과 취향에 따른 최적화된 상품 선택으로 자신의 일상을 가꿔나가며 자신만의 라이프스타일을 디자인하는 것이다. 단순히 밥 먹고 살기 위한 사육적 개념이 아니라 지구촌 사람들과 공생하며 사람답게 살아가는 삶의 교육이 라이프스타일 교육의 핵심이다. 자신의 삶에 주인이 된다는 것은 단순히 맹목적인 긍정적 사고의 강요가 만들어내는 것이 아니다. 1000원짜리 과자를 먹어도 구성 성분과 출처 및 제조 과정을 꼼꼼히 따져보고 구입하는 행동을 교육해야 한다. 이는 식량문제와 환경문제로 인한 지구 멸망의 시나리오를 최소화할 수 있는 작은 실천이기도 하다. 더불어 상품 윤리와 소비자 윤리야말로 미래 사회의 중요 교과목 중 하나다.

상품 권력 사회에서 생각의 한계는 소비의 한계를 만들고 우리 삶의 한계를 만들어낸다. 아이들에게 탈상품화 삶의 기술을 가르쳐야 하는 이유도 여기에 있다. 코로나19 이후 집 안에서 식물과 채소를 키우는 유행도 단순한 놀이적 관점보다는 식량을 자급자족하는 관점에서 삶의 기술 교육과정으로 도입되어야 한다.

우리 삶의 자유와 지속 가능한 지구의 미래는 물론 우리 아이들의 행복을 위해 불편함을 감수하고 불필요한 물건을 클릭하지 않을 철학과 신념과 투지를 키워나가야 한다. 미래 인류의 자유는 어쩌면 우리의 손가락 끝에 있다고 해도 과언이 아닌 것이다. 이제 디지털 메타버스의 세계는 우리의 두뇌가 아니라 손가락 끝에서 창조된다. 바티칸의 천장화인 미켈란젤로 〈천지창조〉의 신묘함이 갑자기 훅 다가온다. 인간은 대화가 아닌 손가락으로 새로운 세계를 창조하였다. 이제 세계는 두뇌가 아닌 마우스를 습관적으로 클릭하는 손가락이 지배할 수도 있다는 사실에 깨어 있어야 한다.

암호 COVID-19로 열린
신세계 메타버스

세상에서 가장 작고도
가장 광대한 메타버스는?

본래 'meta'는 고대 그리스시대부터 '~를 넘어서, ~와 함께, ~와 접하여' 등의 뜻으로 사용된 말로 물리적 자연계를 초월하는 그 무엇을 의미한다. 어쩌면 무경계의 초월적인 무한 가능성을 이야기한다고도 볼 수 있고, 인간의 무한한 상상력에 의해 만들어지는 새로운 세계a new universe를 의미하는 것으로 해석될 수도 있다. 퀴즈를 하나 풀고 메타버스의 세계로 가보는 것은 어떨까.

"세상에서 가장 작고도 가장 광대한 메타버스는?"

현재 내가 가지고 있는 정답은 바로 우리 인간의 두뇌다. 우리의 두뇌는 끊임없이 상식을 뛰어넘는 새로운 상상력으로 인류의 진화 과정에서 새로운 세계를 재창조해 왔다. 신대륙의 발견도 콜럼버스의 두뇌에서 나왔고, 왕복 로켓으로 화성을 새로운 삶의 터전으로 만들겠다는 아이디어 또한 일론 머스크^{Elon Musk}의 머리에서 나왔다. 물론 그들의 진심이 정치적 영향력을 거세하고 지구를 자신들이 꿈꾸고 상상한 대로 완벽하게 통제하기 위한 일종의 테라포밍^{terraforming08} 과정이라 해도 말이다.

메타버스 또한 누군가의 두뇌에서 나온 상상력과 욕망이 낳은 가상의 새로운 디지털 영토다. 'COVID 19'는 인류의 역사가 디지털 영토로 이주하기 위한 비밀의 암호로 이미 우리에게 온라인 언텍트라는 새로운 삶의 시스템과 세계를 보여주며 인류를 메타버스에 착륙시켰던 것이다. 다만 새로운 대륙은 클라우드라는 우주 안의 세계인지라 구글맵 어디에도 표시할 수 없고 손으로 잡을 수 없으며 우리의 추억과 기억을 촉발시키는 냄새와 맛도 없다.

호모메타버스 Z는 인간의 우선적인 감각인 맛을 느낄 수 없는 세계임에도 불구하고 끊임없이 디지털 메타버스의 세계를 동경하며 그리워하고 어떻게든 도달하기 위한 노력을 멈추지 않는다. 심지어 그들은 메타버스 세계에 갇히는 것조차도 즐거워한다. 마치 디즈니랜드에 갇혀 새벽이 오도록 놀이기구를 타고 아이스크림을 사 먹고 퍼레이드를 구경하는 상상만으로도 즐거워지는 호모사피엔스들과 다르지 않다. 네덜란드의 역사학자 하위

---

08 지구가 아닌 우주의 다른 행성을 인간이 사는 지구와 비슷한 환경으로 바꾸는 작업을 의미한다.

김상균,《메타버스》, 플랜비디자인, 2020, 27쪽.

징아$^{Johan\ Huizinga}$가 놀이의 인간을 말하기 이전 구석기시대부터 수렵·채집·어로 생활은 삶을 위한 기술이기도 했지만 하나의 놀이이기도 했다. 사냥과 낚시와 열매 채취는 현대인들에게도 여전히 또 하나의 놀이가 되는 것과 같다. 인류는 이렇게 태고부터 다양한 기술과 생활양식을 자신들 삶의 테두리 안에 가두고 응집시키는 전략으로 문명을 발전시켜 왔다. 일상을 아우르는 라이프스타일로 전승되어 내려왔기 때문에 문명을 집단 지성이라고 표현해도 무방할 듯하다.

마쓰다 유키마사^{松田行正}의 《눈의 황홀$^{はじまりの物語\ デザインの視線}$》 15장은 '가둔다는 것'을 주제로 흥미로운 논리가 펼쳐진다. 시간은 달력에 가두고, 기억은 종이와 동굴벽화에, 지구는 지도에 가두며 시각은 미디어매체에, 정신은 종교와 철학에 가둔다는 것이다. 심지어 에렉투스들이 불 피우기 방법을 발견하며 핵폭탄에 파워를 가두는 발상이 가능해졌다는 이야기다. 한마디로 인류가 습득한 지식들을 인간의 발명품에 가두고 축적하며 문명을 발전시켜온 것이다.

사실 저작권이라는 것도 한계가 있다. 따지고 보면 원시시대부터 축적되어온 인류의 앎이 지식이 되고 쌓이면서 어마어마한 집단 지성의 기록으로 공유된 것이 역사와 문명이 아닌가? 어쨌든 디지털 온라인 혁명의 시대를 맞고 있는 우리는 인간의 개별적인 상상력 이외의 모든 것을 클라우드 안에 가두게 되었다. '데이터를 가진 자가 세상을 지배한다'라는 말이 과언이 아닌 세상이다.

일반적으로 말하는 메타버스는 클라우드를 기반으로 만들어진 디지털 플랫폼을 말하며 대표적으로 제페토, 로블록스, 마인크래프트, 포트나이트, 동물의 숲과 같은 컴퓨터게임과 페이스북, 인스타그램, 카카오스토리에 올라오는 많은 사람들의 일상 라이프로깅 등을 들 수 있다. 김상균 교수는 저서 《메타버스》에서 메타버스를 증강현실 세계(AR)^{augmented reality}, 라이프로깅 세계^{lifelogging}, 거울 세계^{mirror worlds}, 가상현실 세계(VR)^{virtual reality}로 나누어 소개하고 있다.

디지털 메타버스에서 증강현실은 포켓몬 고·스노우·제페토가 대표적이고, 라이프로깅은 페이스북과 인스타그램, 거울 세계는 구글 맵과 다양한 화상 채팅 앱, 가상현실 세계는 페이스북 호라이즌과 포트나이트 등을 예로 들고 있다. 하지만 인간의 두뇌 또한 AI도 따라오기 힘든 뛰어난 네추럴 메타버스다. 인간의 상상력과 환각 체험, 선승의 삼매 경험 등은 경계를 넘어선 초월적인 세계라고 할 수 있다.

'각^覺'이란
본디 교육의 본질이다

온라인 게임으로 대표되는 디지털 메타버스는 개발자의 세계관과 상상력에 의해 구현된 창조적 세계다. 모든 창조물에는 개발자의 생각을 구조화하는 기획 마인드와 그것을 텍스트로 하나의 개념을 만들어내는 스토리텔링의 과정은 물론 비주얼 텍스트로 전환시키는 디자인 과정과 엔지니어링이 필요하다. 사실 현존하는 메타버스의 한계는 현재 과학기술의 한계와 같다. 아니면 그 과학기술을 더 큰 범주로 확장시키지 못하는 인간의 사고력 한계일까, 상상력의 한계일까?

SF영화 속 장면들이 현실이 되는 것은 바로 그 영화 속 가상의 현실들을 진짜 현실로 만들려는 또 다른 사람들의 도전과 모험 정신에서부터 비롯된다. 픽션이 팩션으로 변환되면서 소설과 현실을 구분할 수 없는 호접지몽적 현실을 구성한다. 생각이 곧 현실이라는 말이 바로 이런 것이다. 이제 게임 속 가상현실과 엘리스의 꿈속 버섯집은 모두 디지털 메타버스 안의 가상현실을 기반으로 한 초월적인 이야기인 메타팩션이 된다. 우리의 현실 또한 우리의 상상력이 만들어낸 현실을 기반으로 한 메타팩션이다.

분홍색 파자마 차림의 핫핑크 아바타로 제페토 메타버스에 올라탄 나는 제일 먼저 구찌 매장 쇼핑을 시작한다. 사람들과 잠옷을 입고 만난다는 것은 현실 세계에서는 있을 수 없는 일이니까. 사실 파자마를 입고 다녀도 된다. 이미 우리는 줌^{Zoom}과 같은 원격 기기의 거울 세계 속에서 잠옷과 구분되지 않는 실내복을 입고 수많은 회의와 수업과 강의를 진행하지 않았나.

돌체앤가바나 패션하우스에서는 이미 오래전에 파자마를

실외복으로 만들어 패션계에 파자마룩 바람을 일으키기도 했음은 물론 비비안웨스트우드의 란제리룩은 거의 옷에 대한 상식의 파괴였다. 다만 우리가 그 상황과 그 순간에 깨어 있지 못했을 뿐이었던 것이다. 결국 메타버스 구찌 매장에 들어선 핫핑크의 본심은 현실 세계에서 이루지 못한 명품에 대한 '욕망'이었음을 깨닫는다.

'각覺'이란 본디 교육의 본질이다. 스스로 깨닫거나 스스로 터득하는 것 이상의 교육은 없다. 이제 우리 아이 호모메타버스 Z는 내 곁에 있으나 나와 다른 세계에 갇히거나 존재하는 나와는 전혀 다른 존재임을 인정해야 한다. 그가 내 세계가 아닌 다른 메타버스 세계의 외계인(나의 세계 밖의 존재 또는 나와 다른 세계의 존재, 나와 다른 존재)임을 인정해야 한다. 이제 우리 또한 현실과 가상현실의 두 개의 세계를 오가며 끊임없이 변형되는 과정을 거치게 될 아이들에게 무엇을 목표로 교육해야 할지에 대해 깊이 생각해야 할 시점인 것이다.

아이들이 디지털 메타버스에서 자신들이 만들어낸 아바타의 삶에 집중하며 몰입할 경우 현실의 자아는 왜소해지는 불균형을 가져올 수 있는 가능성은 매우 농후하다. 미술조각품처럼 한 부분을 강조해서 만들어지는 데포르메 과정이 아이의 현실을 장악할 경우 부적응, 소외, 고독이라는 이름으로 그 어떤 곳에도 속할 수 없는 존재가 될 수도 있다. 디지털 메타버스 안에서 아바타의 가면으로 살아가는 것도 한계가 있음은 물론 아바타를 자기 자신으로 스스로 선택한다 해도 현실 세계의 근원적인 고독과 분열은 내재한다는 데에 심각한 문제가 있다는 생각이다.

　그렇다면 다음 장에서는 메타버스세대 아이들의 생각과 특성에 대해 함께 이야기를 나눠보자. 새로운 교육목표를 세우기 전 교육 대상자의 니즈에 대한 앎의 과정은 항상 유의미한 교육효과를 만들어낸다.

메타버스시대의 초인
호모메타버스 Z

디지털 장비를
삶의 도구로 사용하는 메타버스세대

돌도끼가 구석기와 신석기를 대표하는 도구였다면, 이제 메타버스시대를 대표하는 인류는 각종 디지털 장비를 자유자재로 사용한다. 메타버스 플랫폼만이 아니라 HMD 헤드셋, 데이터 장갑, 데이터 슈트, VR 기기 등 가상현실에서 사용하는 도구와 기술 또한 최근 메타버스가 사회적 트랜드가 되면서 괄목할만한 성장을 이어가고 있다. 그렇다면 디지털 도구를 삶의 도구로 이용하는 Z세대 호모메타버스의 성향과 취향은 물론 그들의 세계관을 알아보는 것은 새로운 시대의 교육목표를 설정하기 전에 매우 유의미한 일이다.

'포트나이트'는 에픽게임즈^{Epic Games}의 온라인 비디오 서바이벌 슈팅 게임이 구현하는 메타버스다. 게이머들은 서바이벌에 맹렬히 참가하여 죽고 죽이는 배틀 로열 매치를 벌이다가도 새로운 3D 소셜 공간인 '파티 로열Party Royale ' 구역으로 들어가면 잠시 여흥을 즐기며 소통한다. 바로 이 기능이 포트나이트를 단순한 게임에서 소셜 메타버스로 발전시키는 중요한 포인트라고 할 수 있다. BTS의 공연으로 우리나라에서는 더 많이 알려졌지만 1230만 명을 접속시킨 트레비스 스콧Travis Scott 의 공연이야말로 나를 감추고 소통하며 놀고 싶은 메타버스세대의 욕망을 결합시킨 가상현실 메타버스의 세계관을 잘 보여주고 있다.

포트나이트 파티 로열 광장의 둥근 스크린으로 비추던 행성이 실제 행성으로 변환되고 그 안에서 하나의 빛이 뻗어 나오며 트레비스 스콧이 거인(초인)의 모습으로 등장하여 관객들과 함께 지상과 바다와 우주 공간까지 자유자재로 마음대로 누비며 노래하고 춤춘다. 트레비스 스콧과 공연기획자의 상상력이 탄생시킨 디지털 게임 세계의 현실이다. 9분여에 걸친 공연의 스토리라인 안에서 문득 니체가 쓴《자라투스트라는 이렇게 말했다》에 나오는 거인 위버멘쉬Übermensch 가 중첩된다. 초인이라 불리는 그는 사회적 고정관념의 프레임을 벗어난 그야말로 자신 그 자체로 온전한 우주이자 신이자 본디 자리의 바로 그것으로서의 온전한 자유인의 모습이다. 그는 그가 속했던 사회의 룰과 상식대로 살기에는 너무나 거대하게 커져서 자신이 왔던 세계로 다시는 돌아갈 수 없다. 이미 존재 자체가 바로 그것으로 변형된 것이다.

온라인 접속이 오프라인으로 전환되면 가상현실 세계에서 강하게 증강되었던 자아는 다시 현실의 작은 모습으로 꿈을 깬다. 그러나 이미 메타버스 안에서 아바타의 모습으로 초인을 경험했던 Z세대 아이들은 막상 직면하고 있는 현실인 스마트폰 발명 이전 시대의 철학과 신념과 근대적 사회시스템 안으로 돌아갈 수 없다. 호모메타버스 Z는 호모사피엔스의 세상에서는 부적응아이며 문제아로 지적받음은 물론 중독을 앓고 있는 비정상인으로, 병자로도 구분된다. 이제 호모메타버스 Z에 걸맞은 새로운 시스템과 새로운 교육을 준비해야 한다. 아니, 새로운 메타버스시대가 바로 '메타팩션'의 세계라는 것에 깨어 있는 사람으로 현실과 가상현실의 세계를 주체적으로 자유롭게 넘나드는 삶의 주인이 되도록 교육시스템은 물론 사회적 인식 기반 또한 전체적인 수정을 가해야 한다.

코로나19가 온라인 학습으로 오프라인 교육시스템을 혁명적으로 바꾸는 코로나 스쿨 혁명을 선취하였다면 이제 그 뒤의 세계를 다시 준비해야 할 때가 되었다. 그렇다면 호모메타버스 Z들은 현실 세계와 메타버스의 어디쯤 위치해 있는 것일까? 교육 디자인은 무엇보다 교육 대상자의 현재를 파악하는 것이 우선이다.

호모메타버스 Z들이
원하는 삶의 방향

Z세대에 해당하는 대전시 중·고교 각 3개교씩 학생들 총 198명에게 지역 축제 선호도를 중심으로 한 설문을 통해 아이들의 세계에 대한 인식 수준을 유추해보았다. 필자가 지역 축제를 주제로 설문을 만든 이유는 아이들이 온라인 게임 세계로 유입하는 중요한 이유 중 하나가 바로 '일탈과 놀이'에 있다는 점을 반영한 것이었다. 아이들은 일상의 일탈을 촉구하는 축제나 파티 같은 주제에 열광함은 물론이고 자발적인 참여도도 높다는 현장 교육 경험 또한 더해진 설문이었다.

설문을 통해 얻은 메타버스세대 아이들의 니즈가 담긴 단어들을 골라보면 '음식, 자유, 관계, 체험'으로 요약된다. 그들에게는 일상생활과 가족과 친구 관계도 중요하지만 자신만의 자유를 즐길 수 있는 일탈의 공간과 경제적 자유에 대한 열망도 크다는 것을 설문 결과로 알 수 있었다. 축제를 함께 즐기고 싶은 대상자를 묻는 질문에서 혼자서 즐기겠다는 답변이 65%나 된다. 나의 학창 시절을 돌아보면 화장실을 친구와 팔짱 끼고 함께 가지 않고 혼자 다닌다고 왕따로 낙인찍혔던 역사가 있다.

메타버스시대가 도래한 현 시점에서 아이들은 자발적으로 홀로 축제에 참가한다. 게임에 혼자 참가하여 취향을 같이하는 유저들과 채팅으로 다양한 관계를 맺어가는 것에 익숙하기 때문

• 지역 축제 선호도에 대한 설문 조사

	질문	1위	2위	3위
1	축제 방문 시 중요한 결정 요소는?	맛있는 음식	즐거운 체험	재미있는 볼거리
2	대전을 방문한 지인과 함께 즐기고 싶은 것은	음식	체험	휴양지
3	축제를 함께 즐기고 싶은 대상은?	친구	가족	혼자
4	선호하는 문화 행사는?	대중가요 콘서트	버스킹	프리마켓
5	선호하는 문화 행사의 이유는?	누구라도 자유롭게 참여할 수 있다.	친구나 가족과 함께 같이 갈 수 있다.	음악이 좋다.
6	대전 지역의 축제 콘셉트로 좋은 것을 3개 골라주세요.	온천, 관광, 먹거리	골목 탐험, 가족 소풍	명상, 생태
7	미래 축제 발전 방향에 대한 귀하의 의견은?	기존의 구경거리와 체험 위주 오프라인 축제로 진행한다.	메타버스에서 세계인이 참여하는 축제로 만든다.	오프라인 가족 참여형 축제를 확대시킨다.

이다. 이제 친구와의 대화 또한 말이 아닌 글과 이모티콘이 대신한다. 입으로 말하는 시대는 가고 손가락으로 말하는 시대가 도래한 것이다. 메타버스시대의 도래란 이렇듯 단순하지 않다. 우리 신체의 쓰임과 '뇌 속의 신체 지도' 위치까지도 온라인 사회 시스템에 따른 신체 기능의 변화를 따라 바뀌어야 하는 상황인 것이다.

선호하는 문화 행사에 대한 답도 눈여겨 볼만하다. 좋아하는 축제 프로그램이 무엇인지 물으니 대중가요 콘서트가 1위, 버스킹이 2위, 프리마켓이 3위로 메타버스 세계의 인구가 초등학생이 대부분임을 감안할 때 축제 기획 단계에서 유의할 점이다. 대중가요와 버스킹은 청소년들이 워낙 좋아하는 주제이지만 프리마켓이 3위로 등극한 것을 보면 메타버스시대 Z세대 아이들에게 있어서 돈이란 한마디로 '생존'이다. 상품화된 의식주 도구들을 모두 돈을 주고 사야 하는 상황을 절감한 것이다. 무엇보다 그들에게는 게임과 같은 디지털 메타버스로의 진입이 중요하고 아이템을 사고파는 메타버스 내에서의 다양한 활동에 있어 토큰은 너무나 중요한 커뮤니케이션 매체인 것이다.

하지만 토큰이 삶의 모든 것을 다 해결해줄 수는 없다. 중요한 것은 Z세대 아이들에게 다양한 삶의 요소들 사이의 밸런스를 어려서부터 키워줘야 한다는 것이다. 현재 40대 이상의 장년층과 노년층들에게 축제란 지역 활성화를 위한 오프라인 전통에 기반한 정치적 문화 행사라는 기억이 있는 반면, 메타버스세대 아이들에게는 디지털 세계의 온라인 스위치를 올려야 비로소 진정한 축제가 시작된다는 점이 매우 다르다.

메타버스시대가 이제 막 개막되었으니 앞으로의 추이는 어찌될지 알 수 없다. 다만 메타버스세대 아이들에게 기존의 지역 축제와 디지털 메타버스의 축제에 대한 니즈가 반반이라면, 스마트폰과 컴퓨터 게임이 학업과 일상을 방해하는 중독적이고 악의적인 무엇이 아니라 아이들의 일상생활을 돕는 생필품으로 다시 규정되어야 한다는 사실이다.

메타버스세대 아이들에게
스마트폰과 컴퓨터는 생필품이다

2021년 6월 현재 한국의 대표적인 메타버스 네이버 제페토는 2억 명의 유저 중 90%가 Z세대라고 한다. 이런 상황에서 게임을 중독 현상으로 단정 짓고 금지하는 것이야말로 시대착오적이다. 사실 아이들이 아니라 어른들의 스마트폰 중독이 더 문제 아닐까? 아이들은 스마트폰 앱을 다양한 생활 도구로 활용하면서 게임도 즐기는 반면, 중장년들은 스마트폰을 생활 도구로 제대로 활용하지 못하면서 SNS 관계망 속에서 하루 종일 스마트폰을 손에서 놓지 못하기 때문이다.

호모메타버스 Z세대 아이들에게 스마트폰과 컴퓨터게임을 허하라! 이제 그것이 바로 그들의 영토가 되었고 삶의 터전이 되었음을 각성하라! 당장 스마트폰을 자유자재로 다루는 도구의 인간으로 아이들을 진화시켜라! 그들이 속한 메타버스는 '메타팩션'임에 깨어 있도록 교육의 목표를 뚜렷이 하고 유아기부터 단계별 철학과 인성 교육을 진행하자! 욕망에 급급해서 스마트폰을 손에서 놓지 못하는 우리 자신부터 스마트폰 중독으로부터 보호하자!

중독은 결핍과 의존에서부터 시작된다. Z세대 아이들은 디지털 결핍자들이 아닌 디지털 세포로 충만한 자들임은 물론 그것을 유능하게 삶의 수단과 기술로 다룰 줄 아는 메타버스 시대의 초인들이다. 그들 하나하나가 또 하나의 메타버스임을 각성하고 자신의 특이성을 지켜나가도록 개별 맞춤형 교육프로그램으로 교육의 판을 새롭게 다시 디자인하자.

메타버스는
메타팩션의 세계다

4학년 휘연이와
2학년 태훈이를 만났다

집 앞 등나무 벤치에서 초등학교 2학년 태훈이와 4학년 휘연이를 만났다. 유저의 대부분이 초등학생으로 파악되고 있는 메타버스에서 아이들은 각각 어떤 세계관에 속해 있는지 궁금해져서 대화를 시작했다.

휘연이는 로블록스에서 경찰이 도둑을 추적하며 권총을 쏘는 게임을 하고 있었고, 태훈이는 마인크래프트 체험판으로 곤충을 더 큰 존재로 업그레이드하며 권총 모양 청량 과자를 먹고 있었다. 권총을 용 모양으로 만들고 총알은 청량 과자로 대체한 상태로 용머리를 입에 집어넣고 방아쇠를 당겨서 먹는 과자인데 좀 섬뜩했다. 하지만 끊임없이 범인을 추적하며 총을 쏘아대는 로블록스 게임은 더 끔찍했는데, 아이의 무의식 속에 도둑은 나쁘고 그래서 죽어 마땅하다는 선과 악의 이분법적 사고가 자동으로 작동할 수 있다는 것을 금방 간파할 수 있었다.

물건을 훔칠 수밖에 없었던 절실한 이유나 상황의 맥락에 대해서는 전혀 고려할 것 없이 무조건 도둑이기에 죽어 마땅하다는 논리의 단순한 세계관을 들여다보며 메타버스 내에서 인문학은 물론 윤리의 문제도 크게 부각시켜야 한다는 인문학자들의 목소리가 매우 절실한 것이었다는 생각이 들었다. 김상균 교수는 그의 저서 《메타버스》에서 윤리와 인권의 문제를 제기하며 메타버스 제작자는 물론 메타버스 내에서 활동하는 유저들 또한 같은 책임감을 가지고 새로운 세계의 질서를 만들어야 한다는 의견을 제시한다. 그렇다면 메타버스시대 아이들의 교육목표를 어떻게 설정해야 할까?

《컨버전스 2030The Future Is Faster Than You Think》의 저자 피터 디아만디즈Peter Diamandis 와 《2030 축의 전환》의 저자 미우로 기옌Mauro Guillen 은 2030년 정도가 되면 인류 역사상 기존에 없었던 전혀 새로운 시대가 될 것이라는 전망과 함께 에듀테크 중심의 온라인 교육은 물론이고 메타버스가 미래 교육의 새로운 장으로 부각할 것이라고 예상했다. 페이스북의 주커버그도 메타버스 회사로의 도약을 발표하며 메타버스 내에서 교육받는 학생들을 언급했다.

만약 메타버스가 교육의 장이 된다면 학령별 공교육기관 위주의 교육 비전과 교육목표는 모두 전면 수정되어야 한다. 개별화 교육이란 국가의 정책적 선택이 아닌 과학기술 문명의 발전에 따른 역사 변화의 큰 흐름으로 이해해야 한다. 세계적으로 사람들의 라이프스타일의 패러다임이 오프라인에서 온라인으로 급변한 상태에서 교육 패러다임의 변화는 당연한 귀결이다.

이미 교육은
메타버스를 탔다

기성세대는 메타버스를 일종의 게임이나 가상현실로 생각하지만, MZ세대는 메타버스 안의 아바타를 이미 자기 자신인 '나'와 동일시한다. 이러한 이유로 디지털 메타버스 개발자들은 메타버스 안에서 활동하는 사람들의 감정 설계를 중요시한다. 공간 디자인은 물론 캐릭터 디자인, 사운드, 비주얼 등 복합적인 장치들을 만들어 우리의 감각을 현실 세계와 비슷한 수준으로 더욱 증강시킨다. 이 때문에 유통업계도 메타버스 활용에 적극 나서고 있다.

또한 이런 메타버스의 특성을 기반으로 하여 개별 메타버스 유저가 만들어내는 UGC$^{User Generated Content}$를 상품으로 가상 통화를 유통하기도 하는데 네이버 제페토의 아바타들은 패션 경쟁이 대단하다. 네이버의 제페토에서는 '젬'을 가상 화폐로 사용하여 아바타의 옷도 사고 가발도 산다. 로블록스는 해당 플랫폼의 전자화폐인 로복스^{Robox}가 있어야지 게임을 만들거나 더 좋은 아이템을 구입할 수 있다.

메타버스세대 아이들은 아바타로 메타버스 학교로 가서 친구를 만나고 숙제에 대한 정보를 교환한 뒤 새 옷 자랑도 한다. 친구의 멋진 새 옷을 본 학교 친구도 제페토 구찌매장으로 달려가서 자신의 아바타를 위해 4000원짜리 운동화를 하나 사서 갈아 신고 로블록스에 올린 창작 게임 UGC 구매자를 확인하기 위해 다시 로블록스를 로그인한다. 로블록스는 제페토와는 또 다른 세계이며 제페토의 아바타와 또 다른 제2의 부캐로 활동한다. 이것이 바로 Z세대 아이들의 새로운 라이프스타일이다.

메타버스에서 학교를 다니고 메타버스에서 크리에이터로 생업을 이어간다면 굳이 정규교육과정이 필요하지도 않다. 자신에게 필요한 것들을 스스로 설계해서 배워나가도 생활이 가능하다. 유튜브는 이미 세계인들의 평생교육기관이 되지 않았나? 그러니 코로나19 이전 오프라인 시대의 교육 패러다임을 기준으로 대입 중심의 교육과정 개혁이나 진로 교육 중심의 교육 혁신을 미래 교육 대안으로 논한다는 것은 시대착오적이라고 할 수 있다. 메타버스세대 아이들의 라이프스타일을 기준으로 완전히 다른 판의 미래 지향적 교육 패러다임이 먼저 만들어져야 한다.

포트나이트의 트레비스 스콧 공연 장면을 통해 나는 니체의《자라투스트라는 이렇게 말했다》를 떠올리며 일종의 벅찬 감동을 느꼈었다. 유튜브를 통해서 뮤직비디오 형식으로 시청했으나 직접 게임에 접속해서 게임 안의 아바타로 존재하는 사람들이 느꼈을 신나는 기쁨의 감각들이 고스란히 전해져 왔다. 하지만 게임이 끝나면 우주 공간 전체를 무대로 춤추고 노래하던 거인과의 댄스 타임은 끝나고 여전히 한계가 가득한 현실 세계로 돌아와야만 한다. 이때 자신들이 거했던 곳이 픽션의 세계이자 상상의 세계였음을 '각성'하고 다시 메타픽션적인 언어를 사용하여 마치 타자와 대화를 나누듯 자신과 대화를 나눌 수 있다면 메타버스의 미래는 희망적이다.

메타픽션은 의도적으로 독자에게 그것이 픽션임을 알리는 것으로, 영화나 드라마에서 주인공이 극 속에서 잠시 빠져나와 관객을 향해 대화를 던진다든지, 자신은 그곳에 속하지 않은 사람처럼 관객을 향해 독백을 한다든지 하는 것 등을 말한다. 판소리나 마당극의 형식 또한 메타픽션적인 구조를 가지고 있다. 메타픽션은 이를테면 강물을 타고 흐르되 강물 속에 빠지지는 않고 자기가 흘러가는 강의 물길을 바라보며 낭떠러지 폭포가 있을 때면 위험을 피해 다른 길로 돌아가는 객관화의 지혜를 얻게 하는 것이다. 이것이 바로 메타버스의 세계에서 교육이 도달해야 할 목표다.

소설적 상상과 현실의 이야기를 섞어서 재구성하는 가치 지향적인 태도와 선택으로 자신만의 '메타팩션'을 완성하도록 준비시키는 것이다. 자신이 만들어낸 허구의 부캐와 본캐의 자신을 가려내는 통찰력과 직관으로 다양한 디지털 메타버스를 유영하며 놀고 즐기고 경제활동을 펼치며 다양한 캐릭터로 살아간다고 해도 인간 고유의 본캐 자신을 잃지 않는 것이다. 바로 이런 통찰력과 직관력을 가진 성숙한 사람으로 온·오프라인의 다양한 세계 속에서 자신만의 유니크한 라이프스타일을 디자인하고 자기 삶의 주인이 되어 살아가는 사람으로 성장시키는 것이 미래 교육의 목표라고 할 수 있다.

메타버스
스쿨 혁명

스스로 배우고 가르치는
아이들의 타고난 학습 능력

실리콘밸리를 움직이는 혁신기업가로 20개가 넘는 하이테크 기업을 설립한 미래학자 피터 디아만디스는 그의 저서《컨버전스 2030》에서 가상현실과 인공지능을 결합한 기술이 개인 맞춤형 교육 환경을 주도하며 교육은 가상현실의 킬러 앱$^{killer\ app}$이 될 것이라고 전망했다. 심지어 집중력 향상과 성공지향적 마인드를 심어주는 것도 데이터 기반 센서 개발로 가능할 것이라고 하니 공부로 개인의 능력을 평가하고 구분 짓던 시대는 갔다고 볼 수 있다.

메타버스가 미래 교육의 장이 되리라던 그의 예상은 코로나19와 메타버스 돌풍으로 10년을 앞당겨 벌써 현실이 되었다. 에듀테크 기업의 교육 앱은 물론이고 유튜브와 게임 등이 전통적인 교사의 역할을 대신해주고 있음은 물론 아이들은 이미 디지털 메타버스 안에서 배우는 자가 아닌 지식의 생산자요 리더가 되어 있다. 지식은 권력을 낳고 권력은 지식을 낳는다는 단순한 원리에 깨어 있는 독자들이라면 아마도 벌써 눈치챘을 것이다.

이제 아이들은 우리가 가르쳐야 할 대상이 아니라 스스로 배우는 천상천하 유아독존의 존재로 오히려 기성세대들의 선생이 되어가고 있다. 디지털 게임에서 크루를 이루어 익명으로 활동하던 게이머들의 리더가 나중에 알고 보니 중학생이었다는 김상균 교수의 체험담은 이런 현실을 아주 단적으로 보여주는 예일 뿐만 아니라 자녀들에게 디지털 재교육을 받지 않는 사람들이 몇 명이나 될까.

스마트폰 앱을 새롭게 다운받을 때마다 나는 20대 딸아이 앞에 매우 공손한 학생이 되곤 한다. 어디 그뿐이랴. 이미 설치된 앱도 제대로 사용하지 못해 늘 버벅거린다. 그런데 놀랍게도 Z세대 아이들은 마치 선지식들처럼 배우지 않아도 스스로 안다. 수가타 미트라Sugata Mitra 교수의 '벽 속의 구멍 빈민가 실험[09]'은 스스로 배우고 가르치는 아이들의 타고난 학습 능력을 증명했다.

1. 문제 제기: 교육 소외 문제 해결을 교육공학적으로 접근한다.
2. 실험: 인도 빈민가 거주 아이들에게 인터넷 연결 컴퓨터 배부

---

09 출처: TED 유튜브 채널 https://youtu.be/xRb7_ffl2D0

3. 결과: 아이들은 스스로 배우고 가르칠 수 있음을 알게 된다.

4. 의미 도출: 아이들의 배움은 자연처럼 자기 조직적이고 기능적 문맹은 배움에 장애가 되지 않는다.

이미 Z세대 아이들은 스스로 깨우치고 배워나가는 자발적 학습의 전형을 보여준다. 이제 우리가 국가 단위 정책으로 교육에 대해 논한다면, 동기부여와 가치 지향점을 촉발시키는 촉진자의 역할 정도가 아닐까. 아니면 정보를 큐레이션 하여 제안해주는 큐레이터?

메타버스 학교의 선생님은
아이들 자신이다

메타버스 학교에서는 현실의 학교와 달리 아이들이 주도하고 어른들은 눈치 보고 방황한다. 나의 디지털 트윈 아바타인 '핫핑크'는 제페토 안에서 매일 파자마에 슬리퍼를 신고 혼자 뒷짐질한 채로 발을 구르거나 아무도 없는 구찌 부티크 숍만 폴짝폴짝 뛰어다닌다. 친구도 없고 놀 줄도 모른다. 무엇보다 코인을 전자지갑에 넣는 방법을 아직 연구해보지도 않았다. 그러니 귀걸이 하나도 살 수 없다. 무료하고 심심한 세계다.

아이들은 스스로 크리에이터가 되어 게임을 만들고, 아바타 의상을 만들어 숍을 개설하고 메타버스 경제활동을 한다. 메타버스에서 이런 경제활동으로 연봉이 억대가 넘는 학생들의 숫자가 꽤 많은 것은 물론 앞으로 계속 메타버스 경제활동을 직업으로 삼겠다는 아이들도 많은 것이 우리의 엄정한 현실이다. 14세 중학생으로 메타버스 내에서 비즈니스를 개척하여 연봉이 1억 원이라면 대학 입학에 대한 동기를 부여받을까? 현실 세계에서는 유용한 가치가 있는 명문대 졸업이라는 간판이 메타버스 내에서는 아무짝에도 쓸모없는 것이 되어버리는데도? 익명성에, 아바타라는 가면과 수평적 세계관 덕분에 메타버스에서는 굳이 학벌을 내세울 필요가 없다.

그럼에도 불구하고 올해 5세 아이들이 당면하게 될 대한민국의 2024년 교육 개정 내용은 여전히 대학 입시 중심이며 오프라인에서 진행된 근대적 교육의 틀을 벗지 못하고 있다. 교육부의 2022년 교육 개정안 발표 내용에는 에듀테크를 활용한 온·오프 연계 수업이 활성화되고 '읽기·쓰기·셈하기' 중심 교육에서 벗어나 '언어·수리·디지털 소양' 등이 강조되며 학교 밖 경험도 수업으로 인정된다는 내용이 담겨 있다. 메타버스의 급물결이 교육부에는 아직 닿지 않은 것이 분명하다.

세계가 클라우드 기술 중심의 데이터 네트워크 서비스 사회로 달리고 있는데, 여전히 메타버스 내에서 절대 지존의 활동을 하고 있는 Z세대들을 어린아이로 치부하고 현실 세계의 전통적인 위계의 관점에서만 아이들을 바라보고 있는 것은 아닌지 다시 새롭게 우리 자신을 돌아봐야 한다. 메타버스 안에서의 아이들의 사

분야	내용 정리
범교과 학습 주제 감축	- 범교과 학습 주제를 교과에 통합, 정규 교육과정에서 소화 - 범교과 학습 주제가 교과 수업에 녹아드는 '주제+교과 통합' 형태로 운영 - 교과 통합이 어려운 경우 원격 콘텐츠를 제작, 보급에 활용
창의적 체험 활동 재구조화	- 교과와 창의적 체험 활동 간 시수 이동 허용 - 초·중학교의 경우 교과 수업 비중을 늘리고 창체를 줄이는 것은 학교 자율 - 인성, 민주시민교육 등은 범교과 학습 주제로 원격 수업 활용 창체 활동
교육과정 유연화	- 학생의 적성과 진로 수준 맞춤형 단위 학교 교육과정 자율성 확대 - 교과목 시수 증감 및 온·오프라인 수업이 자유로운 형태로 재설계 가능 - 학교장 선택과목을 확대하고 온·오프라인 공동 교육과정 활성화 - 에듀테크를 활용해 대학 및 기업 등과 연계한 학교 밖 학습 교육과정 인정 - 언어, 수리, 디지털 소양 등 기초 소양을 강조하는 데 방점을 두고 교육과정을 운영

회적 지위에 대해서 간과하지 말아야 한다. 메타버스 내에서 스승은 아이들이다. 역전된 이 위계 자체가 메타버스 스쿨 혁명의 기반이 된다. 그럼에도 불구하고 제페토나 마인크래프트의 학교와 교실은 현실을 거울처럼 반영해놓았다.

교실의 형태가 현실과 대동소이하다는 것이 당황스럽다. 왜냐하면 근대 교육의 구조가 교사는 가르치고 아이는 배운다가 기본이었기에 교사-칠판, 아이-책상이라는 콘셉트가 가능했다. 그러나 메타버스는 서로 가르치고 배우며 협력하는 지식 공유의

---

10 "[2022 교육과정] 창체 활동-범교과 학습 줄어든다...학교 밖 경험도 수업 인정",《에듀프레스》, 2021. 4. 20. 참조 http://www.edupress.kr/news/articleView.html?idxno=7340

장이다. 새로운 시대의 새로운 교육이라면, 가상현실의 세계라 할지라도 공간 설계 그래픽에 있어 새로운 아이디어가 필요하다. 적어도 디지털 메타버스 세계의 가장 큰 특징이라고 할 수 있는 수평적 관계를 견지할 수 있는 디자인적 관점과 공간 그래픽 구현이 필요하다. 메타버스가 현실 세계와 다른 배움이나 학습을 가능하게 한다면 당연히 교육 내용이나 과정, 방법과 기대 효과까지도 모두 수정되어야 하지 않을까.

무엇보다 현실 세계의 상식에 대한 새로운 정리와 개념 수정이 절실하다. 과거 미국에서는 홈스쿨링을 하는 부모들이 아이를 학교에 보내지 않았다는 죄목으로 감옥에 가는 경우도 있었다. 그러나 이제는 코로나19로 학교를 보내는 것이 문제가 된다. 이미 아이들은 온라인 등교에 거의 완벽하게 적응했다. 이제 '학생은 학교를 갑니다'가 오답인 시대다. 상식이 바뀐 것이다.

그렇다면 교과서의 교육 내용 또한 새로운 개념 정리가 선행되어야 한다. 그러나 여전히 교육 방법론 중심의 미래 교육 담론이 무성하다. 메타버스세대 아이들을 위한 스쿨 혁명이란 기존의 상식을 온전히 폐기하고 완전히 새로운 상상력과 세계관으로 다시 생각할 때 가능하다. 과거는 잊어라. 완전히 다른 세상이 왔다. 기존의 교육이 단 하나의 방향을 목표로 국민과 시민 양성에 목표를 두었다면, 이제 메타버스 스쿨 혁명은 80억 인구의 개별적 메타버스를 만들어내는 더 포괄적이고 관용적인, 차이와 다름을 온전히 인정하는 세계관을 바탕으로 할 때 가능하다.

인형의 집은
행복이다

영국의 신디 돌하우스^{dollhouse}는 당시 아이들이 욕망했던 모든 사물이 가득가득 채워진 인형의 집이었다. 그뿐인가. 빅토리아시대의 빅토리안 돌하우스는 또 그 시대 영국 여성들의 꿈을 투사하는 또 하나의 메타버스 세계였다. 타샤 튜더^{Tasha Tudor}의 엠마 부인 돌하우스도 그녀가 상상하고 꿈꾸던 완벽한 결혼 생활의 가상현실 메타버스였다.

타샤는 매일 자신이 구축한 이상적인 가정생활을 인형 엠마 부인을 통해 대리만족했다. 엠마와 그의 남편 새디어스 크레인 대위는 타샤와 함께 모닝커피를 마시고, 에프터눈 티^{Afternoon Tea}를 즐긴 다음 잠들기 전까지 밀랍 양초를 켜 놓고 소파에서 독서를 하다가 잠이 들었다. 남편과 일찍 헤어져서 홀로 아이들을 키운 타샤에게 인형의 집이라는 가상현실은 그녀만이 가질 수 있는 꿈이자 즐거운 상상력의 세계였을 것이다.

타샤의 인형의 집이 남편과 아내 일인이역의 번거로움이 있었다면, 네이버 제페토의 메타버스에서는 훨씬 편하고 쉽게 더 다양한 놀이를 할 수 있다. 무엇보다 상호 소통이 가능함은 물론 실제로 돈을 주고 옷도 사 입고 편의점도 가고 콘서트도 볼 수 있다. 어쩌면 만인의 인형의 집일지도 모른다. 무엇보다 소꿉놀이가 주는 정신적인 위안과 비슷한 감정 상태가 된다. 마치 종이 인형의 옷을 갈아입히며 느꼈던 재미처럼 아바타의 옷을 골라 입히고 헤어스타일을 바꿔주고 마음에 드는 공간을 골라서 구경도 한다.

인형놀이에는 항상 자신의 욕망이 투영된다. 마치 부모가 자녀들에게 자신들이 욕망했으나 성취하지 못한 일들을 투사하고 아이들을 억압하게 되는 것과 비슷하다고 해야 할까. 인형은 갈아입힌 옷과 새로 빗긴 머리 모양만으로도 기쁨을 주기도 한다. 어떤 요구도 하지 않고 그냥 그 존재 자체로 행복을 주는 것이다. 어쩌면 아이들이 제페토와 같은 메타버스에서 가지는 감정도 비슷하지 않을까.

메타버스의 리빙 스타일
'나만의 방 만들기'

교사 시절에 대안 교실을 운영하며 자기 방이 없어서 고통받는 아이들을 많이 만났다. 당시 몇몇 아이들은 부모 또는 양부모의 학대가 심각한 수준이었고 아이들을 회복시키기 위해 돌하우스로 '나만의 방 만들기' 프로그램을 진행하며 자신의 방과 집을 직접 디자인하고 꾸며보는 수업을 진행했다. 아이들은 자신의 집을 가지는 꿈을 미니어처로 가시적으로 만들어가면서 많이 회복되었다. 적어도 자기만의 방을 가진다면 이렇게 저렇게 꾸며보겠다는 생각과 상상력 자체가 아이들에게는 행복이었던 것이다. 돌하우스 미니어처라는 교육 도구를 사용했으나 그것을 토대로 상상하고 꿈꾼 것은 아이들 자신들이었기에 아이들은 교육 도구를 매개로 하여 조금씩 더 성장할 수 있었던 것이다.

돌 하우스 프로그램처럼 현실 세계의 의식주를 기반으로 한 라이프스타일이 아이들을 성장시키는 중요한 교육의 코드가 될 수 있다면 메타버스의 가상현실 세계 또한 마찬가지다. 왜냐하면 현실을 투영시킨 거울의 세계이기 때문이다. 마인크래프트에서 망치 하나와 블록으로 집을 짓는 게임을 열심히 플레이하는 아이를 보았다. 커서 자신도 그렇게 큰 망치로 자기 집을 짓겠다는 야무진 포부를 말했다. 마인크래프트의 교육 도구적 활용은 물론 한계를 가지고 있다. 블록을 끼워 맞춘다는 설정 자체는 사실 창의성과 좀 거리가 멀다. 창의성이란 지속적으로 기존의 판을 깨는 것이 기본인데, 레고 블록이나 마인크래프트의 원리 또한 '네모 블록을 끼워서 맞춘다'는 하나의 틀이 계속 반복될 뿐이기 때문이다.

이런 반복적 학습은 기계적이고 습관적인 인지구조의 틀을 만들어낼 확률이 높다. 특성화 고등학교의 맞춤형 교육이라는 것 자체가 3년 동안 하나의 자격증을 위한 무한 반복 실습으로 진행되다 보니 지적 자극을 덜 받게 되고 기계적이고 단순한 사고로 자신들이 처한 현실에 대해 불만은 있어도 비평적 태도로 문제점을 확인하고 개선해나가는 힘이 약했다. '그냥 시키면 한다'의 태도였을까? 모든 교육 방법과 도구가 각각의 한계점을 가지고 있는 것은 분명하다.

물론 코딩coding에 의해서 모래성을 쌓듯이 게임 세계 안에서 새로운 세계를 만들고 부수는 과정을 겪게 되겠지만 모니터를 통해 반복되는 시각적인 훈련 또한 아이들의 사고 패턴에 지대한 영향을 미친다. 세계의 유명한 영적 지도자들은 모두 끌어당김의 법칙을 이야기하고 있는데, 말과 글뿐만 아니라 이미지로 가시화할 때 더 분명하게 자신이 원하는 것들을 끌어당길 수 있다고 하지 않던가.

교육의 원리도 마찬가지다. 생각을 글과 이미지를 통해 체계화하고 기억력과 이해력을 키우는 비주얼 싱킹visual thinking이란 교육 방법론도 그 구조를 펼쳐보면 근원은 같다고 할 수 있다.

게임이 중독적인 이유 중 하나는 패턴의 반복을 통한 성취인데 처음에는 쉽게 성취하기 때문에 더욱더 포기가 어려워서 중독적 패턴으로 몰입하게 되는 것이다.

메타버스에서
패션으로 나를 완성한다

만약 학생이 구찌 신상으로 쫙 빼입었음은 물론 머리는 마음대로 염색하고 선글라스에 귀걸이까지 주렁주렁 달고 등교한다면 한국의 교사는 당장 학생을 교무실로 소환하여 생활지도를 시작할 것이다. 하지만 이것은 현실이다. 인형 놀이와 소꿉놀이가 합쳐진 또 다른 형태의 디지털 역할 놀이! 가상현실 놀이터인 메타버스의 Z세대 아이들은 단돈 4000원으로 구찌 옷을 구입해서 입고, 평소처럼 간단한 먹거리를 사러 편의점에 간다. 이제 온라인 세상은 단순히 게임을 즐기는 것에만 그치지 않고 업무, 모임, 취미 활동, 쇼핑, 공연 감상 등 사람들의 다양한 일상생활이 구현되는 삶의 터전이다.

단순히 아바타의 의상을 구하는 것 말고도 직접 현실 세계의 의생활도 메타버스의 영향을 받고 있다. 라이프로깅 플랫폼들은 각 개인의 라이프스타일을 온전하게 보여준다. 무엇을 입고, 무엇을 먹고, 어떤 공간을 좋아하는지가 이미지 검색만으로도 쭉 읽히는 것은 물론이고 어느 순간부터는 내가 좋아하는 스타일의 사람들 포스팅만 보게 되고 정기구독으로 이어져 일종의 팬덤까지 형성된다. 이를 바탕으로 인스타그램과 같은 라이프로깅 메타버스는 사람과 사람 간의 상호 교류와 신뢰를 바탕으로 라이브 커머스^{live commerce}가 활발히 진행되기도 한다.

코로나19 이후 가장 핫한 패션 트렌드라면 요가복일 것이다. 홈트(홈 트레이닝) 등 코로나19로 스스로 몸매를 가꾸는 사람들이 많아지고 바디 프로필 등으로 그 성과를 SNS에 공유하면서 패션계의 새로운 바람을 일으키고 있다. 패션 또한 현실 세계에서의 중요성만큼 메타버스 세계 안에서도 자신의 취향과 니즈를 나타내는 또 하나의 소통의 도구다. 이제 메타버스는 소비와 생산이 선순환하는 '경제활동의 장'이자 다양한 '라이프스타일의 장'으로서 변모하고 있다.

아이들에게 단순히 게임과 컴퓨터에 시간을 허비하지 말라고 말할 것이 아니라 그 세계 안에서의 새로운 질서와 자유와 행복을 만들어나가도록 촉진하고 대화하며 새로운 삶과 배움과 비즈니스를 만들어가도록 응원하는 것 또한 부모와 교사들의 역할이다. 아이들이 다양한 디지털 메타버스 내에서 안전함과 즐거움을 느끼는 것은 마치 놀이공원에서 돈을 주고 놀이기구를 타며 즐기는 것과 다를 바 없다. 다만 현실 세계와 밸런스를 갖춘 선택과 결정과 실행이 될 수 있도록 끊임없이 아이들과 문제의식을 가지고 토론하고 대화하며 자신만의 새로운 라이프스타일을 만들어 자기만의 스타일대로 행복하게 살아가도록 돕는 것이 또한 교육의 중요한 지표이자 방향이다.

메타버스시대의 새로운 교육 방향

1   지혜로운 가치 지향적 삶의 태도 키우기

2   수행적 영성 키우기

3   리터러시로 비평적 관점 키우기

4   커뮤니케이션 능력 키우기

5   관찰자로서의 통찰력 키우기

6   자급자족 생활 능력 키우기

7   창조적 상상력 키우기

8   뇌와 마음이 메타버스의 근본임을 알기

9   재현과 권력의 관계 알기

10   인간의 심리와 욕망의 본질 알기

아바타들도 치킨을 먹고
콜라를 마신다

메타버스의 아바타와 VR 플레이어들도 치킨을 먹고 콜라를 마시고 심지어 대동강물과 이과수 폭포까지도 마실 수 있다. 식량에 관한 논의는 지구온난화와 세계 전쟁까지 아주 미묘하고 복잡하고 거대한 스케일에서 논의되어야 할 부분인지라 이 장에서는 간단하게 먹는 행위와 식품에 대한 우리의 고정관념을 잠시 돌아보기로 한다.

　메타버스 세계에 몰입해 들어갔을 때 먹는다는 행위는 두 가지로 나누어 생각해볼 수 있다. 먼저 메타버스 내의 음식이란 그림이거나 사진이다. 음식 배달 앱 '배달의민족'도 거울 세계 메타버스의 한 종류로 요리를 하지 않는 요릿집 콘셉트로 메뉴판이 즐비하다. 이때 우리가 피자라는 특정 음식을 먹는다고 해도 수많은 가게에서 단 하나의 피자를 선택해야 하고 그 선택을 가름하는 것이 바로 요리 사진이다. 눈으로도 음식을 먹는 시대가 된 것이다. 엔비디아의 대표 젠슨 황은 메타버스에 인류의 미래를 만들 것이라고 예고했다. AI 로보틱스 시대의 가상 세계 구현이 가능하고 옴니버스 플랫폼에서 게임을 넘어서는 플레이가 가능하도록 시뮬레이션 하고 싶다는 포부를 밝힌 것이다. 더 디테일한 가상현실은 식생활에 중요한 변화를 몰고 올 수 있다.

　PC방에서 밤을 지새우는 아이들의 식사 습관을 한번 관찰해보라. 모니터 앞에 라면과 삼각 김밥과 함께 음료수를 늘어놓고 눈은 모니터에 집중한 채 먹고 있다. 혼족이 아니라도 메타버스시대에 본격적으로 접어들게 된다면 디지털 메타버스 세계에서는 친구와 대화하며 밥을 먹어도 실제 현실의 나는 혼자서 허겁지겁 인스턴트 음식으로 배를 채우는 모습이 일반적일 확률이 높다.

　이는 단절을 의미한다. 인간이 동물과 구분되기 시작한 것 또한 음식을 나눠 먹는 행위에서 공동체가 생기고 그를 단위로 사회와 문화가 분화되어져 나왔기 때문이라는 어느 인류학자의 책이 생각난다. 이제 부모들과 함께 식사하면서 밥상머리 교육을 했던 클래식한 가정교육 방법론을 다시 꺼내야 할 시점이다. 메타버스의 시대에 오히려 더 오래된 역사 속에서 꾸준히 인간 삶에 사용된 의식주는 어떤 것인지를 다시 한 번 살펴보고 그 가치를 논하는 것 또한 중요한 교육이다.

디즈니랜드의 환상은 아이들에게 꿈과 희망과 동심을 지켜 준다는 대전제하에 만들어진 꿈의 땅이지만, 결국 그 본질은 자본의 논리에 의해 움직이는 '꿈'을 파는 상품일 뿐인 것처럼 메타버스 태생의 본질 또한 고객 확보와 이윤 추구다. 메타버스에 동승하려고 하는 우리의 목표와 꿈은 무엇인가? 수익률 좋은 플랫폼 기업의 메타버스가 무엇이고 그 주식이 투자 가치가 있는지 학습해서 투자해야 하기에 더욱 메타버스에 열광하고 있는 것은 아닌가? 메타버스는 당신에게 어떤 의미이고, 무엇이고, 어떤 가치를 지니고 있는가? 스스로 자신을 향해 질문해봐야 할 때다. 그저 그 세계가 궁금한가, 아니면 더 행복해지고 싶은가? 그것도 아니면 그냥 더 많은 돈을 갖고 싶은가? 아니면 진짜 속마음은 불안한가? 무엇이?

네이버 제페토가 불과 2년 만에 2억 명의 유저를 지닌 대제국으로 성장한 것 또한 꿈을 팔기 때문이다. 말과 언어로 자신을 설명하기보다는 사진과 동영상으로 자신을 표현하는 데 훨씬 익숙한 세대들에게 현실의 자신보다 더 멋진 모습의 자신을 아바타에 투영하여 만들어내고 자신이 원하는 꿈의 세계를 쉽게 구축하고 뽐낼 수 있는 꿈의 공간이기 때문이다. 메타버스 시장을 선점하기 위해 기업은 물론 각국 정부들이 치열하게 경쟁하는 가장 중요한 이유다. 메타버스에서의 의식주 생활이 모두 돈이 된다는 것!

정말 상상만으로도 꿈같지 않은가. 자신이 메타버스 세계의 최고 갑부가 될 수 있다면? 아이들이 메타버스를 달리는 이유도 단순하지 않다. 그들은 우리보다 100배는 더 영리한 스승들이다. 이제 그들은 돈 없이는 살 수 없는 세상에서 태어났다는 자신의 존재를 확실히 자각하고 살아남기 위해 스스로 재미와 돈을 함께 거머쥘 수 있는 역사적 장을 찾은 것이다. 그 새로운 세계가 바로 메타버스다.

IT 공룡 기업들은
고객이 원하는 이야기와 욕망을 판다

가상 세계의 역사 발전이란 업데이트다. 유저들은 같은 플랫폼 안에서 업그레이드만을 기다린다. 걷기만 하던 아바타가 점프 기술로 업그레이드된다는 기쁨과 기대감을 디자인하는 것이 바로 대기업의 메타버스 판매 전략이다. 마치 아기가 성장하는 모습을 보면서 피로를 잊고 양육에 전념하는 부모의 모습과 같다고 할까. IT 공룡 기업들이 판매하는 것은 이렇듯 단순한 상품이 아니라 고객들이 원하는 이야기와 욕망이다.

이제 '코로나 집콕'으로 사람들은 온라인 플랫폼이라는 새로운 메타버스 세계의 삶의 터전을 발견했지만 서로를 어루만지고 깊은 시선으로 내면의 우물을 내려다보며 깊이 관계할 수 있는 시공을 잃고 말았다. 단순히 서로를 마주보는 순간 확장되는 삶의 우주적 기적이 사라지고 있는 것이다. 일찍부터 미국은 홈스쿨이 발달했지만 홈스쿨 아이들의 가장 큰 불만은 또래와 어울릴 기회가 없다는 것이었다. 물론 자퇴 파티를 즐길 정도로 자기만의 동기로 배움에 임하고 있으나 아이들은 여전히 친구가 필요하고 학생과 교사라는 관계 중심의 교육을 원한다.

디지털 메타버스의 세계는 각 매체마다 세계관이 다르고 현실 세계처럼 수직적 구조가 아닌 수평적이거나 앨리스의 이상한 나라처럼 시공간이 마구 뒤섞여 있어 현실 세계의 상식과는 또 다른 언어와 태도로 소통해나가야 한다. 제페토에서 만난 딸아이를 나는 절대로 알아볼 수 없다. 어쩌면 내가 만났던 친구 중 한 명이 딸아이였을지도 모른다. 어른을 만나면 존댓말을 해야 한다는 우리 사회의 윤리적 기준이 메타버스 세계에서는 일반 상식이 될 수 없다.

이제 창의적 사고와 문제 해결력보다 더 중요한 교육목표는 선택과 결정에 명철하게 깨인 지혜로운 통찰력이다. 거울 세계라 할지라도 오목렌즈와 볼록렌즈처럼 현실을 제대로 비추지 않는다는 것을 알고 자기 자신의 실체에 깨어 조망하는 통찰적 사고와 그를 위한 훈련으로서의 인문학과 명상, 영성 교육이 더욱 중요해진 것이다.

선택과 결정의 지혜
그리고 소통

자신의 삶에 관한 다양한 경험과 정보를 기록하여 저장하고 때로는 공유하는 활동을 라이프로깅이라고 한다. 나의 인스타그램은 일종의 라이프스타일 매거진으로 기획되어 가장 빛나는 날이나 공유할 가치가 있는 라이프스타일을 골라 올린다. 하지만 정직하지는 않다. 모두 공감하는 일이겠지만, 음식 사진일지라도 최대한 멋진 각도로 찍어 올리며 이상적인 모습을 보여주기 위해 매일 악의 없는 거짓말을 한다. 심지어 다이어트 식단 올리기는 우리 자신이 얼마나 거짓말쟁이인지를 금세 알게 해준다. 사실 우리는 기대 보상 시스템에서 '좋아요'라는 사람들의 인정 쾌락에 적응된 상태이기 때문이다. 현실의 자신과 메타버스 내의 자신과의 괴리는 이렇게 작은 틈에서부터 시작된다. 소셜 미디어 형태의 라이프로깅 메타버스가 지속적으로 성장하려면 참가자들의 이런 쾌락 적응을 넘어설 수 있게 보상과 자극도 함께 올라가야 한다.

BCI^Brain Computer Interface는 사람의 두뇌와 컴퓨터를 연결하는 '뇌-컴퓨터 인터페이스'로 VR, AR과 연동하여 사용되며 헬스케어 분야에서 장애인은 물론 일반인들이 사용하는 메타버스에서 더 적극적인 커뮤니케이션을 위한 기술로 개발에 박차를 가하고 있다. BCI는 머리 표면에 부착한 전극을 통해 뇌파 전기신호를 측정하고 생각만으로 컴퓨터를 제어할 수 있는 기술인지라 마우스나 키보드 같은 입력 장치가 필요 없다. 페이스북의 주커버그가 VR과 AR을 BCI와 함께 연동시키는 기술에 주력하고 있는 것도 그런 이유다.

살아 있는 우리 두뇌가 메타버스인데, 거기에 다시 디지털 메타버스를 연결하여 디지털 트윈보다 더 극명한 분열된 존재를 만들어낼 가능성이 있다. 이미 브레인 컴퓨터 인터페이스는 헬스케어 분야 1위의 응용 분야로 우리가 우리 자신의 뇌에 조종당하는 노예가 되지 않도록 유의해서 지켜봐야 할 분야다. 연가시와 다를 바가 없는 재앙이 될 수도 있다. 그래서 항상 우리에게는 그때그때 상황에 적절한 선택과 결정, 실행의 지혜가 필요하다. 그것을 스스로 깨닫는 직관적 '각'이 바로 교육이다.

매 상황을 융합적인 관점에서 조망해보지 않는다면, 통찰적 사고로 바라보고 비평하지 않는다면 우리는 인류 문명의 성장을 파멸로 잘못 선택할 수도 있다. 과학기술의 첨예한 발전이 인간의 진화에 필요 불가결한 커뮤니케이션과 그를 통한 재미와 행복에 있는 것이라면, 왜 우리는 꼭 뇌에 칩을 넣어서 기계처럼, 아니면 오토마타Automata가 되어 놀아야 하나? 더듬이만 있는 달팽이도 말없이 서로 통하고, 꿈속에서 대화를 나누는 원시 부족들도 꿈같은 현실을 꾸려가며 행복하다던데, 선과 악의 구분이 없이는 스토리가 만들어지지 않는 것일까? 기술에 의한 부의 독점으로 부자와 빈자라는 경계 없이는 인간 사회라는 메타버스의 이야기가 싱거운 것일까? 계속 광속으로 성장해가도 될까? 멈출 수는 없나? 무엇을 위한 발전과 성장인가?

눈먼 미노타우루스!
내가 메타버스다

사실 가장 첨예한 메타버스는 바로 우리 자신의 두뇌 그 자체 아닐까. 보르헤스Jorge Luis Borges의《알레프aleph》란 소설에서 묘사된 것처럼, 투명하지도 않으면서 모든 것이 다 보이는 전체로서의 사물과 전체 속에 존재하는 하나의 사물이 동일한 것과 같다.

게임이라는 디지털 메타버스를 경험하는 자신self과 나만의 공간에서 습관적인 사고로 기계적인 생활을 하는 자신 또한 또 하나의 세계이면서 이는 동시에 그냥 자신 존재 자체가 하나의 우주와 하나의 그것이 되는 동일시의 한 지점 또는 경계이기도 하다. 습관적으로 길들여진 에고ego인 나와 스스로 선택하고 결정해서 만들어가는 또 다른 자존적 나의 구분, 세상을 이원론적으로 경계 짓고 끊임없이 'Go this way? and That way?(이쪽으로 갈까? 저쪽으로 갈까?)'의 선택의 귀로에 서서 시스템이나 신화에 끌려 다니는 자신까지도 그냥 메타버스인 것이다. 그러니 메타버스시대의 커뮤니케이션에서 가장 중요하게 다뤄야 할 부분이라면 바로 가상현실과 현실 세계 안에서의 자기 자신과의 소통이다. 장자莊子의 호접지몽胡蝶之夢이 가상현실에서 꾸준히 회자되는 이유이기도 하다.

메타버스는 단순한 소프트웨어 이전에 우리의 의식과 사유와 욕망이 점철된 무의식이 작동하는 하나의 의식 세계다. 개별 메타버스에서 작동하던 무의식은 다른 메타버스에서도 그대로 구현된다. 호접지몽은 신비하지만 혼란스럽다. 이런 혼란은 이상한 나라의 앨리스가 버섯 집에서 겪는 카오스적 혼란과도 같다. 어쩌면 우리 모두는 장자이거나 나비다. 앨리스이거나 카드 병정들이다. 이들의 공통점은 자신이 무엇인지 스스로 구분할 수 없다는 것이다.

우리 아이들이 현실 세계 사람들과의 소통을 제대로 익히지 못한 채 디지털 메타버스에 정착할 경우 아이들은 중첩되지 않은 고독한 혼족이 된다. 어쩌면 미노타우로스^{Minotauros}의 미로가 우리가 갇힌 가상현실의 세계이고 우리가 바로 눈먼 미노타우로스일지도 모른다. 눈먼 미노타우로스도 석양에 지는 해를 바라본다. 그림이 그려지는가? 싸이월드^{CyWorld}와 네이버도 닫힌 세계였기에 글로벌 단위로 발전해가는 데에는 한계가 있었다. 상대가 문을 열고 무조건 들어오는 시스템이 아니라 내 문 안으로 들어오는 이를 내가 허락하지 않으면 교통할 수 없는 승인 시스템.

본인의 의지와는 상관없이 황소 머리의 반인반수^{半人半獸}의 존재가 되어 눈이 먼 채로 미로에 갇혀 감각할 수 없는 노을을 막연히 바라보는 고독한 짐승의 모습이 바로 내 아이의 미래라면? 그래서 우리부터 먼저 눈을 뜨고 아이가 길을 잃지 않도록

실타래를 풀어내야 한다. 당장은 힘이 없지만 언젠가 하나의 희
망이 되어줄 이 실타래를 우리는 '교육'이라 부른다. 미로의 담
장을 허물고 플랫폼의 경계를 없애고 함께 성장하는 플랫폼 생
태계를 만들어갈 때 지구 위에 선 인간 모두가 살 수 있다. 교육
은 사육이 아니다. 다만 따뜻함이다. 너와 내가 공존하고 공생하
는 세상을 만들어내는 자비와 사랑의 따뜻한 온도를 배워나가는
것이야말로 소통을 위한 교육의 역할이다. 그렇다면 비켜갈 수
없는 메타버스의 생태계는 어떻게 발전해가야 할까?

메타버스의 생태계는
어떻게 발전 해가야 할까?

메타버스의 실현을 가능하게 하는 데이터센터와 클라우드
기술은 아마존과 구글이 독점하다시피 한 상태이고 한 번 들어
간 데이터는 다시 빼낼 수도 없다. 2003년 대표적인 가상현실 메
타버스였던 린든 랩Linden Lab 의 세컨드 라이프Second Life11 는 더 열린
세계를 향해서 서버를 증설하다 기업의 문을 닫았다. 미우로 기
엔은《2030 축의 전환》에서 '만약 독점적 디지털 기업이 시장을
지배하면 결국 소비자와 노동자 모두를 착취하게 되지 않을까?'

---

11 3차원 온라인 가상현실 사이트로 2003년 린든 랩에서 제작했다. 사용자가 아바타를 이용
해 온라인 세계에서 제2의 인생을 살아간다. 섬이라고 부르는 공간을 구입하여 집을 짓
고 친구를 소통하고 린든 화폐로 다양한 경험을 즐길 수 있으나 서버를 증설하다 문을 닫
았다.

라는 우려를 나타낸다.

　이는 단순히 산업만의 문제가 아니다. 세계인들이 활동하는 디지털 시스템에서 대부분의 콘텐츠들이 미국의 사기업으로 빨려 들어가고 사기업이 데이터를 독점한다는 것은 개인에 의한 독재적 디스토피아를 전망하지 않을 수 없게 만든다. 그야말로 불통이다. 독일의 경우는 제조업의 오랜 노하우가 미국 데이터 기업에 빨려 들어가는 것을 우려해 디지털 전환 프로젝트로 제조업에 SW 기술을 접목한 4차 산업혁명을 진행했고 곧이어 데이터 독립을 위해 '가이아GAIA-X' 프로젝트를 시작했다.

　독일 주도의 유럽 데이터 생태계인 가이아-X는 메타버스가 사람들의 일상생활로 대두하는 새로운 시대의 생태적 커뮤니케이션 실행에 대한 구체적인 대안을 보여주고 있다. '서로 또 같이'의 가치라고 해야 할까? 개인도 기업도 국가도 모두 자의에 의해 참가하고 디지털 주권을 갖는 구도! 미로가 아닌 열린 대로에 누구든지 원하면 참가할 수 있는 소통 중심 가이아-X의 열린 네트워크 생태계로 달려 가보자.

나이는
숫자에 불과하다

메타버스의 세계는 무한 반복, 삭제 불능의 세계다. 우리가 발전이라고 생각하고 미래라고 생각하는 것 자체가 난센스일 수 있다는 것이다. 만약 메타버스의 세계가 현실 세계의 트윈이라면 선하다 악하다, 옳다 그르다, 좋다 나쁘다 등의 이분법적 논리 체계에 대해 새로운 디지털 윤리 기준이 있어야 한다.

이처럼 어떤 사물이나 존재도 0 또는 1의 단 하나의 코드로 기록하지 않고 그 안에 내포되어진 또 다른 1과 0의 가능성을 인정하는 것이다. 1이면서 0이고 0이면서 1인 상황에서 옳고 그름, 좋음과 나쁨의 차이와 분별은 발생하지 않는다. 다만 그들은 달라 보일 뿐이다. 80억의 사람들은 모두 다르지만 태어나고 죽음은 같다. 다만 삶의 여정에서 상황과 때에 따라 0 또는 1로 선택하고 결정해서 개인의 운명과 역사를 만들어가는 것뿐이다. 현실 세계의 상식이 수직 구조의 0인데, 디지털 메타버스의 상식은 수평 구조의 1인 경우 똑같은 잣대로 인간의 도리를 말하기는 어렵다는 것이다.

한국의 경로효친사상과 존댓말 같은 미풍양속을 디지털 메타버스 내에서 기대하고 사람됨의 도리를 기대한다면 갈등과 불행 천국이 된다. 3차 산업혁명 시 기업의 CEO들이 대체로 50대 이상의 중년으로 표현되었다면, 4차 산업혁명의 CEO들은 모두 20대부터 자신의 상상력과 아이디어를 현실 기술로 구현하여 기업 대표가 되었다. 장유유서의 예를 기준으로 어른 대접을 받던 시대는 갔다. 나이의 고하를 막론하고 성숙한 사람으로 존중받을만한 언행을 하는 사람이 리더로서 존경받는다. 메타버스세대들이 살아갈 사회는 서로에 대한 존중이 젠틀함의 기준으로 10대의 리더도 인정하고 존중해야 한다. 겸손함의 가치란 어쩌면 존재에 대한 인정과 존중의 자세를 말하는 것인지도 모른다. 디지털 메타버스의 세계에서 나이는 숫자에 불과하다.

아이들의 교육 또한 문제 해결 능력, 창의성, 협력과 공존이라는 기존 미래 교육 핵심 역량의 강조에 앞서 무엇보다 주체가 선택한 자기 결정권을 가지는 열린 교육혁명을 추구해야 한다. 기존의 것을 수정해가는 수준의 혁신으로는 메타 세계의 퀀텀 Quantum 단위의 변화 속도를 따라갈 수 없다. 교육목표의 설정부터 완전히 판을 깨고 다시 설정해야 한다. 메타버스시대에 가장 절

실한 인간됨의 조건은 무엇인지, 또 교육의 본질은 무엇인지에
대해 다시 묻고 대답하며 새로운 기준을 만들어가야 한다.

• 새로운 교육의 목표

스스로	→	선택하고	→	결정하고	→	실행하고	→	비평하고	→	도전한다
자존		지혜 (상상력)		용기		모험		성찰		도전

상상력의 크기가
메타버스 세계의 크기

메타버스 공간의 크기는 각 개인의 뇌 용량의 크기 정도일
지도 모른다. 현실 세계나 디지털 세계나 그것을 받아들이는 개
인 주체의 상상력과 인식의 크기가 우리가 속한 메타버스 세계
의 크기를 결정한다. 메타버스의 거울 세계는 현실을 똑같이 반
영하지도 않고 반영할 수도 없다. 우리의 세상이 오프라인 세계
에서 온라인 세계로 완전히 전복(디지털 전환, 4차 산업혁명)되었
음에도 불구하고, 그로 인해 라이프스타일이 변화되고 인간의
존재 자체가 변형되었음에도 불구하고 여전히 같은 공간 구성과
디자인이 반복되는 가상현실의 디자인 자체에 우리는 질문을 던
져야 한다. 근대적 교육시스템을 버려야 하는데 메타버스 내에
근대적 교실을 구현한다면 우리 몸은 기존의 시스템에 적응하며

변화 이전의 습관적인 사유와 행동 패턴을 다시 이어가게 된다. 몸이 바뀐다는 것은 사고의 변화를 의미한다. 이는 게임을 디자인하고 만드는 '언리얼 엔진Unreal Engine'과 같은 메타버스 디자인 엔진의 개발자들도 함께 생각해봐야 할 부분이다.

현실 세계에서 관계를 지속할 수 있음에도 불구하고 굳이 메타버스를 타고 새로운 세계로 들어간다는 것은 어떤 의미일까? 디지털 메타버스를 단순히 아이들을 즐겁게 만드는 동기부여 수준으로 생각하지 말고, 아이들을 소비자와 고객으로 규정하는 기업과 애널리스트analyst들의 관점이 아닌 진짜 아이들을 배려하고 다독거리며 생태 숲을 키우는 마음으로 전체 교육의 시스템부터 다시 구조화하는 것 또한 미래 세대를 위한 우리의 책무 중 하나다.

2020년 코로나19의 극성으로 온라인 학습이 일반화되면서 에듀테크 기업들은 괄목상대하게 성장했다. 그러나 에듀테크 기업들이 적용한 교육의 범주와 규정, 교육 내용과 교육 방법론들은 교육 도구를 디지털화했다는 차이와 더 많은 참고 서적들을 탑재해서 독서를 가장한 지식 교육이 더욱 강조되고 있다는 점, 연필로 쓰던 방식을 디지털 터치로 전환하고 게임 형식을 취했다는 점, 교사와 학생의 역할을 여전히 가르치고 배우는 자, 질문하는 자와 답하는 자로 나누고 있다는 점 등이 오히려 교육의 발전을 막고 있다는 사실을 간과하고 있다. 디지털 기술이 접목되었다고 교육의 발전이라 말할 수 없다는 것이다.

새로운 시대의 새로운 교육을 원한다면 먼저 교육에 대한 개념과 규정부터 다시 시작해야 한다. 무엇보다 급한 것이 앞서서 말한 교육 내용의 수정이다. 코로나19 이후 새롭게 만들어진 상식이 교육 내용이고 지식으로 전환되어야 한다. 하지만 여전히 교육 방법론을 중심으로 교육 혁신이 논의되고 있다는 점은 참 안타깝다. 공부의 근원은 방법론의 문제가 아니라 동기부여를 통한 자기 의지력의 문제다. 그것이 좋아서 그냥 꾸준히 공부해나가는 것이다. 학습이 수행적 관점으로 이행해야 하는 이유 중의 하나다.

그러나 잘못된 지식과 가치를 그냥 꾸준히 공부해나가면 그건 이미 교육이 아니다. 그래서 교육 내용의 질과 수준은 무엇보다 더 중요하다고 할 수 있다. 탈레반의 잔혹성도 그들이 교육받은 종교적 가치에 대한 맹신에서 비롯된 것이다. 자신들의 행동은 신을 위한 선한 것이기에 계율을 어긴 사람들을 탄압하는 것은 알라에게 영광을 돌리는 영웅의 여정인 것이다. 그들에게 자기 반성과 성찰이란 없다. 신은 선하다는 것을 믿어 의심치 않기 때문이다. 이렇듯 교육은 방법론보다 교육철학과 양질의 교육 내용이 우선 되어야 한다.

그와 더불어서 에듀테크 기업들은 모두 글로벌 공룡 기업들이다. 구글과 마이크로소프트, 아마존, 페이스북 등은 앞다퉈 교육 사업을 전략화하고 있다. 고객 개발을 위한 마케팅 캠페인으로도 '선한' 이미지를 더해줄 수 있고, 미래 고객 개발에는 교

메타버스 스쿨 혁명

육만 한 사업이 없는 것이다. 플랫폼 기업들은 교육을 통해 미래 사용자를 자신들의 울타리 안에 가둔다면 더 많은 부를 축적할 수 있음은 물론 국가의 통제권을 벗어난 권력도 거머쥘 수 있게 된다. 30억 유저의 페이스북을 무릎 꿇게 하려면 이제 아마도 군대의 무장 진압이 아니면 불가능할 것이다. 중국이 IT 기업에 가하는 압력들과 규제 정책들을 눈여겨볼 필요도 있다.

　게임을 디지털 LSD로 규정한 것은 중국이 역사적으로 아편 전쟁이라는 굴욕의 역사가 있어 마약에 무척 민감하다는 것을 이해하면 그 표현의 강도를 더욱 쉽게 이해할 수 있다. 척결해야 할 외세와 같은 수준으로 IT 기업 규제 정책을 하고 있는 것이다. 이번 아프간 사태에서 중국이 더 촉각을 세우는 부분도 아프간이 세계 마약의 80% 이상을 생산한다는 점이고 이를 탈레반이 경제 기반으로 이용할 확률에 대한 경계 때문일 것이라는 추측도 가능하다. 이렇듯 환각제에 민감한 중국이 디지털 게임을 LSD로 규정하고 강력하게 규제한다는 것은 IT기업의 글로벌한 파워와 재력을 견제하고 있다는 말과 같다.

　IT 기업의 미국 진출을 막는 이유가 국가 산업 데이터의 유실이라고 해명하고 있지만, 진실은 확인할 길이 없다. 구글, 아마존, 테슬라, MS가 가진 IT 권력과 인공위성의 통제력 또한 만만치 않다. 항간에 떠도는 2030년 내에 촉발된다는 세계 전쟁 시나리오는 사실 기후변화에 따른 식량 문제가 아니라 바로 기업과 국가 간의 권력 투쟁이 될 수도 있다. 본래 시스템을 움직이는 자들은 코로나 바이러스처럼 눈에 보이게 표면 위로 올라오지 않는다. 시스템 설계 자체로 상대를 제압한다. 거미처럼 조용하게 그물망을 먼저 쳐놓고 먹잇감을 기다린다. 이미 세계는 글로벌 IT 기업들의 온라인 거미줄 위에 있다. 빠져나갈 수 없다.

가이아-X
유럽 데이터 인프라 생태계

유튜브 채널 '쩐래동화 #6'에는 한국개발연구원 초빙위원인 김인숙 박사의 가이아-X 특별 대담이 진행되었다. 가이아-X는 유럽이 주도하는 테이터 인프라 생태계로 연방의 의미를 담고 있는 블록체인 기반 플랫폼으로 데이터 주권을 통해 자신의 권익을 보호할 수 있다는 개념을 기초로 하고 있다. 미국의 아마존과 구글처럼 클라우드 기업이 데이터 독점권을 가지는 것과 달리 미연방처럼 탈중앙화하면서도 하나의 네트워크 생태계로 연결되어 있다는 점이 가이아-X의 특이점이다.

구글, 아마존, 마이크로소프트가 대표적인 클라우드 기업인데 모두 미국의 기업들이다. 독일의 가장 강점인 의약, 제조 등의 기술 정보가 미국의 기업 클라우드에 데이터화될 경우 소프트웨어 애저Azure 서비스로 발전하여 단순한 클라우드 컴퓨팅이 아니라 서비스 비즈니스로 발전하게 될 위험성이 있다. 그래서 독일은 제조업과 모빌리티, 헬스 등 기업과 기업 간의 서비스(B to B)

를 특화해서 데이터 주권을 지키고, 미국의 거대 기업에 종속되지 않기 위해 데이터생태계 가이아-X를 시작하게 되었다.

- 디지털 주권: 종속되지 않을Lock-in-Effect 권리
- 데이터 주권: 데이터 수집, 교환, 저장, 분석에서 통제할 수 있는 권리
- 데이터 생태계: 참여하는 경제주체들의 네트워크 규칙rule, 규정regulation

가이아-X는 데이터 주권을 실행하기 위한 것이다. 글로벌 대기업에 종속되지 않을 권리다. 디지털 주권은 자기 결정권과 남에게 종속되지 않을 권리를 말하며 생태계는 공존을 의미한다. 종속되지 않을 자기 주도권과 결정권으로 파트너를 선택할 권리를 내가 갖는다는 개념이다. '자기 결정권과 종속되지 않을 권리와 공존'은 위에서 말한 미래 교육의 목표와 맥을 같이한다.

가이아-X는 비투비B to B로 플레이어들이 자기의 선택권을 가진다. 구글과 아마존과 마이크로소프트와 페이스북처럼 하나의 기업이 결정하는 것과 가이아-X처럼 참여자들의 의견을 모아서 결정하는 것 중 어느 클라우드가 혁신적일까? 미국 데이터 기업의 독주와 독점은 무섭다. 이를 견제하기 위한 시스템으로도 가이아-X는 매우 촉망되는 데이터시스템일 뿐만 아니라 교육의 새로운 패러다임 모형으로도 매우 유의미한 시스템이라고 할 수 있다. 세계의 교육이 하나의 생태계로 선순환하는 구조를

만들 뿐만 아니라 개인이 연방이 되어 자발적 학습을 함은 물론 생산된 지식을 생태 나무에 물을 주듯 나누고 지혜와 문명 발전의 열매를 함께 나눠 먹는 것이다.

메타버스의 시간은 클라우드 세계에서 꿈처럼 흐르지 않고 무한 반복된다. 자본가들의 논리에 따라 디지털 메타버스를 돈이 되는 관점으로만 볼 것이 아니라 글로벌 교육시스템으로 다시 읽어 구조화할 필요가 있어 보인다. '따로 또 같이'의 가치와 주체적 주도권과 사용자의 의무보다 권리를 이야기하는, 인간 존중의 철학적 기조를 따라갈 필요가 있다.

다음 챕터에서는 메타버스세대 교육을 위해 학교는 또 어떻게 디지털 메타버스를 타고 갈지, 진화해가야 할지에 대한 제안을 나눠보도록 하겠다.

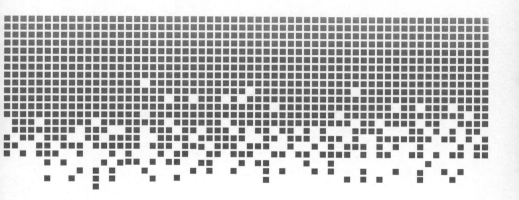

CHAPTER 2

메타버스시대
필수과목

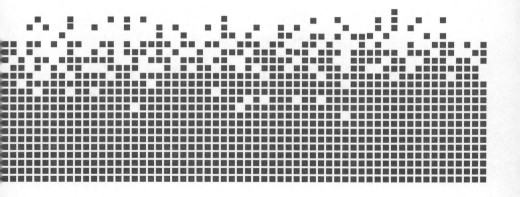

메타버스의 본질
— 욕망의 심리학

칼프브락샤

인도의 힌두교도들은 칼프브락샤^{kalpvraksha}라는 소망을 이뤄주는 나무를 발견하여 오랫동안 그 존재를 믿어왔다. 멋진 집을 생각하면 집이 나오고, 멋진 이성을 생각하면 그가 앞에 나타나며, 맛있는 음식을 꿈꾸면 그것이 바로 거기에 있다. 칼프브락샤에 과일만 몇 개 열려 있다면 바로 그곳이 천국이요 파라다이스다.

소망의 나무 칼프브락샤는 끝이 없는 욕망을 대변한다. 결핍된 우리들은 끊임없이 "~을 하게 해주세요, 이루어주세요, 원합니다." 등의 바람과 기도로 욕망을 미래에 투사하며 칼프브락샤에게 소망을 말한다. 이처럼 신앙은 욕구 지향적이다. 그러나 이제 우리는 군이 칼프브락샤를 찾아 인도까지 가지 않아도 된다. 클릭 한 번으로 메타버스에만 올라타면 칼프브락샤에게 소망을 미리 말하던 번거로움 없이 나의 욕망을 내가 속한 메타버스 안에 투사할 수 있다.

나는 닌텐도^{Nintendo}의 '동물의 숲' 친구들과 함께 발렌티노 모자를 쓰고 미국 대통령 바이든의 섬에 놀러갈 수도 있다. 그뿐인가. 강철 슈트를 걸쳐 입고 최신 무기로 중무장해서 포트나이트 최후의 승자로 트레비스 스콧과 함께 자유롭게 우주를 누비며 공연을 즐길 수도 있다. 현실 세계에서는 가질 수 없는 명품에 대한 욕망과 평소 만날 수 없는 유명 인사들에 대한 동경이 칼프브락샤에게 소망을 빌기도 전에 단 한 번의 클릭으로 해결되는 것이다. 하지만 일시적인 쾌락은 행복이 아니고, 욕망의 본성 자체는 실현 불가능한 것이다.

욕망은 오로지 미래에만 불확실한 상태로 투사된다. 또한 내 안에 있는 보석을 캐지 않고 외부의 사물이나 사람을 대상화해서 욕망한다면 깨진 항아리처럼 아무리 채워도 결핍을 면할 수 없다. 욕망하기 이전에 먼저 그것이 내게 채워져 있음을 믿은 다음에라야 비로소 우리는 욕망의 결핍 사슬로부터 벗어날 수 있다.

코로나19 이후 메타버스에 더 많은 유저들이 올라탄 이유 또한 비대면 시대의 관계와 놀이에 대한 욕망이 바탕이 되지 않았던가. 재미있는 신세계 소문이 돌자 사람들이 모이고 플랫폼은 곧 비즈니스 장소로 급변했다. 장이 서는 곳에 사람이 몰리고, 사람이 많아지면 곧 상업 도시로 발전해서 결국 정치·경제·

사회·문화의 모든 기능이 집중되는 대도시로 성장하는 것과 마찬가지로 디지털 메타버스 세계에도 그대로 반영되고 있는 것이다.

현재 메타버스 세계에서 제일 많은 사용자를 가진 로블록스 또한 단순한 게임 플랫폼의 기능이 아닌 놀이적 쾌락과 경제적 성취의 새로운 온라인 문명을 만들어가고 있다. 만약 메타버스에서 경제활동을 통한 거래가 이루어지지 않고 상호성이 보장되지 않는다면 이토록 많은 사람들이 열광할 수 있을까? 사용자가 대체로 어린 초등학생들임에도 불구하고 내가 직접 만들어서 판매 수익을 얻는다는 인간의 욕망을 기반으로 한 로블록스의 세계관은 그저 아이들이 즐기는 단순한 게임 산업이 아니다. 게임 유저 간의 소통만이 아니라 게임제작사의 운영 태도 또한 게임 메타버스의 세계관을 이루는 한 축이 된다. 자발적이며 구성원 간의 소통을 중요시하는 게임 메타버스의 특성을 잘 구현했을 때 모두가 원하는 초현실적 디지털 사회가 된다는 말이다.

어떤 욕망을 선택할 것인가?
어떤 메타버스를 결정할 것인가?

코로나19 이후 온라인 시대의 칼프브락샤인 메타버스 플랫폼은 이제 단순히 귀여운 소원과 소망을 들어주는 전설의 나무가 아니다. 사람들의 욕망과 소원은 곧 비즈니스 아이디어로 급변했고, 소원 항목의 선물 꾸러미 가게들이 들어서기 시작했다. 제페토의 내 아바타도 이미 귀걸이 판매상이 보낸 귀걸이를 선물 받았고 클릭하자마자 더 예쁜 귀걸이가 가득한 숍으로 순간이동해 있었다. 마술이다. 오늘도 핫핑크는 핑크색 파자마 바람에 슬리퍼를 신고 귀걸이를 찰랑거리며 구찌 숍 소파에 앉아 빈둥거린다. 앞으로 그녀가 제페토라는 메타버스에서 어떤 욕망으로 어떻게 튈지는 아무도 모른다. 다른 사람들의 세계를 이리저리 뛰어다닐 수도 있고, 핫핑크만의 세계를 만들어서 다른 사람들과 공유할 수도 있고, 강의를 하거나 음유시인이 되거나 패션 디자이너가 되거나 아니면 BIM 기술을 익혀 건축가가 될지도 모른다. 아이돌 가수가 되어볼까? 나의 부캐 핫핑크의 욕망을 정확히 안다는 것은 그녀의 삶의 철학과 태도를 더욱 명확하게 그려내는 과정이 먼저 우선되어야 한다.

'어떤 메타버스를 선택할 것인가?'는 개별 메타버스가 가지고 있는 세계관에 내가 '동의하는가, 하지 않는가?', 이를테면 나의 가치 체계와 삶의 태도와 자세에 '부합하는가, 하지 않는가?'의 문제이자 선택과 결정의 문제다. 교육을 통해 지혜로운 사람으로 성장한다는 것의 의미란 바로 이런 현명한 선택과 결정을 말한다. 수많은 메타버스 중에 하나의 메타버스를 골라 새롭게 만들어진 자기 정체성의 부캐로 적응하며 관계를 열어가고 새로운 세상을 만들어간다는 것은 단순히 게임을 플레이하는 문제가 아니라 세계와 세계가 만나서 새로운 빅뱅이 일어나는 우주의 탄생과도 같은 경지다. 아이가 부모의 앎과 라이프스타일이 모두였던 유아 단계의 세계에서 학교를 다니며 스승과 친구라는 새로운 세계를 만나면서 일어나는 빅뱅 이후 세계의 탄생과도 같은 것이다. 맞닥뜨리고 부딪힌 두 세계는 균열이 가거나 파괴되고 다시 새로운 우주가 탄생한다. 존재가 탄생한다. 특정 메타버스에 올라탄다는 것 또한 단순히 자본을 취하고 수익을 올리기 위한 단편적인 트렌드의 관점이 아닌 한 세계의 탄생과 존재의 탄생이라는 중대한 문제인 것이다.

욕망 이전에
교육이다

디지털 메타버스의 특징은 매일 습관적으로 장시간 한 사람의 세계를 구성하고 뇌의 작용을 변화시킨다는 것이다. 통계청의 '3~9세 아동의 스마트폰 의존도 조사'에 의하면 아이들은 이미 스마트폰에 대한 부모의 통제력에서 벗어나 있음을 시사해 주고 있다. 이러한 결과는 디지털 메타버스의 선택이 곧 아이 삶의 세계관에 지대한 영향을 미칠 수 있음을 논증한다.

아들러Alfred Adler는 아이들이 가정에서 부모들의 삶의 양식과 언행에 영향을 받아 5세 이전까지 모든 인격이 형성된다고 말했다. 하지만 아들러의 이론은 2007년 이전, 스마트폰 원년 이전의 이론이다. 이제는 온라인과 오프라인 쌍방향의 라이프스타일이 모두 다 중요해졌다.

　구글의 창업자 래리 페이지와 세르게이 브린은 모두 과학자와 수학자 집안에서 자라면서 자연스럽게 컴퓨팅 사고와 수학적 사고를 할 수 있었다. 그와 더불어 그들의 부모는 페이지와 브린에게 모두 몬테소리 교육을 받도록 했다. 몬테소리는 교육을 지식 습득뿐 아니라 인성을 총체적으로 계발하는 수단으로 보고 교육 도구의 중요성을 강조한다. 몬테소리 교육은 독창성과 자유, 아이디어를 개발하고 더 나은 세상을 만들기 위한 인재 양성을 목표로 한다.

　페이지와 브린은 몬테소리 교육이 자신들 인성의 바탕이며 구글의 기업구조와 리더십의 핵심이라고 말한다. 구글 직원들이 운영자의 조언을 받지 않고 자체 작업을 하는 독자적인 직장 문화도 몬테소리 교육철학이 바탕이 되었다. 토마스 슐츠는《구글의 미래》에서 브린이 이끄는 구글X 또한 더 나은 미래를 앞당기기 위해 '세상의 모든 데이터가 우리 두뇌에 곧장 연결되거나 인공지능을 통해 더 나은 세상이 펼쳐질 것'과 같은 위험하지만 진보적인 연구를 하고 있다고 전한다. 구글 창업자들은 몬테소리 교육철학을 '세상을 변화시키는' 명확한 자기 세계관으로 정립시켜 창업 20년 만에 '구글제국'으로 변화시켜가고 있다.

기업은
인간의 욕망을 사고판다

기업가들은 물건을 팔지 않고 인간의 욕망을 사고판다. 페이스북의 VR '오큘러스 퀘스트'가 수백만 대 팔려나간 이유 또한 맥락이 같다. 만약 우리 자신 스스로 자신 내면의 충만감과 풍요를 느끼는 상태라면 굳이 메타버스에 올라 친구를 만들고 명품을 사고 먹을 수 없는 치킨과 햄버거를 손에 쥐지 않아도, 포트나이트의 우주를 떠다니고 깊은 심해에서 고래와 춤추지 않아도 우리는 충분히 든든하다.

메타버스시대 아이들에게 먼저 공유해야 할 것은 바로 이런 자존적 든든함이다. 불안과 공포와 욕망의 심리학을 기반으로 한 상품자본주의에 휘둘리지 않고 자신만의 라이프스타일대로 살아가는 삶을 스스로 디자인해서 독자적 삶을 살아가는 것이다. 하지만 과학기술의 발전이라는 역사 흐름의 대세에 저항만 할 수는 없다. 역사의 흐름을 알고 스스로 자족하는 충만한 삶을 선택하는 것과 무지로 방관하는 삶은 그 출발점부터 다르다. 이것이 바로 자세와 태도의 문제다.

스티븐 호킹Stephen Hawking은 그의 마지막 저서《호킹의 빅 퀘스천에 대한 간결한 대답Brief Answers to the Big Questions》이라는 책에서 젊은이들이 어떤 일을 선택하든 과학을 익숙하게 느끼고 자신을 가질 만큼 알아야 한다고 말한다.

과학의 발전은 마치 마술의 발전과도 같을 것이라고 했던 사람이 누구였던가? 새로운 디지털 지구 메타버스 안에서는 그 야말로 현실 세계에서는 도달하기 어려운 마술들이 연속적으로 벌어진다. 핑크빛 파자마 차림의 10대 소녀인 나의 아바타야말로 마술 아닌가. 얼굴에 주름진 중년 여성들이 모두 꿈꾸는 주름살 하나 없는 앳된 소녀의 모습이라니…. 다만 메타버스 안에서 욕망이 실현되었다고 그것이 끝이 아니라는 것이 문제다. 컴퓨터가 오프가 되면 12시가 아니라도 신데렐라의 마차와 말은 호박과 쥐로 변해버리며 그 모든 꿈은 물거품이 된 인어공주처럼 사라진다. 온 스위치를 올려 봉인을 열지 않는다면 끝끝내 핑크빛 파자마의 10대 소녀는 나의 현실로 되돌아올 수 없다. 그뿐 아니라 메타버스에서의 10대 라이프스타일과 현실의 50대 라이프스타일이 뒤엉키며 나는 내 존재가 혼란스럽다.

　　그래서 우리는 먼저 메타버스의 세계관과의 접속이 갖는 의미를 꼼꼼히 따져볼 필요가 있다. 특히 아이들이 장시간 노출되는 학습 게임형 메타버스들의 세계관은 더욱더 꼼꼼히 들여다봐야 한다. 만약 '나'라는 세계의 정체성을 꾸준히 생각하고 정리해나가지 않는 상태에서 다양한 세계관의 메타버스에 노출되면 우리는 점점 물들어가는 존재로 변한다. 태어날 때는 인간의 본성 그대로 맑은 존재였으나 학교와 사회의 조직 속으로 들어가면서 점점 물들어가는 존재로 자신의 기계적인 삶의 행태를 돌아보지 못하고 다양한 갈등과 고통으로 불행해지는 것과 같다. 스스로 서로 다른 세계관을 이해하고 통제하고 있으면 분열은 오지 않는다.

하지만 자신의 세계관이 서 있지 않으면서 다양한 세계에 또 다른 부캐의 삶을 기계적으로 살다 보면 자신의 삶 자체가 통제 불가능해지고 분열이 오게 된다. 강력한 부모 아래서 성장하는 아이들이 자기 분열에 의한 분노 조절 장애를 겪는 사례를 많이 관찰했다. 구글의 레리 페이지는《디자인과 인간 심리》를 읽고 실패를 경험으로 받아들이는 자세를 키웠다. 이렇게 형성된 삶의 태도와 세계관으로 구글 검색엔진 하나로 전 세계를 연결함은 물론 21세기 국가와 기업의 범주에 대한 상식까지 뒤흔들고 있는 것이다.

소망을 이뤄주는 칼프브락샤는 이미 우리 안에서 욕망이란 이름이 아닌 세계를 향한 가치 있고 의미 있는 꿈과 희망과 비전이란 영양분을 마시며 자생하고 있다. 우리가 물을 주고 살피며 키워야 할 것은 바로 디지털 메타버스에서 '얼마나 돈을 많이 벌고 재미있을 것인가'라는 쾌락적 욕망의 관점이 아니라 각 메타버스가 가진 세계관이 '얼마나 교육적이고 비전이 있는 것인가'를 살펴서 아이들에게 큐레이션 해주는 일이다. 세상을 스스로 통제하는 힘을 키워주는, 적어도 자신의 삶의 요건들을 스스로 선택하고 결정해서 자신만의 라이프스타일대로 살아가는 훈련의 장으로써 메타버스를 선택하고 결정하도록 촉진해야 한다.

두 개의 세계관
― 철학

세계관은 세상에 대한
해석이나 이야기를 말한다

원시시대부터 인간의 다양한 문화 경험은 조상 대대로 뇌 속에 각인되어 유전자처럼 이어져 내려온다. 이를 그 집단이 가진 '문화 코드culture code'라고 한다. 문화 코드는 특정 대상에 부여하는 무의식적 가치로 행복이나 인간관계에도 직접적인 영향을 끼치며 세상을 바라보는 관점을 달리하게 한다. 바로 이런 다양한 문화적 코드가 융합되어 세상을 바라보거나 특정 철학을 기반으로 세상을 해석하고 이야기를 만들어가는 것을 '세계관'이라 한다. 세계와 인간의 관계 및 삶의 가치나 의미에 대한 철학적 관점도 세계관이라고 할 수 있다.

메타버스시대에 세계관이 중요해진 이유는 개별 메타버스의 세계관이 개별 메타버스를 지배하는 하나의 맥락이 되고 유저들의 성향을 결정짓고 심지어 세계의 크기까지도 결정짓는 중요한 요소가 되기 때문이다. 이는 현실 세계의 문화적 맥락이 개별 국가의 정체성을 규정짓고, 그 국가의 정체성에 따라 국민의 성향이 다르고 정치 세력 또한 달라지는 것과도 같은 이치다.

디지털 메타버스의 세계관과 스토리는 쉽게 복제할 수 없다. 먼저 세계관이 만들어지고 스토리 라인이 만들어진 뒤 세계를 디자인하기 때문이다. 코로나19 이후 사람들은 사회를 변동적이고 복잡하며 불확실하고 모호하게 인식하기 시작하며 '뷰카 VUCA 시대'라 칭하기 시작했다. 군사 용어가 일반 사회현상을 지칭하며 회자된다는 것은 코로나19 시대에 사람들이 얼마나 불안과 공포에 시달렸는지를 확인해준다. 이런 현실 세계의 불안과 공포를 이겨내는 하나의 방법으로 그들은 디지털 세계에 펼쳐진 새로운 유토피아를 찾아 나섰다. 가상현실 속 부캐의 삶에서라도 새로운 희망과 위로를 건네는 경험과 관계가 필요했던 것이다. 그래서 디지털 메타버스의 세계관과 스토리는 더욱 중요해졌다. 현실의 삶에서 허락되지 않았던 '자유'가 허락되는 초현실 내러티브narrative가 가득한 세계에서 자신의 이상화된 부캐로 살아가는 삶이 얼마나 신나고 멋진 것인가?

하지만 이런 메타버스의 세계관이 우리를 자유롭게 하는 구도로 디자인되지 않았다면 오히려 디지털 지옥이 된다. 포트나이트에서 살아남은 최후의 1인이 되기 위해 끊임없이 총을 들고 게임을 해야 한다는 설정만으로도 나는 이미 지친다. 하지만 제페토에서 랄프로렌 매장에 놀러가는 것은 너무나 좋다. 바로 이렇듯 메타버스의 세계관은 단순히 게임을 하거나 라이프로깅 기능만이 아닌 유저의 삶의 취향을 반영하기도 하고 만들기도 한다. 이를테면 유저들의 메타버스 라이프스타일을 만들어내는 것이다. 개별 메타버스의 세계관에서 오래 머물다 보면 그 기반 철학과 스토리 라인이 유저들의 삶의 방향과 성향을 만들어낼 수도 있기 때문이다.

게임이 교육 도구로 이용되는 이유 중 하나는 바로 반복 학습과 훈련된 습관에 있는 것과 맥락이 같다. 종교적 수행도 교육처럼 매일 반복되는 수행으로 무의식의 변화를 꽤하며 삶의 변화를 유도한다. 하지만 게임처럼 반복적인 것의 이면은 중독이라는 어두운 그림자가 존재한다. '학습이냐, 중독이냐'의 음과 양의 두 갈래 길에서 보다 의미 있고 가치 있는 것을 선택하고 결정해서 행하도록 하는 것이 바로 교육의 역할이다.

두 개의
세계관

부캐란 본래 게임에서 사용되던 용어로, 온라인 게임에서 사용하던 계정이나 캐릭터 외에 새롭게 만든 '부^副 캐릭터'를 줄여서 부르는 말이다. 또 하나의 이상화된 스토리를 가진 설정된 자아라고 할 수 있으며 코미디언 유재석이 유산슬이라는 부캐로 평소의 캐릭터와 또 다른 캐릭터로 활동하는 것과 같은 것을 말한다.

이미 우리는 본성의 나인 셀프^{self}와 사회적으로 길들여진 프로그램화된 에고라는 두 개의 분열된 자아를 가지고 있다. 부캐는 페르소나^{persona}의 형태로 열등한 무의식을 가린 이상화된 자아로 작동할 수 있다.

내가 활동하는 메타버스는 인스타그램, 페이스북, 유튜브, 제페토의 4개 영역이다. 인스타와 페이스북, 유튜브에서는 라이프스타일 교육이라는 주제로 하나의 라이프스타일 매거진을 만들어가며 새로운 교육적 관점을 유저들과 나눠가고 있지만, 제페토에서는 핫핑크라는 10대 소녀의 캐릭터로 존재한다. 아직 무엇을 어떻게 해야 할지, 핫핑크를 어떤 존재로 키워나갈지에 대한 생각조차도 없다. 이때 나는 다른 플랫폼과 같은 단일한 세계관 속에서 일관된 철학을 보여주며 활동할 수도 있지만, 전혀 다른 모습의 세계관과 성격을 가진 부캐를 만들어 새로운 관계를 만들어갈 수도 있다.

어쩌면 부캐라는 말은 맞지 않다. 특정 메타버스 내에서는 우리가 부캐라고 부르는 존재가 바로 우리 자신으로 변형되어 사고하고 행동하고 느낀다. 본캐와 부캐가 치환되는 것이다. VR 게임에서 연인이 만들어지고 심지어 삼각관계까지 만들어져 갈등하는 것 또한 그 세계관에서는 부캐 자체가 그 자신이 되기 때문인 것과 같다.

생각의 방향은 우리 삶의 방향임은 물론 우리의 현실이다. 메타버스 또한 사람의 생각과 상상력 속에서 만들어진 또 다른 세계임은 물론 그곳에서 활동하는 부캐 또한 그 세계에 맞게 새롭게 디자인된 사고와 라이프스타일을 가진다. 새로운 세계관의 메타버스에 들어간다는 것은 바로 자신의 세계관 또한 해당 메타버스의 세계관에 동화되고 그곳에서의 삶의 양식과 그 세계에 맞춰 변형된다는 것이다. 한국 사람이 미국으로 이민을 가면 미국인들의 세계관에 맞춰진 질서를 따라 미국인처럼 살아가는 것과 같은 이치다. '일음일양陰一陽인가, 일양일음인가?'의 법칙이 중요한 것이 아니라, 어떤 세계관을 가진 메타버스에 올랐는가에 따라 그때그때 상황에 적절하게 자신의 부캐(본캐) 또한 적절히 변형시켜야 한다는 것이다. 여기에도 함정은 있다. 여러분이 올라탄 메타버스는 악하지 않은 세계관을 가지고 있는가?

흰 돌 세계에서
검정 돌의 세계관으로 살아갈 수 없다

구글이 온라인 세계에서 거의 경계 없이 무한대의 영역으로 발전되어가는 것 또한 개척 정신으로 넘쳐나는 미국이라는 나라가 가진 태생적 세계관인 'can-do(할 수 있다)'가 바탕이 되고 있음은 분명하다.

구글이란 메타버스는 창립자인 래리 페이지와 세르게이 브린이 선조와 부모들로부터 물려받은 삶의 자세와 태도, 개인의 자발성과 자기통제 능력을 키워주는 몬테소리 교육과 스탠퍼드 대학교에서의 실험 정신들이 융합되면서 20세기를 21세기의 디지털 세계관으로 탈바꿈시키며 전 세계를 디지털 메타버스의 시대로 이끌고 있다. 이미 우리는 하나의 단일한 세계가 아닌 두 개의 세계에서 살아가고 있다. 디지털의 원리가 이분법적인 1과 0의 세계라면, 이미 우리 또한 현실 세계라는 양의 1과 디지털 온라인이라는 음의 0의 세계를 매일 오고간다. 바둑판 위에 흰 돌을 놓으면 양의 세계가 열리고 검정 돌을 놓으면 음의 세계가 열리는 이치와 같다.

동양의 고전《주역周易》에서도 일음일양하는 것이 세상의 이치라고 말하지만 흰 돌이 만드는 세상과 검정돌이 만드는 세상은 완전히 다른 세계다. 그때그때 상황에 적절하게 우리 자신의 세계관을 변형시켜야 한다. 흰 돌 세계에서 검정 돌의 세계관으로 살아갈 수 없고, 검정 돌의 세계에서 흰 돌의 세계관으로 살아갈 수 없다. 하지만 흰 돌과 검정 돌의 색의 경계를 지우고 돌이라는 실체만 남겨진다면 우리는 다양한 존재의 포지션과 다양한 세계관 속에서도 분열적으로 살아가지 않을 수 있다. 흰 돌과 검정 돌이 아닌 다만 바둑돌일 뿐인 것이다.

'악하지 말자'는 명료한 단 하나의 목표를 슬로건으로 걸고 그 어떤 오해와 폄하와 자극에도 끄떡하지 않고 자신들의 한계 없는 상상력으로 세상을 이롭게 변화시키고자 하는 의지에 초집중하며 살아가는 래리 페이지와 세르게이 브린의 위험한 독점과 실험들을 비난만 할 수 없는 이유이기도 하다.

페이지와 브린의 사고와 행동, 야망은 독자적이고 독창적인 것이 아니다. 페이지와 브린은 실리콘벨리에서 발전해온 특별한 비즈니스 엘리트층에 속한다. 이곳의 사업자들은 돈보다 내용에 더 집착한다. 이들은 가능성의 메시지를 믿고 미래를 걸림돌로 여기지 않으며 분명한 목표가 있는 이상주의자다. 이것이 실리콘벨리 기업들의 눈부신 성공 스토리에서 가장 독특한 부분이다. 세계관과 철학, 기업에 대한 비전을 묻는 질문에 답변할 때마다 페이지가 가장 자주 사용하는 단어는 '낙천주의'다. 인터넷을 비롯해 현대사회의 모든 성취는 궁극적으로 세상의 발전에 기여할 것이라는 낙천주의에서 나온 것이다.

메타버스세대 아이들에게 철학을 가르치고 그들 자신의 본성과 자존을 지켜줄 세계관을 갖도록 교육한다는 것은 어쩌면 미래 사회를 만들어가는 처음이자 끝이라고도 할 수 있다. 단순히 특정 메타버스에 들어가기 위한 철학과 세계관 교육이 아닌 자유함의 인간 본성을 지키며 자기 주도적 삶을 살아가도록 하기 위한 메타버스 스쿨 혁명의 핵심인 것이다.

내러티브, 메타버스시대
새로운 학습 방법 — 글쓰기

메타버스의 내러티브는
'현실' 세계를 재생산한다

메타버스 콘텐츠가 새로운 유저들 세상으로서의 힘을 가지려면 무엇보다 잘 짜인 내러티브가 중요하다. 단순한 이야기가 아닌 인과가 분명한 맥락적인 이야기가 중요하다는 것이다. 바로 이때 기술력과 양질의 콘텐츠가 더해지며 현실과 가상현실을 구분하지 못하고 아바타에 자신을 투사할 수 있다. 그래서 메타버스시대 교육의 중요한 키워드가 바로 이야기를 구성하는 능력이다. 내러티브는 관객들에게 내용에 대한 합리적인 설명을 제공하고 이를 기초로 어떤 사건이 벌어질 것인가를 예측하게 하여 극중 사건이나 감정의 발생에 대한 전개 과정을 논리적으로 보여주는 것이다.

이처럼 내러티브는 '현실' 세계를 재생산하는 수단으로 사용하는데, 이 과정에서 관객은 영화와 현실을 동일시하게 된다. 디지털 게임 기획 단계에서 내러티브를 중요시하는 것도 같은 맥락이라고 할 수 있다. 영화에서 내러티브는 이야기를 전진시키기 위해 동원되는 드라마상의 장치와 카메라 워킹과 조명 등 세상 모든 삶의 문화적 코드를 층위별 또는 지역과 세대별 특징까지 다양하게 연구하여 써가는 '논리적 글쓰기'와 같다고 할 수 있다. 대형 게임을 개발하는 팀에는 이러한 이유로 작가, 기획자, 미술가, 역사학자, 심리학자, 미술가, 음악 전문가, 조명 전문가 등등 다양한 직업군의 사람들이 오랫동안 함께 협업한다.

만약 게임 만드는 작업을 교육에 접목한다면 바로 융합 프로젝트 학습이 이루어질 수 있다. 스스로 게임을 만드는 생산자가 된다면 소프트웨어는 물론 대본 작업과 그래픽화와 마케팅에서 플랫폼 운영까지 엄청난 공부를 할 수 있는 테마가 바로 게임이다. 특히 디지털 사회와 경제활동까지 이어지며 커뮤니티가 만들어지는 메타버스에서의 디테일은 더욱더 중요하다. 디지털 세계 속 아바타가 현실과 사고와 행동 패턴이 동일할 때 유저는 가상의 세계를 마치 현실처럼 동일시하며 몰입하게 되는 것이다.

무엇엔가 몰입할 때 우리의 의식은 육체를 떠나 몰입한 대상에게로 옮겨지고 현실의 자신을 잊는다. 본캐의 내가 부캐의 핫핑크로 온전히 새롭게 태어나 두 개의 자아와 두 개의 세계가 양립하거나 또는 분리되면서 메타버스 안의 내가 단순한 캐릭터가 아닌 또 다른 존재로 활동하기 시작하는 것이다. 이와 달리

게임 속 내러티브가 약하면 마치 게임 프로그래밍 오류로 아바타가 작동을 멈추는 '글리치glitch'와 같은 상황이 되어 무의식적으로 몰입하던 세계에서 마치 최면에서 깨어나듯 갑자기 현실 세계로 돌아오게 된다. 게임 속 공주였던 부캐가 한순간에 본캐로 돌아와 컴퓨터를 두드리며 짜증을 내는 상황이랄까? 현실의 개연성이 없어 몰입이 깨진 세계는 이미 깨진 세계다. 그래서 내러티브가 중요한 것이다.

That Dragon, Cancer

게임 디자이너 라이언Ryan Green이 말기 암과 싸우는 어린 아들 조엘의 이야기를 게임으로 만든 인디 게임 'That Dragon, Cancer(암이라는 이름을 가진 용)'은 가족들의 육성이 내레이션으로 들어가 이야기의 서술 구조, 즉 내러티브를 더 강화하고 있어 마치 내가 조엘의 부모인 듯 몰입하며 아이를 응원하고 아이의 죽음에 슬퍼하며 공감하게 된다. 게임 속에서 부모가 아이에게 동화를 읽어주는 설정으로 만들어진 또 하나의 게임은 게임의 내러티브를 더욱 강화하여 현실감 있게 다가오게 한다.

게임에서는 암이란 용과 대적하는 조엘 기사의 용감한 모습을 보여주면서도 결국 아이가 용을 물리치지는 못하지만 하나님의 은총으로 천국에 갈 것임을 암시해주며 아이와의 이별의 시간을 준비한다. 고통에 겨워 우는 아이의 울음소리가 유저들에게도 고통스럽게 심장에 박힌다. 아이의 죽음을 앞에 두고도 아무것도 할 수 없는 무력한 부모인 라이언의 고개 숙인 모습은 자식을 키워본 사람은 누구나 공감할 수 있는 슬픔을 공감하며 아이가 건강한 것만으로도 감사하다는 기도가 절로 나오게 만든다. '공감', 이것이 바로 내러티브의 힘이다. 공감하기 때문에 가상적인 게임일지라도 더욱 현실로 믿어 의심치 않는다.

《씨네 21》조현나 기자의 '게임과 영화의 관계를 읽다' 기사[12]에서 소개된 박윤진 감독의 영화 〈내 언니 전지현과 나〉는, 일랜시아 게임의 16년차 유저인 박윤진 감독이 다른 유저들과 커뮤니티를 형성하고, 일랜시아의 개선을 위해 넥슨을 방문하는 여정을 담았는데, 게임 유저들의 세계를 영화 속 현실 세계의 내러티브에 담아 보여준다. 영화를 본 관객들은 적어도 MZ세대가 아닐지라도 그들에게 왜 게임이 또 하나의 세계가 될 수 있는지, 왜 그들이 그곳에서 안식을 느끼며 유대하는지, 영화의 내러티브를 통해 MZ세대가 정착하기 시작한 디지털 메타버스의 현재를 수긍할 수 있게 해준다. 이것이 바로 가장 대표적인 디지털 메타버스로 꼽히는 컴퓨터게임 제작 과정에서의 내러티브의 중요성이다.

마치 스토리텔링처럼 이야기 구조를 갖지만 단순히 이야기

---

12 조현나, "[스페셜] 게임과 영화의 관계를 읽다",《씨네 21》1308호, 2021. 6. 1. 참조

를 듣는 것으로 끝나는 것이 아니라, 그 이야기 속에서 어떤 개연성을 가지고 움직이고 행동해야 하는 게임의 구조상 내러티브가 잘 짜이지 않으면 인과 관계를 중심으로 사고하고 행동하는 인간의 행동 패턴에 맞지 않아 몰입을 방해한다. 내러티브적 전개는 현실 세계와 달리 우연성은 배제되며 인과관계가 연쇄적으로 일어나 그럴듯한 이야기로 관객에게 몰입을 유도한다.

자신의 아바타에게도
가치 지향적 라이프스타일을 디자인해주자

이제 우리 아이들은 게임 속에서 또 다른 삶을 살기도 하고 또 다른 창조적 활동을 해나가야 한다. 제페토 안에 편의점을 만들고 졸업식을 하고 입학식을 한다고 해도, 아니면 유명 가수들의 공연을 기획한다고 해도 하나의 스토리 설정이 있어야 하고 그것이 유저들에게 납득될 수 있는 서사구조를 가지고 있어야 한다. 그냥 예쁘다고 아바타에게 모든 옷을 다 사서 입힐 수는 없는 일이다. 자신의 캐릭터에게도 하나의 새로운 콘셉트를 주고 지향하는 관계와 소셜, 그에 적합한 패션 코드와 장소와 비즈니스까지 연계하여 일관된 하나의 이미지와 라이프 스토리를 갖도록 이야기를 구성할 수 있어야 한다. 그래서 메타버스세대 아이들에게 글쓰기와 기획 능력이 중요한 교과목이 되는 것일 뿐 아니라 그 자체로 메타버스 부캐의 라이프스타일 디자인이 된다.

이는 현실 세계에서 자신이 바라는 자기 모습이나 소망이 다 이루어진 것처럼 글로 쓰고 그림으로 그리며 다 되었다고 믿는 '확언' 명상과도 같은 것으로 자신의 삶의 목표를 명확하게 세우고 그를 실천하기 위해 실천 방향을 매일 쓰고 읽고 성찰하는 일련의 과정을 거치면 자신이 원하는 자아상으로 살아갈 수 있다는 자기계발서들의 지혜와 맥락이 같다고 볼 수 있다.

아이들이 자신의 부캐인 아바타의 라이프스타일 디자인이 가치 지향적인 것인지, 그 삶이 어떤 의미를 지닐지에 대해 함께 이야기 나누며 글로 써서 수정해가는 과정은 어쩌면 현실 세계에서 아이들이 성장하는 단계에서 조언하고 협력하는 부모와 교사의 역할과 다를 바가 없을 것이다. 아이의 아바타가 얼마나 멋진지 먼저 칭찬하고 아바타의 성격과 활동 영역에 대해 자주 대화를 해나간다면 아이들은 메타버스 속 부캐와 현실 속 본캐의 괴리감보다는 밸런스를 갖춰 스스로 자신을 통제해나가는 아이들로 성장할 수 있다. 아이들의 아바타를 컴퓨터 모니터에서 가족의 식탁과 거실로 자주자주 불러내자! 방 안에 틀어박힌 아이를 맛있는 식사와 재미있는 부모들의 이야기와 행복한 웃음소리로 불러내어 균형감 있는 라이프스타일을 제공해주자.

이를테면 아이들의 존재가 태극과 같이 음양이 합일된 존재로 자신의 균형을 유지해간다면 디지털 메타버스 속에 함몰된 노예적 인간의 모습이 아니라 디지털 메타버스까지 확장된 주체적이고 힘 있는 자유인으로 살아가는 보다 긍정적인 결과를 기대할 수 있을 것이다. 부모들의 아이들과의 지속적인 대화와 커뮤니케이션이 더더욱 중요해진 시대다.

모험 또는 사고의 전환
— 모험과 도전

학습일까?
아니면 수집일까?

마르셀 뒤샹Marcel Duchamp은 남성용 소변기를 '샘'이라 이름 붙이고 전시장에 내놓는 도발로 단번에 예술계의 태풍의 눈이 되었음은 물론 '레디메이드Ready-made(기성품)'란 새로운 개념의 예술 창안자가 된다. 전통적인 미술계의 판을 뒤집고 공산품인 머리빗, 옷걸이, 눈삽 등을 단지 새로운 관점으로 바라보고 일상적인 쓰임새와 다르게 배치함으로써 새로운 개념을 가진 현대 예술 작품으로 탈바꿈시킨 것이다. 새로운 예술 시대의 시발점이었다.

뒤샹의 '샘'이 한 사람의 발상의 전환에 의한 예술의 기념비적 판 뒤집기였다면, 코로나19는 아예 오프라인의 대면 사회를 온라인의 비대면 디지털 사회로 전 세계의 사회적 판을 뒤집어 놓았다. 그렇다면 당연히 온라인 시스템에 적합한 상식과 개념과 규정, 그를 바탕으로 한 교육과 사회제도 및 지향점까지도 모두 다시 생각하고 새롭게 정의하고 정비해야 하지 않을까?

• 교육 관련 용어의 재규정과 내용

현재		변환	내용	실행 방법
학습	→	탐구	발견 및 발명	발표의 장, 협력 프로젝트
교육	→	수행	학습자의 자발적 탐구 학습	자발성과 호기심
공부	→	체험	현장에서 체험하며 연구 동기부여	부모와 교사의 이끔
놀이	→	창조	스스로 만들고 조직하며 지식 생산	놀이터 열어주기
교수	→	배움	가르치면서 배우고 배우면서 가르친다.	교사와 학생 양방향 학습
지식	→	검색	암기해서 배우는 것이 아니고 확정된 지식도 없이 개별 시공간에서 상용되는 상식을 상황에 적절한 앎으로 가져온다. 메타인지 학습의 개념 자체가 무의미해진다. 암기할 지식이 없다면 '알고 모르고'의 구분이 사라진다. 스마트폰 검색이 지식을 대신하기 때문이다.	스마트폰 검색으로 그때그때 새로운 지식과 개념을 확인한다.

인공지능 기계도 학습을 한다. 이것을 학습이라 해야 할지, 수집이라 해야 할지…. 인공지능은 데이터의 패턴을 알아차린다. 그렇다면 학습이라고 해야 할까? 교육 관련 용어의 재규정과 정리 또한 새로운 디지털 인류의 탄생과 함께 너무도 중요한 일이다.

학습은 연구라는 용어로 바꾸고 교육은 배움으로, 공부는 체험으로 전환한다. 놀이는 창조로 스스로 만들고 조직하며 지식을 생산할 수 있도록 놀이터를 제공하고, 공부는 스스로 체험하며 동기부여를 받아 스스로 자발적으로 배움에 임하며 탐구하도록 하고, 이를 꾸준히 혼자서 또는 프로젝트 활동으로 연구해가며 발견과 발명이 이루어지게 되고 이는 아이들의 직업과 창업 활동으로 이어진다.

구글 X의 책임자 아스트로 텔러는 자신의 자녀들이 100년 전 시스템의 체계적인 교육을 받는 것을 속상해 한다. 왜냐하면 아이들이 가진 위대한 꿈을 이루는 창조적인 교육과정은 우선 도전과 실패를 똑같이 성취를 위한 과정으로 생각하는 사고의 전환이 중요하기 때문이다. 과정을 칭찬하고 격려하는 시스템 안에는 사람을 살리는 마술이 들어 있다. 성공이 도대체 뭔가? 사람을 살리는 말을 할 줄 알고 어떤 상황에서도 포기하지 않는 것이 성공 아닌가. 적어도 자기 삶의 이유를 확인하며 살아갈 수 있으니 말이다.

고인돌을
올려라

10년 전 나는 밤새도록 술집과 PC방에서 아르바이트를 하거나 가정 폭력을 피해 새벽 거리를 배회하는 아이들이 대부분인 학교에서 역사 교사이자 생활안전지도부장을 맡고 있었다.

공부는 고사하고 당시 사회의 상식으로 가족도 친구도 성적도 모두 실패한 아이들의 마음을 일으켜 세우는 것이 가장 급선무였지만 무단결석이 많고 점심시간 이외에는 책상에 엎어져서 잠만 자는 아이들을 어찌해볼 수 있는 방법이 없었다. 교육할 시간이 없었다는 이야기다.

이때 내가 썼던 두 개의 교육 스킬은 '음식'과 '놀이'였다. 학교에 요리 강사 두 명을 방과 후 교사로 채용하여 매일 대안 교실에서 아이들과 음식을 만들어 칭찬 스티커를 받아오는 아이들에게 나눠주도록 했고, 교사들은 칭찬 스티커를 남발하게 했다. 이윽고 아침마다 고소한 버터 냄새를 솔솔 피워 올리는 '허니 버터 브래드'를 먹기 위해 아이들은 칭찬 스티커를 받으려 잠에서 깨기 시작했고, 학교가 살아나기 시작했다.

두 번째 전략은 복도를 지나가는 아이들이라도 무조건 '가위바위보'를 해서 아이가 지든 이기든 과자를 나눠주고 순대국밥을 사 먹이고 커피숍에서 시원한 음료를 사줬다. 담배를 스스로 끊으려고 노력한다고 고백을 하거나, 욕설을 줄이거나, 지각쟁이가 조금만 일찍 와도 오버액션으로 칭찬하고 먹이를 줬다. '샤무Shamu'라는 동물 조련 기법의 '즉각 보상' 기법을 따라했던 것이다. 전략은 매우 성공적이었다. 아이들이 잘 먹으니 짜증도 적어졌고, 교사와 대화를 시작하니 소통이 되기 시작했다. 이기든 지든 자신들이 칭찬받고 성공한 것이니 신바람이 난 것이다. 하지만 매년 학생 미달을 겪는 학교에서 수업 시간에 아이들을 잠

메타버스 스쿨 혁명

에서 깨우는 것은 여전히 요원했다. 그때 우연히 창밖으로 정원에 세워져 있던 고인돌 모양의 거석이 받침대에서 내려져 있는 것이 보였고 하나의 아이디어가 떠올랐다. 아이들에게 가장 단순하고 도전해서 성공할만한 과제를 던져주자!

"얘들아! 창문으로 와봐! 저 아래 돌 있지? 저걸 받침돌 위에 올려놓으면 1인당 햄버거 세트 하나씩 모두 사줄게! 오늘부터 국사 수업은 고인돌 올려놓기야! 올려놓을 때까지 할 거야!"

아이들은 햄버거 세트라는 말에 자는 아이들까지 깨워서 우르르 몰려 내려갔고, 꿈쩍하지 않는 돌에 좌절했다. 적어도 더 많은 사람이 필요하다는 것을 알고 다음 시간에는 학교에 오지 않는 아이들에게 전화를 해서 나오게 했고, 도전은 반별로 계속되었다. 처음에는 힘으로 들어 올리려고만 시도하던 아이들이 점점 돌에서 떨어져 '생각'을 하기 시작했고, 한 사람의 생각을 다른 사람과 나눠가며 다양한 각도로 시도하고 다시 협의하는 과정을 거쳤다. 그렇게 국사 수업은 한 달 동안(?) 돌 들어올리기만 했다. 드디어 아이들은 돌을 한쪽으로 세워서 지렛대를 이용하여 시간 격차를 이용해서 돌을 올려놓는 대단히 스마트한 방법으로 성공했고 교정에 쩡한 함성이 울려 퍼졌다. 다른 교실에서 수업하던 아이들도 모두 뛰쳐나와 박수를 치고 함께 성취감을 나눴다.

최고의 학업 성취였다. 다음 시간은 한 시간 내내 아이들과 햄버거를 먹으며 고인돌 올리기의 과정 중 아이들이 얼마나 빛나는 모습을 보여줬는지에 대해 이야기했고 아이들은 감격스러워 했다. 단 한 개의 돌을 나르는 과정도 그 일에 가치와 의미를 부여하면 대단히 빛나는 교육과정이 된다. 이 또한 교육과 수업에 대한 사고의 발상 전환으로 가능했던 것이다. 어쩌면 그 시절 '행복 교실'과 '행복 레스토랑'이라는 대안 교실이야말로 구글 X와 같은 새로운 발상과 공감이 토대가 된 미래 교실이었던 것 같다.

잠자는 아이들을 데려와서 수업하는 교사와 그 교사들의 수업을 지원하기 위해 빵을 굽고 차를 끓이는 또 다른 코티처의 협력 수업을 상상해보라! 집에서 엄마는 밥하고 아빠는 아이와 책을 보는, 또는 아빠는 밥하고 엄마는 책을 보는 광경이 펼쳐지지 않는가. 우리가 생각했던 교육 혁신과 사고 전환은 바로 아이들에게 따뜻한 집과 가정을 경험하도록 하는 것이었다. 학교가 집이 되는 역발상! 그래서 학업중단율을 어마어마하게 낮출 수 있었고 아이들은 나를 '욕쟁이 엄마' 선생님으로 기억한다. 구글 X의 아스트로 텔러의 자녀에게 필요했던 교사는 어쩌면 내가 아니었을까. 하하하.

문제를 문제로 보지 말고
기회로 바라보라

문제 해결 능력이 꼭 미래 교육의 혁신 조건이 될 필요는 없다. 디자인 씽킹처럼 문제에서 해답을 찾다 보면 전혀 새로운 해결책을 찾을 길이 묘연해질 수도 있다. 문제를 뛰어넘는 상상력으로 더 큰 범주에서 보거나 더 축소하면서 전혀 다른 발상으로 새롭게 생각하고 만들어나가면 되지 않을까?

사람은 대체로 회귀본능과 안전을 추구하는 성향이 강한 반면 새로운 일에 대한 도전을 두려워하기에 문제에 대한 해결 또한 기존의 상식을 기준으로 해결한다. 발상을 전환하여 새롭게 하나의 기회로 접근한다면 오히려 그 분야의 독보적인 위치를 독점하며 크게 성공할 수도 있다. 글로벌 IT 기업들의 비즈니스 전략의 핵심이다. 누구도 상상하지 못한 것을 상상하고 만들어 선점하는 것이다. 아이들의 사춘기가 문제인 것이 아니라 사춘기가 있기에 부모는 더욱 아이의 존재에 대해 깊이 숙고하며 독립된 하나의 개체로 존중해가게 되는 것과 마찬가지다.

문제를 문제로 바라보지 않는 사고의 전환으로 구글은 20년 만에 세계 최고의 기업이 되었음은 물론 끊임없이 새로운 생각으로 한계에 도전하며 사람의 생각이 세상과 현실을 만들어간다는 것을 명확히 보여주고 있다. 구글의 성공은 기발하고 기똥찬 사고 전환으로 누구도 생각하지 못한 접근 방식으로 시스템을 고안해냈기에 가능한 일이었다. 안드로이드 플랫폼 개발도 '세상의 변화'에 대한 더 원대한 비전이 토대가 되었기에 독일을 비롯한 유럽 국가들의 견제 대상이 되었음은 물론 본국인 미국 정부의 감시도 감수해야 하는 상황에 이를 만큼 거대한 데이터 권력이 될 수 있었던 것이다.

역사적으로 독점과 독재는 모두 인간 세상의 불행을 낳는다. 특히 그들이 가지고 있는 데이터 권력은 세계를 통제할 수 있을 만큼 막강하다. 아이들에게 국·영·수·사·과의 지식 교육을 가르친다는 것은 이미 의미가 없다. 학습자가 무엇을 알고 무엇을 모르는가를 스스로 인지하는 메타인지^{meta認知}는 물론 학습자가 교사에게 질문하는 구조의 학습 방법조차도 미래 교육에서는 의미가 없다. 학습에 대한 개념 자체가 바뀌었음은 물론 교육의 구조가 평가 중심에서 벗어나 평생교육적 체험과 경험으로 변화되고 있기 때문이다. 취업 등으로 학생들의 성적을 순위화할 필요가 없어졌으니 궁금한 지식은 스마트폰을 통해 바로 검색하여 자기 지식화하면 된다.

학교나 가정에서 중시해야 할 교육은 이제 지식이 아닌 지성인으로서의 태도다. 스스로 삶을 선택하고 결정하며 행동해가는 자세를 배우는 것이다. 읽고 쓰고 셈하고 정도의 기초 지식만 있다면 나머지는 디지털 시스템이 전부 한다. 하지만 아이들에게 인간됨의 가치와 삶의 의미에 대해 교육하는 것은 지구가 멸망할 때까지조차도 계속 되어야 한다. 우리가 살고 있고 우리 후손이 살아야 할 이곳을 평화로운 낙원으로 지켜나갈 수 있는 것은 바로 인간, 우리 자신의 힘뿐임에 깨어 있어야 한다. 일개인과 일개 기업만이 잘사는 세계가 아닌 모두가 평화롭게 살아가는 세계를 원한다면 가치 있는 삶을 살기 위해 위험한 기술 개발을 스스로 멈출 수 있는 사람으로 성장하도록 새로운 가치의 교육이 실행되어야 한다. 메타버스시대의 교육의 중요성을 논하기 전에 먼저 교육에 대한 질문을 스스로 던지고 스스로 대답해보자.

1. 태교도 스마트폰으로 받은 Z세대 아이들에게 교사는 가르치고 학생은 질문하는 20세기 근대 교육의 틀을 적용하여 교육한다는 것이 합당한가?

2. 스마트폰 자체가 백과사전인 시대에 교과서와 지식 교육이 필요한가?

3. 교과서 암기 평가 시스템은 스마트폰의 존재에도 불구하고 계속 존속되어야 하는가?

4. 교육은 발전하고 있는가?

5. AI도 방대한 컴퓨터 데이터를 기반으로 공부하는데, 사람은 편찬위원 10여 명인 교과서로 공부하는 것이 합당한가?

6. 온라인 시대, 상식이 바뀌었다. 교육 내용도 온라인 시대 상식으로 바뀌어야 하지 않나?

7. 공부와 학습이란 말을 계속 사용해야 하는가? 읽고 쓰고 셈하기만 배우면 되지 않을까?

8. 학습은 수행과 연구라는 말로 바꿔야 하지 않을까?

9. 에듀테크 기업들의 교육 툴은 나이스NEIS(교육행정정보시스템)를 대신할 정도로 정교하다. 교육을 국가가 정책적으로 통제하는 것이 여전히 유효한가?

10 교육이란 규정의 개념 자체를 다시 바꿔야 하지 않을까?

11 디지털은 정말 창의적이고 새로운 것인가? 혁신인가?

12 에듀테크는 교육 도구인가? 상업 도구인가?

13 잘 먹이고 성공시킨다는 목표로 돈벌이에 집중하며 아이를 사육하고 방치하는 것은 아닌가?

14 상업적 문화산업은 아이들을 착실한 소비자로 키우기 위해 교육이란 포장을 쓰고 있지는 않은가?

15 메타버스에 모이는 유저들의 숫자는 진수인가, 허수인가? 삶인가, 허상인가?

16 도대체 디지털 메타버스가 왜 필요한가? 이미 우리 자신이 특이성을 지닌 내추럴 메타버스인데?

17 논다는 것은 무엇인가? 놀이란 무엇인가? 스스로 혼자 놀 수는 없는가?

19 인간 발달에 놀이가 중요한 것인가? 놀이의 경제학이 중요한 것인가?

20 왜 아이들이 스스로 제멋대로 노는 것을 허용할 수 없는가? 그들만의 세계를 스스로 구축해나가도록 할 수는 없는가?

스트리트 패션 브랜드

슈프림

슈프림Supreme은 대표적인 스트리트 패션 브랜드로 제임스 제비아James Jebbia가 스케이트보드와 옷을 판매하며 시작되었다. 'Supreme' 로고 자체가 자본인 이 브랜드는 주류 문화에 냉소적인 안티팝anti-pop의 문화적 태생을 가지고 있지만 루이비통과 같은 세계적인 명품 브랜드와의 컬래버레이션은 물론이고 매번 컬래버레이션 제품을 오픈한 지 10초도 되지 않아 완판시키는 것으로 유명하다. 이러한 슈프림의 비즈니스 비결을《월스트리트 저널(WSJ)》은 '희소성과 입소문'이라고 분석한다. 벽돌이나 신문처럼 여느 패션 브랜드가 내놓지 않을 특이한 아이템을 정하고, 이를 한정판으로 팔아 구매욕을 자극하는 것이다. 그와 더불어 판매 방식도 다른 기업들과 달리 정규 시즌 중 매주 목요일에 새 제품을 깜짝 공개하는 '드롭 데이^{Drop Day}'를 운영하는데, 해당 제품을 언제 살 수 있는지는 공개하지 않는다.

슈프림의 비즈니스 전략이 만들어진 발단은 바로 창립자인 제비아가 숍을 오픈할 때 기용한 직원들의 특성에 있다. 스케이트보드를 파는 가게인지라 제비아는 스케이트 보더들을 직원으로 기용했고, 함께 거리에서 스케이트 보드를 타던 보더들이 슈프림 가게를 들락거리며 자연스럽게 가게 앞에서 춤추고 노래하는 하나의 '힙'한 문화 광장이 만들어졌던 것이다. 홍보비가 부족해 캘빈 클라인 티셔츠 대형 광고판에 슈프림 스티커를 붙인 것이 저작권 문제로 불거져 캘빈 클라인이 승소한 사건이 오히려 엄청난 홍보 효과를 불러일으켜 나중에는 캘빈 클라인이 컬래버레이션을 요청하여 완판되기도 했다. 단순한 스케이트보드와 옷을 팔던 가게가 젊은이들의 상상력을 기반으로 '슈프림 오레오'나 '슈프림 벽돌'과 같은 기발한 슈프림 브랜드 제품을 만들어냄은 물론 판매 전략을 발명해냄으로써 매번 완판의 브랜드 가치를 만들어낸 것이다.

스트리트 패션이란 자유 이미지와 더불어 재미와 놀이적 요소는 물론이고 젊은이의 상상력과 실험 정신을 잃지 않는 브랜드 전략을 유지하면서 희소성으로 브랜드 가치도 키워나가고 있는 것이다. 슈프림이 구찌처럼 메타버스에 들어가게 될 것 같지는 않다. '희소성'이란 무한 복제가 적이기 때문이다. 메타버스는 3D라 할지라도 입체적 평면인 디지털 매체의 태생적 한계를 벗어날 수는 없을 것 같다. 이를테면 상상력을 그만큼 제약한다는 것이다. 슈프림의 뉴욕 맨해튼 매장은 문턱이 없어서 보드를 타고 직접 매장으로 들어갈 수 있다고 한다.

그러나 메타버스는 온라인 상태여야만 접속이 가능한 문턱 너머의 세계다. 물론 디지털의 세계는 청소년들에게 적극적이면서 창의적인 활동 가능성을 많이 제공한다. 그러나 상상력과는 달리 도구에 의한 수동성의 문제와 한계가 발생한다. 이미 상업적인 컴퓨터 회사들과 소프트웨어 회사들에 의해 만들어진 에듀테크 제품들은 '교육적'이란 미명 아래 아이들의 사고의 범위와 활동 가능성을 한쪽으로 치우치게 유도하거나 제약할 수밖에 없는 것이 현실이다.

로블록스와 마인크래프트, 제페토와 디샌트랜드, 이프랜드 등 메타버스의 세계가 아이들에게 열어줄 가능성의 범위가 상상력과 예술처럼 무한하다고 할 수 있을까? 크리스티안 리텔마이어Christian Rittelmeyer는 《아이들이 위험하다Kindheit in Bedrangnis》에서 힐러의 연구 결과를 제시하며 소프트웨어 개발과 기기들이 사실은 아이들의 상상을 자극하기보다 오히려 마비시킨다고 주장한다. 이는 TV 시청과 같은 전자 미디어 사용과 달리 독서나 음악 연주, 정원 가꾸기 또는 스포츠 등이 알츠하이머병에 걸리는 것을 막는다는 결과와도 맥을 같이 한다.

상상력

디지털 기기와 디지털 시스템이 세상의 전부가 될 수도 있는 시대에 우리 아이들에게 필요한 배움과 교육은 그래서 창의력이 아닌 '상상력'이다. 사고에 한계를 두지 않고 자신의 정신적 영적 능력을 바탕으로 기존의 시스템과 과학기술을 넘어 더 강력하고 아름답고 인간다운 삶을 보장할 수 있는 새로운 시스템에 대한 상상력은 결국 새로운 현실의 판타지를 만들어낼 수 있다.

그와 더불어 빅브라더 출현과 같은 디스토피아적 메타버스 세계에 대한 조망을 불식시킬 수 있는 중요한 힘이 될 수도 있다. 기존 공룡 기업들의 IT 권력에 휘둘리지 않는 더 자유롭고 생산적인 세상에 대한 '상상력' 자체가 결국 기계화보다 더 인간답고 행복할 뿐더러 더욱 진보된 시스템과 사회를 만들게 되는 것이다. 이는 교육의 최종 목표인 지혜의 기본 단계와 같다. 주체적으로 선택하고 결정해서 행하는 용기가 바로 지혜이며 교육의 최종 목표이기 때문이다.

이것이 바로 니체가 말하는 초극적 존재인 초인과, 부처의 천상천하유아독존의 경지다. 어쩔 수 없이 특정 메타버스와 디지털 시스템 속에서 살아가야 하는 상황이 된다 할지라도 무엇에도 물들지 않고 현존하는 인간의 존재 자체로 독립적이고 주체적인 삶을 살아가는 것이다. 거대 권력에 지배당하지 않는 자존적 인간의 탄생이다. 이런 사람들이 교육으로 많이 키워진다면 당연히 그들 사이의 공감과 연대에 의해 독점적인 디스토피아의 불행한 역사는 막아낼 수 있다.

이제 메타버스 세대에게 더욱 중요한 학습역량은 '상상력'이다. 이미 다른 사람의 상상력에 의해 만들어진 세계관과 창의성을 기반으로 구축된 메타버스 세계의 한계를 넘어설 수 있는 그야말로 초극적 인간의 존재로서의 성장을 의미한다. '상상력'을 이해한다는 것은 생각보다 쉽지 않다. 단순히 촉발되는 아이디어에 의한 창조성을 가지는 창의적 과정과 달리 '상상력'이란 그야말로 개별적인 '딥 싱킹Deep sinking'을 요구한다.

하지만 어려울 것도 없다. 무엇인가 기대되고 설레는 동기를 부여해주면 인간의 두뇌는 자동적으로 상상의 나래를 펼치기 때문이다. 아이들에게 국·영·수·사·과의 단순한 지식 과목을 공부하는 학습 능력 향상에서도 동기부여는 매우 중요하다. 그렇다면 아이들의 상상력을 높여주기 위한 교육 방법과 동기부여는 어떻게 하면 좋을까? 아이들의 일상 자체가 호기심을 유발하는 오브제와 텍스트와 경험들이 가득해야함은 물론이다. 그러나 특정 부모와 가정 또는 학교나 지역사회가 그런 여건을 만들어내기가 쉽지 않을 때 좋은 방법 중 하나가 바로 지역과 마을 공동체가 모두 참가하는 축제를 만들고 참가하는 것이다.

버몬트 마을 사람들의
상상력으로 만들어가는 메이데이 축제

'메이데이Mayday 축제'는 미국 미네소타 버몬트 지역공동체가 만들어가는 지역 축제로 5월 첫째 주 일요일 '노동자의 날'을 기념해서 야수의 심장 인형극단이 주최하는 마을 축제다.[13] 축제의 주제는 환경, 인간소외, 인종차별, 동물 보호, 동네 이야기 등 지역공동체의 이슈와 관심사, 더 나은 마을을 위한 비전에 뿌리를 두고 있으며 공연 예술을 매개로 지역민들의 삶을 긍정적으로 변화시킨 좋은 사례로 평가받는 축제다. 단 하루 진행되는 축제를 위해 작가들과 자발적으로 참가한 주민들의 상상력이 온 동네를 들썩이게 만든다. 어른부터 아이까지 팀의 주제에 맞는 인형과 가면을 디자인하고 제작하며 버몬트의 추운 4월은 열기로 후끈하다. 주민회의부터 워크숍까지 축제를 준비하는 과정 중에 주민들은 함께 울고 웃기를 반복하며 예술이 마을 사람들의 마음을 열고 그 물꼬를 터트린다고 축제에 참가한 천우연 작가는 《세계 예술마을로 떠나다》를 통해 이야기해준다.

예술의 힘은 곧 상상력의 힘이고, 상상력의 힘은 곧 인간 삶의 근원이다. 버몬트 마을 사람들의 삶의 이야기는 마을 사람들과 작가들의 상상력을 거쳐 공연 예술로 발전하며 교류하는 인

---

13   천우연, 《세계 예술마을로 떠나다》, 남해의 봄날, 2017, 192쪽.

간다운 삶의 생명력과 에너지를 전파한다. 에너지의 근원은 바로 상상력이다. 지역민들이 자신들이 꿈꾸는 삶을 공유하며 듣고 이야기하는 과정을 통해 서로의 경계 없는 상상력이 합쳐지고 더 큰 이야기와 예술로 완성되어가며 그것은 '감동'이라는 하나의 파워가 된다. 우리 삶의 과정이 하나의 '감동' 그 자체가 될 수 있다면 굳이 중독적인 즐거움을 찾아 나설 필요가 있을까?

아이들을 생생한 삶의 즐거움에 중독시켜야 한다. 보다 더 큰 상상력과 가치를 담은 예술과 놀이와 라이프스타일로써 아무 것도 기대하지 않고 온전히 자신을 내어줄 수 있는 지극한 사랑과 관계 만들기를 경험하게 해야 한다. 굳이 디지털 메타버스에 올라타서 즐거움을 구하지 않아도 내 현실의 삶과 일상이 즐겁고 행복하다면 아이들은 일상에 더 집중한다. 돌 하나를 굴리는 행위만으로도 아이들은 지극한 사랑과 관심과 상상력 속에서 얼마든지 행복한 존재로 거듭날 수 있다. 아마존의 원시부족은 어쩌면 문명을 발전시키지 못한 것이 아니라 선택적으로 문명의 진화를 멈춘 것일 것이다. 아인슈타인이 말했다. 제3차 세계대전에서 사용될 무기를 예상하기는 어렵지만, 분명한 것은 제4차 세계대전은 돌도끼를 가지고 싸우게 될 것이라고.

디지털 메타버스를 문화 상품으로 보지 않고 상품자본의 논리대로 환전 가치로만 그 세계를 일반화시켰을 때의 부작용은 생각보다 무섭다. 디지털 메타버스 내에서 사랑받는다고 생각하는 것과 진짜 현실 세계에서 사랑받는 것은 하늘과 땅의 간극을 낮음은 물론 천사와 N번방 아이들의 간극을 낮게 될 수도 있다. 구글의 '악하지 말자'라는 구호는 그냥 만들어진 것이 아니다. 호기심과 상상력이란 스스로가 인간다움이란 브레이크를 가지고 욕망을 통제할 수 있을 때는 예술과 과학처럼 이로운 것이 될 수 있지만, 욕망을 통제하지 못하거나 통제당하는 존재가 되었을 경우에는 히틀러처럼 죄의식이 거세된 아주 사악한 존재로 변화할 수 있다. 메타버스 세대들에게 상상력과 비평적 문화예술교육이 더욱 중요해지는 또 하나의 이유다.

메타버스시대는
판타지의 거세도 문제가 된다

크리스티안 리텔마이어는 그의 저서 《아이들이 위험하다》에서 게임 메타버스처럼 외적인 이미지가 미리 주어지는 미디어 환경은 상상력이 형성되는 과정에서 현상을 자유롭게 탐사할 수 있는 기회를 방해할 수 있고 이는 상상력의 훈련, 판타지 학습도 할 수 없게 하는 병폐를 낳는다고 말한다. 특히 '시선의 획일화'가 전체 미디어를 지배하게 될 때 더욱 위험하다는 지적은 먹거리 볼거리 위주의 디지털 영상이 범람하는 21세기 교육에 있어서 학습자의 주체적인 상상력과 그에 따른 판타지 생성 능력을 키워가는 교육의 또 다른 중요성을 말해준다.

상상력이란 상상하는 주체의 두뇌 안에서 일어나는 일종의 정신적 현상이며 생각의 힘이라고 도 할 수 있다. 매체의 시각화 가설에서도 알 수 있듯이 타자의 상상력을 시각으로 반복해서 보게 된다면 나는 상상할 여지가 없다. 마치 우주를 그려보라는 교사의 말에 학생들이 이미 다른 사람의 상상으로 그려진 하늘과 로켓과 우주인과 외계인들을 등장시키는 것과 같다고 할 수 있다. 그건 상상이 아닌 지식이고 확정된 앎이다. 진짜 상상은 황당한 꿈처럼 직관적이고 엉뚱하고 내가 생각할 수도 없었던 하나의 영감에 의해서 촉발된다. 그런 상상력은 예술과 과학기술의 이름으로 세계를 꾸준히 변화시키고 진화시켜왔다.

하지만 이제 디지털 매체가 우리의 일상을 지배하면서 우리는 점점 더 꿈꾸거나 상상할 여지를 잃어버린다. 심지어 AI가 대체할 노동시간으로 얻어질 여가 시간 또한 게임 메타버스와 라이프로깅 메타버스 등에서 제2의 나인 아바타로 또 다른 삶과 관계를 이어가려면 그 삶에도 집중해야 한다. 하나의 세계에 집중하는 것과 두 개 이상의 세계에 집중하는 것은 여가가 아닌 휘둘리는 삶의 결과를 낳게 할 확률이 매우 높다.

바로 이런 세상에 대한 전망과 통찰을 기반으로 우리는 온라인 디지털 메타버스의 세계를 넘어서는 더 온전한 인간됨의 세상을 꿈꾸고 상상하며 만들어가야 한다. 클릭하지 않고 살아갈 수 있는 농업 중심의 1차 산업혁명의 슬로우 라이프를 디지털 기술을 능가하는 대안적 산업구조로 상상하고 구조화하는 것 또한 메타버스세대들의 교육 방향을 제시해준다고 할 수 있다.

맨살로 부딪히고 감각하고 경험하라 — 놀이와 체험

'놀이'는 'play'로 읽지 않고 'culture'로 읽는다

프랑스 사람들이 일 년 동안 열심히 일하는 이유 중 하나는 '바캉스를 위해서'라는 말이 있다. 프랑스만이 아니라 북유럽의 많은 나라들도 시골에 섬머 하우스^{Summerhouse}(여름 별장)를 두고 바캉스 내내 아이들과 자연 속에서 휴식을 취하며 아이들 스스로 자발적으로 놀 수 있는 기회를 제공한다. 이때 아이들은 돌멩이나 풀이나 물과 흙 같은 자연물을 소재로 하여 소꿉놀이나 역할 놀이 등을 하기도 하고 나무 위에 자기들만의 아지트에서 책을 읽거나 새로운 실험을 하며 자신들의 방식대로 논다. 섬머 하우스에서 이루어지는 교육이라면 아이들이 먼저 자신들의 방식대로 놀고, 놀이의 과정을 부모와 식사 시간 등을 통해 공유하며 단순하고 다양한 토론(말하고 듣기)을 하게 된다는 것이다. 이 단순한 놀이의 과정에는 우리가 교육을 통해 성취하고 싶어 하는 많은 코드들이 내재되어 있다.

자유, 자발성, 독립성, 창의성, 상상력, 기획력, 실행,

성찰, 토론, 위로, 격려, 협력, 분쟁, 소통, 사랑, 관계,

지혜, 논리, 성장, 재미, 실패, 성공, 기술, 화해, 지식

놀이의 과정을 통해서 얻을 수 있는 융합적인 교육 성과 외에 다른 제도권 교육을 통해서 더 배울 것이 무엇이 있을까? 하위징아가 호모루덴스^{Homo ludens}라고 인간을 지칭했을 때의 '놀이'라고 하는 부분은 단순한 'play'를 일컫는 것이 아닌 'culture'로 읽어야 한다는 점이다. 문화적 생산 활동으로서의 놀이는 바로 교육으로 치환될 수 있는 것이다. 놀이의 범주가 단순히 아이들의 소꿉놀이에만 한정되는 것은 아니다. 대규모의 지역적 놀이라고 할 있는 지역 축제의 경우도 제의와 의례와 놀이 등이 복합적으로 융합된 인류의 문화유산이자 교육 콘텐츠다. 제의와 의례는 하나의 문화예술적 형식으로 대대로 전수傳授라는 전통적인 교육 방법을 통해 전해져 내려온다.

21세기 디지털 사회의 필수과목들인 코딩이나 딥 러닝^{Deep Learning}, 알고리즘, 아키텍처^{architecture}, 콘텐츠, 네트워크, 데이터 등도 섬머 하우스에서 아이들이 일상적인 놀이를 통해 배우게 되는 다양한 교육 코드들을 디지털 용어로만 바꾼다면 21세기 최

고의 디지털 미래 교육 방법론이 될 수 있다. 하지만 결정적으로 이런 놀이는 상품이 되어 황금 알을 낳지 않는다는 한계(?)가 있다. 왜냐하면 상품화하기에는 너무나 보편적이고 일상적인 가족들의 삶의 일부분이기 때문이다. 그냥 단순히 유럽의 섬머 하우스를 버케이션vacation 스쿨화해서 돈을 받고 상품화시켜 최고의 사설 학원들만큼이나 인기 있는 사설 교육기관으로 탈바꿈시킬 수도 있다. 그럴듯한 장소와 상품 마케팅 전략만 첨가하면 된다.

마케팅 전략적으로 이것이 얼마나 교육적이고 AI 시대에 컴퓨팅 능력에 기반이 되는 교육인지를 장황하게 늘어놓고, 고급스런 디자인의 레이아웃으로 만들어진 홈페이지를 개설하거나 앱을 개발하고 멋들어진 연출 사진과 사용자 경험 별표나 '좋아요'를 활성화시켜놓는다면 성공할 확률이 높아진다. 아이들이 살아갈 21세기 콘텐츠 개발을 위한 상상력 역량 학습으로 최고라는 교육 상품으로 포장에 성공만 하면 된다. 더욱 유리한 점은 시골의 집에서 어쿠스틱Acoustic 하게 이루어지는 교육인지라 부모들이 도모해줘야 할 아이들의 인간적인 따뜻한 정서 함양 또한 담보할 수 있다는 점은 상품의 가치를 더욱 높일 수 있다. 내가 꿈꿔온 '교육과 휴식' 리조트 사업의 기본 맥락이다.

프랑스의 무인도
버케이션 스쿨의 교육과정은 매우 심플하다

프랑스의 무인도 버케이션 스쿨의 교육과정은 매우 심플하다. 아침에 일어나서 세수하고 놀이 정하기 시간과 자유 놀이, 수영, 일기 쓰기가 교육 프로그램의 전부다. 훈련된 아르바이트 대학생들은 아이들이 수영하러 갈 때만 동행하면서 아이들의 안전을 돌봐주고 아이들은 자유롭게 친구들끼리 매일매일 모의작당을 하면서 실컷 뛰어논다. 이 놀이의 과정이 얼마나 다채롭고 뛰어난 상상력과 창의력이 투입되어질지는 설명할 필요도 없다.

• 프랑스 '무인도' 버케이션 스쿨의 교육 프로그램 일정표

기상 및 세면	→	오늘의 놀이 협의	→	아침 식사	→	자유 놀이	↓	점심 식사
취침	←	성찰적 일기 쓰기	←	저녁 식사	←	자유 놀이	←	왕복 8km 걸어서 수영 가기

아이들은 단순한 나무토막 하나를 왕으로 만들고, 전설의 용으로도 만들고, 자신들이 돌봐야 할 가여운 성냥팔이 소녀로도 탈바꿈시킬 수 있는 마법의 소유자들이다. 우리의 현실은 꿈이고, 우리는 꿈속에 꿈을 꾸는 존재들이라고 했던가? 굳이 메타버스에 올라타지 않는다 하더라도 아이들은 이미 꿈같은 디지

털 게임의 이미지 세계 속에 등장하는 모든 괴물과 천사와 흑기사와 공주와 보물섬과 맛난 음식을 상상력으로 창조해내는 전지전능한 존재들이다. 아이들이 맨살로 부딪히고 감각하고 경험하는 모든 것들이 배움이 되고 교육이 된다는 말이다. 그렇듯 실제 세계에서 온몸과 마음으로 부딪히며 익힌 배움들은 매뉴얼화된 그 어떤 교육보다 더 뛰어난 교육 효과를 지닌다.

이러한 사실은 고대로부터 아이들을 가르치는 과정에서 자연스럽게 인류의 부모와 교사들이 익힌 진리다. 이를 유럽에서는 그랜드투어Grand Tour라는 로드스쿨링Load schooling 프로그램으로 더 확장시켜 보다 선진적인 지역으로 아이들을 여행 보내고 몇 년씩 새로운 세계에서 스스로 보고 배우도록 했던 것이다. 유대인들은 아이들이 18세가 되면 가족들이 펀드를 만들어서 아이에게 독립 자금으로 5천만 원 정도의 돈을 마련해주고 모든 삶의 길에 대한 자기 선택을 응원하고 지지해준다.

이 또한 대학과 여행과 비즈니스 등 삶의 모든 과정을 배움의 과정으로 바라보는 유대인들의 태도와 자세에서 비롯된 것임을 알 수 있다. 그러니 그 뛰어난 연금술사인 아이들에게 한정된 세계관의 디지털 문화 상품인 메타버스의 세계를 단 하나의 놀이의 세계로 안내하는 것은 얼마나 우매한 일인가? 무한대로 펼쳐진 아이들의 세계를 우리 손으로 한정 짓는 행위와 다를 바 없다. 인간은 모두 무한한 능력을 가진 존재들인데 스스로 한계를 만들어 열등감투성이 괴물로 성장하여 자신을 학대하고 사회와 타자를 적으로 만들며 힘겹게 싸우는 우매함과 같은 것이다.

디지털 메타버스의 스피디한 이미지는 보는 사람이 선택할 수 없는 것으로 정도가 강하든 약하든 간에 압도당하며 휩쓸려 가게 된다. 미디어의 이미지에 복종하게 되는 이런 메커니즘은 생각할 여지를 없애서 창조적 행위가 줄어들 수밖에 없다. 아이들의 경우 인지 대상에 대한 고유의 시각과 질문, 비판적 사고와 낯설게 보기 등이 생길 가능성이 희박해진다. 크리스티안 리텔마이어는 메타버스의 시대를 상상하기 어려웠던 2010년에 발행된 저서《아이들이 위험하다》를 통해 상품자본주의 사회의 교육적 현실과 위험을 예리하게 통찰하고 있다. 학교교육을 '교육 투자 대비 수익률'로 미래의 수입과 이익으로 해석하는 경제적 사유는 물론이고 기술화된 장난감과 전자 놀이 등 기술·기계 만능주의 시대의 문화 상품으로 전락해가는 교육의 위험성을 이끄는 시대적 문법과 패러다임을 지적하고 있다.

상업자본과 기술자본의 전략은 표면에 쉽게 드러나지 않고 '선한 영향력', '생활의 편리성과 편의 제공', '집콕 해서 공부할 수 있는 좋은 기술', 'AI의 노동력 대체로 여가 시간 활용을 위한 콘텐츠 제공', '자율자동차로 교통사고 미연 방지', '세계 오지 아이들에 대한 교육 지원', '데이터의 안전한 보관' 등등처럼 얼핏 듣기에는 매우 유익한 것 같은 명분으로 포장되어져 있기에 그 진짜 의도를 간파하기가 쉽지 않다. 특히 코로나19 이후 글로벌 IT 기업들의 도약은 바이러스로부터 생명을 지키는 음식 배달 앱과 온라인 수업을 가능하게 한 줌과 미트^{Meet} 앱의 약진과 코로나19 발생 지역을 미리 알고 피할 수 있는 안전함의 이미지까지 부과하여 인간의 생존 기본 단위인 식량, 교육, 보건에 대한 좋은 이미지를 선점하게 되었다.

그 사이 공룡 기업들은 자신들의 데이터센터 역량을 더욱 강화했을 뿐만 아니라 사람들의 무료함과 우울함을 달래줄 친구가 되어주는 게임, 소셜 미디어, VR을 통한 게임과 섹스까지 코로나 블루^{Corona Blue}로 몰린 전 인류를 위로하고 연대감을 갖게 하는 네트워크의 기능으로 선한 영향력을 완성하여 콘텐츠 유료화의 변화를 유저들이 당연하게 받아들이게 하며 드디어 정기 구독료의 시대를 열었다. 우리가 마이크로소프트의 솔루션을 이용하고 구글의 유튜브를 보며 페이스북의 VR 메타버스에서 활동하고 아마존의 클라우드를 이용하는 한 죽을 때까지 구독료를 낼 수밖에 없다. 이를테면 현대판 지주와 소작농이다.

소작농들은 자신들이 착취당하는 것도 모르고 땅을 빌려준 지주에게 충성하고 자발적 노예가 되며 착취당한다. 우리에게 닥친 현실이란 바로 이런 것이다. 아이들이 노는 디지털 메타버스의 땅 또한 글로벌 공룡 IT 기업들의 클라우드 세계이며 비즈니스의 세계다. 지배자들은 절대로 자신들의 지위를 약탈당할 만큼 똑똑한 인재를 허락하지 않는다는 것이 역사적 진실이다. 하지만 손오공이 여의봉을 휘두르고 날쌘 엉덩이로 마하의 속도로 부처와 달리기를 하였지만 결국 부처님 손바닥 위였다는 이야기는 많은 것을 시사한다. 무엇이든 영원한 것은 없다. 과유불급이다.

어쨌든 거대 IT 기업이 자본과 지식과 시스템과 네트워크는 물론 인재까지 독식하고 있는 메타버스시대에 우리가 경계하고 지향해야 할 것은 아이들이 하나의 어장에 갇힌 존재가 되지 않도록 깨어 있는 자로 교육해야 한다는 것이다. 설령 또다시 약도 없는 코로나19 바이러스와 같은 감염병이 인류를 공격한다 할지라도 아이들이 맨살로 부딪히고 감각하고 경험할 수 있는 실제 세계의 교육시스템은 물론 배움의 기회를 놓치지 않도록 인간의 기본권으로 지켜나가야 한다는 것이다. 자연을 벗 삼아 친구들과 맨살로 부딪히고 감각하며 성장한 아이들의 양질의 기억과 감정은 추억이 되어 결국 다시 인간이 살만한 지구를 만들어가는 인재로 성장할 수 있을 뿐만 아니라 디지털 기술 이외에 또 다른 자연스런 다양한 방법으로 인류의 문화를 진화시킬 수 있다.

직접 교류하고 대면하는 자연 속의 놀이는 종족 번식과도 매우 밀접한 관계가 있다. 크리스티안 리텔마이어가 제기한 미디어의 악영향 중 하나가 미디어에 중독적으로 빠져 있는 사람들의 성적 욕망의 거세에 대한 데이터는 물론이고 '집콕, 혼족'이 늘어나면서 2030 젊은이들이 결혼은 물론 연애조차도 하지 않는다는 통계청 결과는 인류의 진화에 대한 어두운 전망을 낳게 함은 물론 기계화된 문화적 태도가 우리의 일상이 되었다는 것을 의미하기도 한다.

이러한 기계화된 문화적 태도는 에듀테크를 표방한 어린이의 장난감 생산, 비대면 온라인 시스템의 수용, 영화·게임·드라마·책·광고·교육·사회 제반 서비스는 물론 상업 활동에서의 AI의 상용화까지 현대사회의 일반적인 문화 현상이 되었다. 이 과정에서 중요한 것은 오늘날 문화 현상들이 아이들의 라이프스타일의 기본 축을 이루게 되고 삶이 된다는 것이다.

테오도어 아도르노Theodor Adorno는 '물신 숭배에 빠진 인간들은 모든 리비도libido적 에너지가 기술에 흡수되어 사랑할 능력이 없고, 자기 정체성을 갖지 못한다'고 했다. 우리의 생활을 지배하는 패러다임이 기술화되고 기계화된 결과다. 디지털화된 의식의 통치 시스템은 문화 상품자본주의의 비인간성을 감추기 위해 교육이라는 가면을 쓰는 것이 효율적이라는 것을 이미 잘 알고 있다.

아이들에게
더욱 큰 경험의 놀이터를 선사하라

학교에서처럼 일반적 원칙을 이해하고 익히는 것이 아니라 놀이라는 구체적인 자기 경험을 통해서 스스로 규칙을 발견하고 단순한 지식이 아니라 참여적 관심과 감동이 새로운 앎과 지혜로 구성되며 오랜 시간에 걸쳐 교육 효과를 낳는다. 여기에 다시 새로운 경험이 덧붙여지며 아이들은 스스로 자신의 삶에 필요한 지식을 추가해간다. 한마디로 유년기와 아동기의 놀이와 체험을 통한 삶의 경험은 아이들을 지식을 수렴하는 수동적인 주체가 아니라 지식을 생산하는 능동적인 주체로 만들어 당당한 자존감을 갖게 한다.

아이가 자신이 알고 있는 지식이 무엇이고 모르고 있는 지식이 무엇인지를 알아야 할 이유도 없다. 왜냐하면 스스로 만들어낸 지식은 절대로 잊히지 않는 것이며, 거기에 수정 또는 보완되어지는 과정을 겪으면서 일정 지식에 대한 전문가로 거듭나기 때문이다. 무엇보다 더 중요한 것은 이미 아이들은 그것을 아는 존재들로 지구에 왔다는 사실이다. 그들이 모른다고 생각하는 것 자체는 기존 지식을 만들어낸 기성세대의 관점일 뿐이다. 코로나19 이전에 '학생은 모두 학교에 가고 부모는 직장에 간다'가 일반적인 지식이었다면, 코로나19 이후의 지식은 '학생과 부모는 모두 학교와 직장을 선택적으로 간다'로 변환되어야 한다.

이제는 더 이상 학생이 학교를 가지 않고 집에서 학습하는 행위가 문제되지 않는다. 지식이란 이런 것이다. 그때그때 상황에 따라 달라진다. 텍스트 중심의 국·영·수·사·과의 지식 교육의 종말은 메타버스시대에 이르러 이제 비로소 예견되는 것이 아니라 이미 인류의 탄생 시기인 오스트랄로피테쿠스 시기부터 결정되어져 단 한 번도 달라진 적이 없다. 지식보다 직관력과 통찰력을 가진 사람들이 리더로 세상을 이끌어왔음에도 불구하고 지배 권력 시스템을 운영하는 관리 선발 제도로 성적 순위 평가

시스템이 만들어지면서 지식이 중요한 코드로 일반 민중들에게 각인되었을 뿐이다.

왕들은 단 한 번도 과거 시험이나 평가를 통해 왕이 되지 않았다. 그들은 다만 일반인들이 '고르디우스의 매듭Gordian Knot'을 끊으라는 문제를 풀기 위해 끙끙대고 있을 때 알렉산더 대왕처럼 매듭을 단칼에 베어버렸을 뿐이다. 구글의 래리 페이지와 혁신훈련가들의 사고의 패턴이 바로 단칼에 매듭을 자르고 과학기술의 발전 속도를 가속화시켜나가며 세계의 변화는 물론 비즈니스의 속도를 달리고 있는 것과 같다. 그들의 교육에 대한 아이디어 속에는 바로 이런 놀이와 체험을 통한 경험의 축적이라는 중요한 열쇠가 숨어 있다. 일단 좋은 아이디어가 나오면 놀이터라고 불리는 공간에서 먼저 시도해보고 실패하면 보너스로 동기부여해주고 다시 시도하게 해서 마치 하나의 놀이처럼 경험하고 체험하며 기술의 발전과 성장을 도모하는 것이다. 이것은 에듀테크 게임들이 코딩 교육에 도움이 된다며 디지털 샌드박스와 블록의 세계관 안에서 아이들을 간접 경험만 하도록 하게 하는 것과는 질적으로 다른 문제다.

당신의 자녀가 세계적인 글로벌 IT 기업에 들어가 잘 먹고 잘 살기를 원한다면 디지털 에듀테크와 문제집과 기계적인 독서 중심의 뫼비우스의 고리를 끊고 디지털 샌드박스가 아닌 진짜 파도가 일렁이는 바닷가나 동네 골목과 학교 운동장으로 당장 뛰어나가 천진한 '오징어 게임'으로 아이들 세상을 경험하며 놀게 하라! 맨살로 부딪히고 감각하고 경험하며 인간에게 유용한 삶의 앎과 지혜를 스스로 체득하고 나누며 함께 놀게 하라.

독서, 스스로를 열어놓는 용기
— 독서 교육과 리터러시

읽기가 중요할까?
듣기가 중요할까?

메타버스세대들의 의사소통에서 말하기가 중요할까, 듣기가 더 중요할까? 상상력을 확장하는 가장 쉬운 방법이 잘 듣는 것이라면 당연히 듣기가 더 중요한 시대일까?

프랑스에서는 벌써 2005년에 '구술 문화매개의 의의와 방법론에 관한 학회-구술성口述性을 이야기합시다(Chemins d'accès: Parlons oralité)'를 열어 읽기와 쓰기 중심의 독서 교육에서 읽기와 듣기 중심의 독서 교육으로 패러다임의 전환을 준비하고 있었다. 무엇보다 고전과 전통문학을 중심으로 진행한 교육이 눈길을 끈다. 어쩌면 메타버스세대의 독서 교육은 유대인들이《탈무드》를 교과서로 매일매일 끝이 없는 책 읽기와 토론을 이어나가는 것처럼 길고 지루한 고전 읽기가 아이들 독서 교육의 중심이

• '구술성을 이야기합시다' 학회 프로그램의 주요 내용[14]

발표자	소속	프로그램	내용
세실 베커 Cécile Becker	기메 박물관	작품을 말하기 (Dire l'objet)	기메 박물관의 작품 관련 동화 구연 프로그램 및 전문 도슨트들과의 협력 관계 발표. 특히 세실 베커는 동양의 동화 구연 전통의 특징을 소개하면서 '호랑이 담배 먹던 시절에'라는 한국의 예를 소개
자크린 위르쉬 Jacqueline Ursch	알프스 드 오뜨 프로방스 지방의 고문서 아카이브	고문서를 말하기 (Dire l'archive)	고문서에 대한 대중의 접근을 용이하게 하기 위해 연극배우 및 불어 교사들과의 연계를 통해 기획하였던 여러 행사들을 소개(예를 들어, 18세기 남편을 살해한 누명을 쓰고 사형 당한 무고한 18세 어린 신부에 대한 사건과 관련, 그녀를 모함하기 위해 동원된 당대의 독약 제조법이 담긴 고문서 자료들을 연극배우 및 낭송가들과 함께 극 형식으로 재구성한 프로그램 등)
크리스티앙 스키아레티 Christian Schiaretti	빌뢰르반 국립대중극장	연극 활동 사례 및 신체 행위 자체의 시적 상징성	대사의 암기와 발성 훈련 등이 요구되는 연극 활동이 언어교육의 새로운 방법을 제공할 수 있다는 점과 신체 행위 자체가 일종의 시적 언어가 될 수 있다는 점을 강조하며 1차적인 언어 학습을 넘어선 다각도의 언어 훈련이 가능할 수 있다는 견해 피력
에블린 세뱅 Evelyne Cévin	국립어린이 도서센터	책을 통한 기쁨 (La Joie par les livres)	책을 소리 내어 읽고 듣는 낭독과 토론 행사를 통해 도서관이 더 이상 숨 막히는 정적이 감도는 죽은 공간이 아닌 생기로 가득 찬 지식 전달의 보고가 되어야 한다고 주장.
아비 파트릭스 Abbi Patrix	메종 뒤 꽁트	동화 구연 사례	학급 내 동화 구연의 경험
프랄린 게이-파라 Praline Gay-Para	동화구연가	동화 구연 사례	파리 외곽 노동자촌에서의 동화 구연 경험

되어야 할지도 모른다.

　그런 반면 2021년 현재 사회는 유튜브의 북튜브와 오디오북이 독서의 대세가 되어가며 듣기 중심으로 독서 활동이 편중되기 시작했을 뿐만 아니라 카톡과 문자 메시지 같은 문자 중심의 의사소통은 구술 대화를 점점 더 어렵게 만들어 콜포비아[CALLPhobia] 현상이라는 대화 단절 현상까지 낳고 있다. 이제 인간은 인간보다 AI 기계와 더 많은 대화를 한다. 시리와 알렉사는 물론이고 '모여봐요, 동물의 숲' 같은 디지털 메타버스 내 동물들의 파괴된 지껄임(?) (동물의 소리도, 인간의 언어도 아닌 기계가 내는 특별한 디지털 소음이라고 해야 할까?) 같은 불통의 언어들이 난무한다. 메타버스세대 아이들에게 독서 교육을 통해 인간의 언어로 읽고 듣고 말하는 연습이야말로 중요한 교육이다. 그래서 고전을 중심으로 진행된 '구술성' 중심의 독서 교육이 시사하는 바는 매우 크다고 할 수 있다.

　인간은 침묵하고 문자 텍스트로 변환된 디지털 기계들의 일방적인 지껄임과 소음을 번개 치듯 읽어내야 하는 아이들에게 독서 교육을 통한 생각의 틈 만들기와 말하고 듣는 연습을 재교육하는 것은 매우 중요한 교육과정이다. 태초에 세상이 만들어질 때도 한 소리가 있었고 그 파동은 우주의 근원이자 인간의

---

14 박지은, "말하기 VS 읽기 – 프랑스국립도서관 구술문화매개학회와 몽트뢰이의 어린이도서전을 찾아서", 한국문화예술교육진흥원 자료실, 2005. 12. 26. 리포트 요약. https://arte365.kr/?p=4095

근원이었다. 언어가 거세된 인간은 이미 인간 존재의 근원과 닿을 수 없다.

한 권의 책에 의해 형성된 세계관은
새로운 차원의 시대를 낳는다

2007년 8월에 '행복한 책과 사유─독서 교육 다시 생각하기'라는 주제로 대전 지역 교사 직무연수를 진행했다. 첫날 특강에서 한길사 김언호 대표님이 책과 세계관에 대해 나눠준 말씀은 아직도 여전히 내 가슴을 벅차게 한다.

"한 권의 책에 의해 형성된 세계관은 새로운 차원의 시대를 낳는다. 《로마인 이야기》에서 우리가 배울 수 있는 것은 무엇보다도 열린 세계관 또는 열어놓고 사는 삶이다. 고대로마 문명이 실험하고 성취해낸 '개방주의'야말로 오늘 우리 국가 사회와 한국인 공동체가 취하고 지향해야 할 삶의 방식과 자세라고 할 것이다. 세계를 향해 스스로를 열어놓는 '용기'야말로 이 글로벌 시대에 확보해야 할 전략적 덕목이다. 세계와 더불어 사는 자세, 이웃과 함께 걸어감이 우리 자신을 더욱 키울 것이다. 진정한 리더십이란 선택을 강요하는 것이 아니라 스스로 선택하도록 한다."[15]

오랜 역사 기간 동안 문화와 예술을 기록해온 책과 그것을 읽고 사유하는 사람의 존재가 얼마나 중요한가를 다시 한 번 생각하게 해준다. 인간소외가 중요 이슈로 논해지는 21세기 디지털 문화 인류인 메타버스세대들이 꼭 공유해야 할 사유가 아닐까. 상품자본주의의 사고에 갇힌 닫힌 데이터 정책이 아니라 열린 데이터 정책을 기반으로 수평적으로 함께 상생하는 민주적인 사회를 만들어가는 카이사르처럼 대범한 용기를 가진 글로벌 IT 기업 리더의 출현 또한 오로지 교육이 선취할 수 있는 영역이다. 독서 교육의 중요성은 함께 사는 세상을 위한 자기 선택과 결정이라는 지혜를 증득하는 지름길이기 때문이다. 하나의 세계에 갇힌 우리를 더 큰 세계로 확장시키는 혁신적 파워가 바로 책에 있다.

리터러시 교육과
동네 서점의 역할

책을 제대로 선택하고 읽는 것이야말로 메타버스시대의 핵심 교과목이 될지도 모른다. 우리의 생각을 구성하는 사유의 근원이 그곳에 있기 때문이다. 읽고 쓰고 비평하는 독서 활동의 과정에서 자유로운 상상을 자율적으로 추구하며 사물들을 관찰할 수

15　2007년 8월 대전문화예술교연구회 교사 직무연수 〈행복한 책과 사유〉 특강 기록 노트

있는 능력이야말로 주목할 가치가 있다. 현실 세계에서 자신의 관심사를 중심으로 사물들의 기초적인 '이론적' 관계를 찾아갈 수 있기 때문이다. 아이들은 제도권 교육과 상업적 디지털 메타버스의 영향권 아래에 있지만 독서 활동을 통해 그것에 휘둘리지 않고 자기 힘으로 인격을 갈고 닦는 결정적 단계 중 하나를 완성하게 된다. 이 단계의 본질은 실질적 관심사와 욕망을 감각적인 단계로 소비하지 않고 스스로 완성하는 지식 생산 과정이다. 아이들 스스로가 지식의 생산자가 될 수 있는 것이다.

메타버스의 디지털 정보화 시대에는 미디어 리터러시는 물론 디지털 리터러시도 강조된다. 독서를 통한 리터러시 교육은 제대로 기능하고 있는지 반문해야 한다. 독서 교육도, 리터러시 교육도 그냥 유익하다는 막연한 생각이 있을 뿐이다. 책은 저자의 세계관은 물론 삶의 양식이 담긴 하나의 제안이다. 그렇기에 독서 교육은 아이들의 삶과 목표를 통째로 바꿀 수 있는 거대 프로젝트 교육이 될 수 있는 것이다. AI가 머신 딥 러닝으로 인간의 지식을 대신하는 메타버스시대에 독서 교육은 식량과 환경 교육처럼 인류의 진화와 생존을 거머쥔 중대한 교육이 될 것이다.

이와 더불어 동네 서점의 유행은 단순히 책을 파는 곳이 아니라 사람들의 생활을 제안하고 디자인해나가는 곳이라는 인식을 확대시켰다. 도서관이나 학교를 중심으로 진행되던 독서 교육을 일반 서점까지 더 크게 범주화시켜야 한다. 이제 단순히 읽고 쓰기에 집중하던 독서 교육의 범주 자체가 일본 츠타야서점[篇]

屋書店처럼 라이프스타일을 제안하고 사람들의 일상과 생각을 변화시켜가며 촉진하는 시대가 도래했다. 책방이 곧 학교인 것이다. 뿐만 아니라 아마존과 같은 플랫폼 기업의 앱 또한 하나의 도서관이며 유튜브 또한 세계인의 도서관이다.

이에 책 중심의 지식 정보는 이제 개인 미디어가 생산하는 영상 콘텐츠까지 어마어마하게 방대해졌다. 책을 많이 보는 것이 중요한 것이 아니라 '어떤 책을 보는가'가 더 중요해진 시대인 것이다. 이때 교사들의 역할도 '지식을 가르치는 자'에서 '정보를 큐레이션 해주는 자'로 다시 정의된다. 유튜브에서 많이 활동하고 있는 북큐레이터나 북튜버들은 교사와 다를 바 없는 사회적 권위와 지위를 가지게 된다. 북큐레이션 자체가 사회와 인류의 수준이 되기 때문이다. '어떤 책을 읽느냐'는 그 사람의 세계관을 형성하고 가치 기준을 만들며 세계를 구성하기에 무척이나 중요한 일이다.

지식 정보 큐레이션과
교육 플랫폼

유튜브는 교육 플랫폼의 기능을 하며 이미 전 세계 전 연령대의 학교가 된 지 오래다. 다양한 전문 분야의 유튜버들은 질문을 던지기도 하고 자신들의 전문성을 영상으로 나눠주기도 한다. 다만 시청자들이 골라서 클릭만 하면 된다. 이를테면 학습자

맞춤 수업인 것이다. 하지만 정보가 많아도 너무 많다. 이는 교사의 역할에 대한 새로운 아이디어를 촉구한다.

　교사는 지식 정보 큐레이터가 되어야 하고, 큐레이션을 잘하는 교사가 바로 유능한 교사로 촉망받게 될 것이다. 현재 20만 명의 구독자를 가지고 있는 '뉴닉'과 같은 지식 큐레이션 배달 서비스가 핫한 비즈니스로 자리 잡았다는 것은 교사의 지식 큐레이터로서의 역할에 대한 많은 시사점을 안겨준다고 할 수 있다. 컴퓨터 기반 학습과 학생 중심 기술이 파괴적 변혁을 가져올 것이라는 하버드대학교 크리스탠슨 교수 팀의 연구 결과가 맞았다. 이제 '무엇을 가르칠 것인가'가 문제가 아니라 '어떤 콘텐츠를 골라 배우도록 할 것인가'가 더 중요해졌다는 말이다.

　앞으로는 교사들의 연대와 학부모, 학생이 함께 만들어가는 지식 공동체로서의 교육 플랫폼이 미래 교육에 있어서 진정성을 가질 것이다. 온라인 개학이 아닌 정상적인 등교를 한다고 해도 학생수가 20~30명 이내인 면 지역 단위 학교에서는 교사의 수급도 당연히 전문 교과별로 투입하기가 여의치 않아 교육 플랫폼은 더욱 유용한 학교의 기능을 가질 수 있다.

　현재 세계적인 교육 플랫폼은 칸아카데미^{KANACADEMY}(초·중·고 강의), 코세라^{COURSERA}(대학 강의 위주), 에드엑스^{EDX}(학사·석사 학위 취득 가능), 이코노미스트^{Economist} 1843(무료로 모든 기사 구독 가능), 유다시티^{Udacity}(인공지능 입문 강의) 이외에 아이버시티, 오픈업에드, 린다닷컴, 플랫지, 코드카데미, 데이터퀘스트, 코드스쿨 등이 있고 구글과 마이크로소프트가 교육 플랫폼을 운영하며 전문 기술을 공유한다. 지속적인 교육 서비스를 확보하기 위해서 개별 기업의 플랫폼이 아닌 글로벌 표준 플랫폼을 구축하는 것도 세계가 함께 고민해야 할 중요한 과제다. 뿐만 아니라 여러 학교들이 네트워크를 형성하여 교사들의 공동 작업으로 수업 수준을 더욱 끌어올릴 수도 있으며 전문 교과의 새로운 지식 생산을 도모할 수도 있다.

지혜! 아이들의 자기 주도적 선택과 결정이 메타버스세대의 강력한 교육목표가 될 수밖에 없는 또 하나의 이유다! 현실 세계에서 책을 선택하고 스스로 상상하고 사유하는 존재로 성장할 것인가? 디지털 메타버스의 아바타를 선택하여 제한된 타자의 상상력에 갇혀 기계적이고 습관적인 존재로 살아갈 것인가? 모두 자기 선택의 문제, 바로 지혜의 문제다.

글로벌한 교육 플랫폼이 상존하고 메타버스를 통한 새로운 에듀테크 교육이 시도된다고 해도 결국 진정한 교육과 성장이란 학습자 자신의 자발적인 선택과 결정을 통한 학습 행위에서 촉발된다는 점은 구석기시대 아이들부터 시작된 교육의 클래식이자 진리다.

만물의 이치와 사람 된 도리를 알라
― 몸과 마음 수련

비 오는 토요일에는
뇌 과학 책을

비 오는 토요일은 게으르게 책 읽기 딱 좋다. 하지만 오늘은 게으르게 책을 읽기에는 원고 마감이 너무나 촉박하다. 그럼에도 불구하고 스트레스를 받아가며 하루 온종일 300쪽에 달하는 샌드라Sandra Blakeslee와 매슈 블레이크슬리Matthew Blakeslee의《뇌 속의 신체 지도The body has a mind of its own》를 읽었다. 왜냐고? 결국 우리 삶을 성장시키는 것은 '새로운 언어와 새로운 단어'라고 심리학자이자 인지신경학자인 리사 펠드먼 배럿Lisa Feldman Barrett이 말하지 않았던가.

메타버스세대들에게 몸과 운동과 명상과 에너지 운용법이 중요한 것은 막연하게 알 것 같은데, 그것을 논리적이고 구체적인 언어로 말할 수 없고, 쓸 수 없는 답답함에 커피를 들고 거실을 서성거리다 우리 뇌 속의 난쟁이 '호문쿨루스Homunculus'와 맞닥뜨린 것이다. 연금술이 아닌 운동 중 두뇌 활동으로 만들어진 '운동 호문쿨루스'는 손이 몸통의 5배쯤 커진다. 문득 4차 산업혁명의 디지털 정보화 시대를 살아가는 인간의 모습과 똑같다는 생각이 들었다.

현재 인류는 외형적인 모습은 일반적인 호모사피엔스의 신체 균형감을 가지고 있지만 행동(움직임, 운동, 신체의 쓰임 등등을 통칭해서)을 따라가 보면 가장 많이 쓰이는 것이 손, 두뇌, 언어 순서쯤일까? 요즘에는 대화도 음성언어를 쓰지 않고 손가락을 통해서 문자 텍스트를 주고받는 것이 일상적이다. 먹는 입과 자판을 두드리거나 VR 콘솔을 움직이는 손가락만 있으면 모든 것이 해결된다. 기초생활비 수급을 받으면서 배달 앱이 깔린 스마트폰 한 대만 있으면 집콕 하면서도 목숨은 이어나갈 수 있는 구조다.

영화 속 외계인 'ET'는 어쩌면 AI의 노동력 대체로 육체노동을 하지 않으면서 자판을 두드리며 죽지 않는 영생의 삶을 누리는 미래 인류의 모습과 너무 닮았다. 현재의 관점에서는 신체의 불균형으로 우아하게 건강해 보이지는 않는다. 하지만 메타버스시대에 아바타로서의 세컨드 라이프가 일반화된다면 이야기는 달라진다. 마치 우리는 힌두교인들이 인간은 전생과 이생을 오가며 다양한 모습으로 환생하며 윤회한다고 했던 것처럼 가상현실 속에서도 다양한 모습의 아바타, 심지어 삼각형이라는 도형의 모습으로 수식의 메타버스 안에서 살아갈 수도 있기 때문이다. 그런 변화는 다양한 감각의 변화를 동반하게 된다.

《뇌 속의 신체 지도》 책에서 소개되고 있는 재런 러니어의 이야기는 우리가 몸이나 신체, 운동이나 건강이라고 말하던 많은 상식들을 다시 생각하게 한다. 재런 러니어는 가상현실을 처음으로 고안하고 상용화한 인물로 VR의 아버지답게 자신도 다리가 6개 달린 가재 아바타가 되어보기도 하면서 가상현실 속에서의 '운동 또는 신체 움직임'에 대해 연구한다. 학생들이 가상현실 속에서 2차원의 삼각형부터 3차원의 티라노사우루스까지 다양한 정체성으로 움직이며 신체 감각의 변화를 더 민감하게 재어할 수 있다는 것이다.

체육 시간을 통해 매달리기, 달리기, 팔굽혀펴기 등의 운동으로 체력을 단련하고 근육을 키워오던 아이들이 가상현실 아바타의 모양과 구조에 따라 가나인들의 춤처럼 한 번에 8개 부분의 관절을 동시에 움직이는 경지에 도달할 수 있을까? 단순히 관절을 구체적으로 다양하게 움직이는 것만이 운동의 목표일까? 피에르 쿠베르탱Pierre de Coubertin이 내세운 '스포츠에 의한 인간의 완성과 경기를 통한 국제 평화의 증진'이라는 근대 올림픽 정신만 보아도 운동과 신체 움직임이란 단순히 근육을 강화시키는 것에만 그치는 활동이 아니다.

손은
인지 발달의 초점이다

미국 스탠퍼드대학교의 임상신경의학과 교수 프랭크 R 윌슨은 문화이론적, 진화론적인 분석을 통해 인간의 정신 능력 또는 인식 능력이 육체적 바탕에서 길러진다는 결론을 내렸다. 윌슨에 따르면 손은 일종의 인지 발달의 초점이다. 보여주고, 거부하고, 도구를 만들고, 제스처를 취하고, 가리키고 설명하는 손짓들이야말로 오랜 역사와 문화사적인 과정을 거치면서 여기에 어울리는 두뇌 형성을 할 수 있게 되었다는 것이다.

아이들을 관찰해보면 그림 그리기, 놀이, 이야기 듣기 등을 통해 특정 행위를 반복한다. 한국의 전통적인 아이 어르기 활동인 단동십훈檀童+訓과 같은 전통적인 육아 교육도 '도리도리', '곤지곤지', '지암지암(잼잼)', '짝자쿵(작작궁)' 등 손뼉을 치거나 주먹을 쥐었다 폈다 하는 손동작을 함께하며 아기의 운동 기능과 뇌신경 발달을 돕고 소근육의 발달을 촉진시킨다.

그와 더불어 엄마나 어른들이 아이에게 운율을 넣어 반복해서 불러주는 주문에는 다양한 기도가 들어 있다. 입과 손이 어린아이의 발달에 가장 기초가 되는 과학적 이치를 우리 조상들은 이미 알고 전통 교육을 만들어왔던 것이다. 단동십훈과 같은 감각 운동은 육체적인 신체 기관의 형성뿐 아니라 부모가 아이와 눈을 마주치며 다정하고 감각적인 어루만짐을 하게 된다는 점에서 매우 교육적이다.

EBS에서 유치원생들을 대상으로 진행한 교육 실험에서 단동십훈의 전통 육아법에 의해 키워진 아이들의 지능이 다른 유치원 아이들의 지능보다 4년이나 앞서간다는 것을 확인한 바 있다.[16] 포유동물인 인간은 엄마의 품에 안겨 엄마와 눈을 마주치고 엄마의 어루만지는 따뜻한 손길을 느끼며 뇌를 발달시켜왔다. 신체 접촉을 통한 다정한 어루만짐은 아이를 잘 먹이고 좋은 환경에서 예술적인 놀이를 통해 인지능력과 정서 능력을 키워가는 것 이상으로 중요하다. 그 단순한 어루만짐만으로 아이는 엄마의 사랑과 존재의 충만함에 몰입하고 안정된 자존감으로 든든한 인격을 형성해나간다.

신체 움직임과 몸은 이렇듯 인지 발달에 중요한 요소로 우리 두뇌에 이미 신체의 지도가 그려져 있다는 것은 교육에 있어서 신체 활동의 중요성을 이야기해준다고 할 수 있다. 이제 메타버스세대 아이들은 직접적인 신체 활동과 실제 관계 속에서의 어루만짐이 아닌 가상의 아바타로서 관계하고 존재에 몰입하게 된다. 가상현실에서의 몰입은 실제 관계 속에서의 어루만짐과 눈 마주침의 몰입과는 또 다른 결과를 낳게 된다.

---

16 "오래된 미래 전통 육아의 비밀", 〈EBS 다큐프라임〉, EBS, 2012. 5. 3. 방영 참조.

몸과 마음의
수련의 시대로의 전환

가상현실 이전 단계라고 할 수 있는 닌텐도의 위[wii]는 놀이 본능이 뇌의 신체 지도에 주입되어 몇 분만 게임을 해도 화면의 환각이 압도적이어서 과도하게 열중하게 만든다. 그야말로 땀 흘리는 운동이 되는 것이다. 게임에서 사용자는 진짜로 라켓을 휘두르는 기분을 느끼며 운동에 광적으로 몰입한다. 이런 광적 몰입은 나의 어린 시절에도 있었다. 바로 집에서 키우던 닭을 아버지가 샘가에서 배를 가르고 내장을 정리하던 일종의 해부학 시간의 몰입이었다. 아버지가 닭을 손질하던 그 시간은 모든 시간을 마치 '찰라'처럼 집중시키는 대단한 몰입감을 만들어냈다. 동물 해부학 책이 아닌 식량 마련을 위한 닭고기 손질이 내게는 더욱 확실한 생체 학습이었던 것이다.

인간의 두뇌는 거울 뉴런을 통해 스펀지처럼 문화를 흡수한다고 한다. 아이들은 부모들이 행하는 일상의 삶의 기술들(문화의 총체)을 보고 따라하는 행동을 통해 더 빨리 세상의 지식을 학습한다. 부모의 라이프스타일이 아이의 미래가 되는 이유이기도 하다. 닌텐도 콘솔을 통해 이루어지는 몰입과 부모를 통해 실생활에서 이루어지는 몰입은 똑같은 운동 효과와 학습 효과를 낳는다고 해도 질적으로 다르다. 닌텐도는 아이를 칭찬하거나 아이와 눈을 마주치고 장난을 걸어오지 않는다. 포유동물의 두뇌를 성장시키고 학습 능력을 키워주는 어루만짐과 눈 마주침이 없는 것이다. 부모가 아이를 붙잡고 단동십훈을 불러주며 무의식에 각인시켜주는 사람됨의 철학과 자존적 우주관이 없는 것이다. 인간됨의 부재다.

아이들이 메타버스 디지털 공간에서의 관계와 행복이 실생활의 관계와 행복보다 더 중요해졌을 때 인류의 역사는 어떻게 변화하게 될까? 가상현실이 일반적이 된 세상에 대해 가상현실이란 용어를 처음으로 만들어 사용한 재런 러니어는 낙관적이다. 재런 러니어가 낙관적인 이유를 나는 안다. 왜냐하면 그는 단순한 과학자가 아니라 철학자이자 새로운 세상을 만들어내는 혁신적 발명가이기 때문이다. 그는 가상현실 속에서도 자신과 세상을 통제할 수 있는 이미 깨어 있는 존재다. 이를테면 불교의 관자재보살觀自在菩薩처럼 자신과 자신이 속한 세계를 스스로 통제할 수 있는 능력이 있다. 그래서 그는 낙천적인 히피 과학자로 자신의 실험에 몰입하며 발이 6개 달린 가재로 변신한 아바타라 할지라도 즐겁게 모험을 즐길 수 있는 것이다.

문제는 아이들이다. 디지털 사회의 통제 시스템 안에서 오토마타나 꼭두각시처럼 무기력한 존재로 노예적 삶을 살아갈지도 모를 디스토피아 시대에 직면한 우리 아이들의 문제다. 의식이 깨어나려면 몸이 먼저 깨어나야 한다. 우리가 메타버스세대 아이들을 행복하게 키우고 싶다면 시스템에 동화되고 무기력한 존재가 아니라, 시스템을 주도적으로 만들고 협력하며 통제할 수 있는 각성된 존재로 키워야 한다.

하지만 현실은 가정도, 학교도 무력하다. 문제는 현대의 디지털 과학기술이 게임, 에듀테크, 영상 등 돈이 되는 문화 상품으로써의 메타버스 플랫폼으로 아이들의 정신은 물론 신체에 이르기까지 일상의 라이프스타일을 자본의 논리로 유도하고 있다는 것이다. 현대의 핵심적인 과학기술을 만들어낸 래리 페이지나 빌 게이츠, 일론 머스크와 같은 글로벌 IT 기업 리더들은 미래 사회의 변화에 대해 긍정적이다. 그들은 단순한 엔지니어나 과학자가 아닌 통찰력을 지닌 초경험적 수준의 전문가 마스터들이라고도 할 수 있다. 왜냐하면 그들의 상상력은 이미 저 너머를 보고 있기 때문이다.

재런 러니어의 가상현실 콘셉트는 중국의 고전 〈서유기〉의 한 대목인 '부처 손바닥'과 '여의봉' 콘셉트에도 잘 나타나 있다. 메타적 세계란 결국 마하반야摩訶般若의 일체유심조一切唯心造의 우주관과도 대동소이하다. 메타버스세대에게 있어 교육은 이제 단순한 배움이 아니라 깨어 있는 전인적 인간을 양성하기 위한 조건의 관점으로 변화되어야 한다. 몸의 변화가 생각을 변화시킨다. 체력 단련이 우선 목표였던 체육 시간과 운동의 목표가 수정되어야 한다.

호문쿨루스의 커다란 손가락과 커다란 입은 결국 호모사피엔스의 두뇌다. 몸을 단련한다는 것은 결국 정신과 두뇌의 기량을 키운다는 것이고, 전통적인 동양의 무예와 무술은 이미 단순히 몸을 신체가 아닌 우주의 근본 작용을 몸으로 실현하는 하나의 수행적 관점으로 수련하며 전통을 이어왔다. 이제 다시 근대적 체조의 시대에서 수행적 관점의 몸과 마음의 수련의 시대로의 전환을 AI가 맹렬히 달리는 메타버스시대는 요구하고 있다.

태극이란 무극에서 생겨나는 것으로 음양의 어머니다

사람의 행동과 지각은 긴밀히 결합되어 걷기만 해도 새로운 영감이 떠오르고, 새로운 운동 기술을 익히면 아예 세상이 다르게 보인다고 한다. 《뇌 속의 신체 지도》의 저자인 샌드라 블레이트슬리에 의하면 몸이 근육을 동원해 무엇을 배웠느냐에 따라 세계를 지도화하는데, 지도화 방식에 따라 세계를 보는 방식이 영향을 받기 때문이라고 한다. 같은 행동을 전과는 다르게 이해하는 것이다. 바로 이렇듯 몸과 마음의 의도를 하나의 에너지로 통합하는 신체 훈련 중 대표적인 수련법이자 무예가 태극권이다. 타이치 라이프^{Taichi Life}의 《전통진가태극권》에서는 태극권은 자연을 회복하고 이를 활용하는 방법을 말하고, 태극권 수련을 통해 세계를 보는 방식이 변화한 상태를 '환골탈태^{換骨奪胎}'라고 설명하고 있다.

"태는 화나 슬픔이라는 어느 한 상태를 말하는 것이 아니라 상황에 따라 변하지 못하는 고집스러운 상태 자체를 의미합니다. 따라서 환골탈태한 사람은 '자신을 통제하지 못하고 상황과 조화를 이루지 못하여 화내고 울었던 고집스런 상태에서 벗어난 사람'이 됩니다. 이제 이들은 상황에 따라 화를 낼 줄도 알고 안 낼 줄도 알고, 눈물을 흘릴 줄도 알게 된 것입니다. 상황에 적절하면 선이고 적절하지 못하면 악입니다. 진정으로 환골탈태를 이루었다면 '고집'으로부터 벗어나 감정과 생각을 다룰 수 있게 됩니다. '자기중심의 주장'이 없어져 상황과 조화를 이루는 적절함을 얻게 된 것입니다."[17]

이 책에서 소개하는 '투로套路'와 '추수推手' 두 가지 수련 방법은 신체 수련을 통해 심신을 닦을 수 있는 메타버스세대의 미래지향적 교육 코드를 담고 있다.

가상과 현실 세계를 오고 간다는 것은 결국 너와 나라는 또 다른 본질적인 세계를 오가는 것과 같다고 할 수 있다. 자기를 고집하거나 상대에게 휘둘리는 것 모두 심신의 불균형을 초래하기에 투로와 추수의 지속적인 수련은 마치 종교적인 수행과도 같은 심신의 밸런스를 찾게 해주는 효과를 기대할 수 있다. 단, 기도가 그렇듯 꾸준해야 하고 절실해야 하고 그냥 무조건 밥 먹듯이 수련에 임할 때 고집스런 무의식 영역까지 뚫고 들어가 새

---

17 타이치 라이프, 무호 외 엮음, 《전통진가태극권》, 도서출판 밝은빛, 2020

• 밝은빛 태극권의 수련 방법

투로	정해진 동작을 반복적으로 수련한다.	태극 음양의 도리를 실현할 수 있는 몸을 구성
		인체 내부의 에너지의 운용을 익힌다.
		자기를 아는 공부, 체(體)를 단련하는 법
		생각하는 법에 대한 훈련
		자기 관찰/의(意)가 안에 있다.
추수	상대와 손을 맞붙여서 수련한다.	응물자연 할 수 있는 감응의 능력 배양
		'상대'라는 실제 상황에 응하여 중정을 익힌다.
		남을 아는 공부, 용(用)을 단련하는 법
		생각하지 않는 법에 대한 훈련
		상황(타인) 관찰/의(意)가 밖에 있다.

로운 사고와 삶의 변화를 기대할 수 있다.

불교의 화두처럼 집중적으로 수행하고 결국 한 생각의 근원을 뚫고 견성하는 것과 같은 이치일까? 아니, 세상 모든 공부의 보편적인 이치일 것 같다. '그냥 꾸준히 한다.' 그리고 변화한다. 부모가 변하면 아이는 따라서 변한다. 사회가 변하면 아이들은 따라서 변한다. 그래서 좋은 교육은 세상을 변화시키는 데 가장 간편한 방법이다.

트랜스 휴머니즘이
좋아?

다른 생각을 가진 사람들도 있다. 인간의 심신 능력이 한계가 있기 때문에 아예 좋은 매뉴얼이 입력된 로봇과 인간의 혼혈을 추구하자고 주장하는 사람들이다. 과학기술을 이용해 사람의 정신적·육체적 성질 및 능력을 개선하려는 정치적 극단주의인 트랜스휴머니즘^{TransHumanism}은 마약으로 새로운 의식 단계를 실험하고 무정부주의 성향인 티머시 리리^{Timothy Leary}같은 사상가의 영향을 받았다.

재런 러니어의 '가상현실' 용어와 개념도 환각과 밀접한 관계가 있어 보인다. 측두엽 우측 모이랑^{right angular gyrus}에 전극 자극을 주는 뇌 과학의 유체 이탈 실험과 같은 환상이나 환각의 결과 또한 가상현실에 대한 호기심을 자극하지 않았을까. '환상과 환각이 불러일으키는 가상의 현실을 마치 현실처럼 살아본다면? 환각제에 의한 도취 상태가 현실이 된다면?' 이런 상상과 판타지 시나리오를 먼저 썼던 것은 아닐까.

물리학자 미치오 카쿠는 그의 저서 《인류의 미래^{Other Minds}》에서 '인공두뇌^{Cybernetics}와 유전자 조작을 통해 외계에서 생존 가능한 인간이 언젠가 탄생할 것'이라고 전망한다. 그런데 로봇과의 혼혈을 통한 존재가 진정 새로울까? 똑같은 생각의 데이터가 입력된 로보틱스를 새로운 인간으로 규정할 수 있나? 심신의 변화가 새로운 에너지 형태로 바뀌지 않는다면 인간은 변화된 존재라고 할 수 없다. 인간은 스스로 수행과 수련을 통해 깨인 존재로 새로워질 수 있다. 적어도 미치오 카쿠가 전망하는 폭망한 지구의 시나리오가 아니라 꽃피고 새 우는 천국과 같은 삶에 깨어 자기를 보고, 상대를 알아 서로 협력하며 살아가는 실천하는 삶을 선택할 수 있는 지혜로운 사람으로 성장할 수 있다. 그게 바로 수행적 교육의 효능이다.

인간의 아이들은 모두 좋은 교육을 통해 변화될 수 있고, 공동의 목표를 위해 함께 수련하는 공동체를 이루어 살아갈 수 있다.《주역》에서도 모든 것이 그때그때 상황에 따라 음으로 양으로 변하는 것이 세상의 이치라고 했다. 그중 인간의 아이들은 진짜 쉽게 변한다. 과학기술만이 인류의 모든 정답일 수는 없다. Z세대 아이들이 놀이와 쾌락을 행복으로 착각하지 않고, 가상현실 세계가 만들어놓은 동물의 숲을 낙원으로 믿지 않고, 아바타와 자신의 경계와 차이를 분명히 깨인 의식으로 인지하고 통제하며 스스로의 선택과 결정에 의한 세계로 나아갈 수 있도록, 단순한 신체 단련의 운동이 아닌 심신 수련의 밸런스를 포함한 '관자재觀自在'한 교육이 메타버스세대의 교육적 대안이 되어야한다.

감각은 구현된 자아와 관계를 맺지 못하면 아무런 의미가 없다. 현실 세계나 메타버스 세계 모두 마찬가지다. 우리가 어느 세계에 속해 있든 자신의 감각을 스스로 제어하고 통제할 수 있는 능력을 키우는 심신 수련과 명상과 같은 영성교육이 체육 수업처럼 학교 필수과목이 되어야 할 시점이다.

무엇을 어떻게 먹는가?
─ 환경, 식량, 경제

먹는다는
것

미래 사회를 전망하는 틀은 결국 '의식주를 어떤 방식으로 해결할 것인가'로 귀결된다. 환경, 경제, 식량, 부동산, 교통, 산업 등등의 변화에 따라 우리 삶의 기본이 되는 의식주 생활 방식도 변한다. 이중 식생활의 변화는 곧 인류의 변화를 말해준다. 인간이라는 생명체의 분자구조가 달라지는 일이기 때문이다. 로보틱스 기술로 인간과 로봇의 혼혈체가 나오기 전에 이미 우리는 식품에 의한 새로운 변종이 되어 있는지도 모를 일이다. 옛날 어른들이 '먹지 않아도 배부르다'고 하신 말씀이 결코 거짓말이 아니었음을 메타버스가 또 하나의 생활공간이 되고 있는 Z세대 아이들은 더욱 더 실감하고 있을 것이다.

메타버스세대들에게 먹는다는 것은 어떤 의미일까? 문득

PC방에서 떡볶이와 라면과 삼각김밥 등 간편식을 컴퓨터 책상 위에 놓고 게임에 몰입해 있는 아이들이 그려진다. 메타버스가 제2의 삶의 현장이 될지도 모를 아이들에게 있어서 어쩌면 식사란 그런 것일 거다. 혼자서 모니터를 보면서 '먹거나' 오큘러스 퀘스트 같은 VR 기기를 장착하고 '먹는다는 행위'를 하거나 식사의 방식이 완전히 달라질 것이다. 물론 지금처럼 가족들과 함께 식사를 하는 경우도 있겠지만 그 식사가 식탁에 닿기 전에 요리로 만들어지는 방식이 또한 달라질 것이다.

배달 앱으로 달려오는 식사가 있고, 로봇 요리사가 조리한 식사가 있고, 밀키트로 간편하게 일품요리를 만들어서 올린 식사와 3D 프린터로 만들어진 식사가 있을 수도 있다. 아니면 스콧 니어링Scott Nearing과 헬렌 니어링Helen Nearing 처럼 조리의 과정을 생략하고 바로 씻어서 깨물어 먹는 자급자족 비건 생식도 있을 수 있다. 지구온난화에 이은 환경문제로 ICT 기술을 접목한 플랜티 언리미티드Plenty Unlimited 와 에어로 팜스Aero-farms, 농업용 로봇을 이용한 아이언 옥스Iron Ox 등의 스마트 팜에서 재배한 야채들과 비욘드 미트Beyond Meat와 같은 회사에서 생산하는 식물성 고기는 물론 배양육도 식탁에 음식으로 올려 질 것이다.

그런가 하면 음식이 가졌던 기능도 달라진다. 음식은 단순히 먹는 것이 아니라 즐기는 하나의 오락거리가 되기도 한다. 코로나19로 집콕 생활이 길어지면서 사람들은 집밥 생활에 집중하게 되었고, 삼시 세끼 늘 먹던 음식에 지치기 시작했다. 여기서 요리 놀이와 요리 교육이 SNS 등으로 사람들과 공유되기 시작하면서 하나의 '요리 맛 여행'이라는 문화적 패턴을 만들어내기 시작했다. BTS 등 한류 열풍을 타고 매운맛 한국식 소스는 2020년에 미국 수출이 26% 급증하기도 했다. 동양의 전통 요리 밀키트가 서양에서 인기를 누리는 것도 이제 음식이 단순한 식량의 차원이 아닌 엔터테인먼트로 변화하고 있음을 이야기해준다.

유튜브의 먹방 TV의 인기는 이미 이런 상황을 예고하는 신호탄이었다고 할 수 있다. 음식을 내가 직접 입으로 먹지 않고 눈으로 본다는 것은 상상할 수 없는 방식이었다. 배는 무엇으로 채우냐고? 우리에게는 수를 헤아릴 수도 없는 헬스케어 비타민제가 가득하다. 기존의 식사 예절이 윤리 교과서에 나오던 시절은 정말 옛날이야기가 되고 말았다. TV나 유튜브 채널 같은 요리 방송도 음식의 맛보다는 건강에 더 방점을 두어 연출된다는 점 또한 시대의 변화를 실감하게 한다. 어디 그뿐인가. 이제 식품산업에 반려동물 식품들이 함께 추가되어 박차를 가하고 있다.

이제까지 나눈 이야기는 시작에 불과하다. 이제는 아예 먹는 주체가 달라지는 시대가 되었다. 메타버스에서 나는 단지 손가락만 움직이고 먹는 것은 아바타가 대신한다. 폴짝거리며 치킨집을 다녀온 나는 곧 먹지 않아도 배부른 상태가 된다. 메타버스세대의 음식이란 맛이 아니라 색감과 배치가 예술적인 플레이팅plaiting과 사진 이미지로 대체된다. 3D 프린터로 출력된 음식도 맛보다 비주얼 그리고 맛에 대한 호기심이 그 핵심을 이룬다.

눈으로 보는
메타버스 음식

《식품음료신문》은 코로나19 이후 새로운 식품업계 동향의
특징에 대해 다음과 같이 크게 네 가지로 보도했다.[18]

1   아시아·에티오피아·멕시코 식품 인기…한식도 주목

2   프랑스·영국 업체 김치, 비빔밥, 치킨 밀키트 등 출시

3   식재료 구입 한계·요리 간편성으로 냉동식품 수요 증가

4   레시피 온라인 서비스 파급력…게임 통한 홍보도 활발

이미 게임형 메타버스에서는 식품 기업이 특정 게임이나 게
이머를 후원하는 방식으로 식품을 광고해왔다. 펩시콜라는 15년
이상 콘솔 게임 회사 엑스박스[Xbox]와 파트너십을 이어오고 있는
데, 2020년부터는 식품 브랜드가 직접 게임 속으로 들어가는 새
로운 시도가 이루어지기도 했다. 마요네즈 브랜드 헬맨스는[Hellmann's]
닌텐도의 '동물의 숲'이라는 게임과 협업해 게임 내에 헬맨
스 농장이라는 가상의 공간을 만들어 소비자들이 헬맨스 농장에
서 게임을 즐겼다.

영국의 식품 전문지《더그로서[The Grocer]》에 따르면, 2020년 9월

---

18   "[유럽 식품 소비 동향] 요리 여행으로 세계의 맛 탐험… 이국적 식품으로 대리 만족",《식
    품음료신문》, 2021. 3. 13. 기사 참조

기준 2600만 명 이상이 동물의 숲 게임을 이용했으므로, 해당 브랜드는 자연스럽게 브랜드 인지도를 높이는 광고 효과를 얻게 된 것이다. 그런가 하면 치킨집이나 맥도날드, 카페 등 상점을 메타버스 내에 유치하여 쿠폰 등으로 현실 세계에서의 판매를 늘리는 마케팅 전략이 시도되고 있다.

이제 식품은 단순한 먹거리가 아닌 '상품'이다. 식품이 식품산업으로 불리는 순간 식품은 단순한 요리도 음식도 아닌 그저 '상품'이 된다. 하지만 식품은 여전히 인간의 삶의 조건 중 생명을 연장시키는 가장 중요한 키워드다. 먹지 않아도 배부른 상태는 두뇌의 착각이고, 그 상태가 지속되면 결국 죽는다. 바로 이 당연한 귀결점에 메타버스시대 교육에 있어서 음식이 가지는 위상이 있다.

기업의 식품 독점을
경계해야 하는 이유

음식은 몸을 이루고, 책은 생각과 마음을 만든다. 글로벌 IT 공룡 기업인 아마존은 책을 먼저 자신들의 데이터 안에 가뒀고 다음은 음식을 가두기 시작했다. 유기농 식품 유통 전문 홀푸드마켓의 인수로 아마존 식품에 대한 브랜드 이미지를 올렸음은 물론《소믈리에타임즈》는 "아플렌티Aplenty 출시를 통해 질 좋은 재료와 풍부한 맛을 전달하는 조리법으로 만든 맛있는 식품 라인을 소비자들에게 전달하고자 한다."는 아마존의 아플렌티 브랜드 런칭을 보도했다.[19] 아마존은 온라인 아마존 스토어 및 아마존 프레시 매장은 물론 자체 브랜드까지 라인업을 확대하고 있다.

현재 아마존은 해피 밸리Happy Belly 브랜드로 판매 중인 우유, 냉동 채소, 향신료와 아마존 프레시Amazon Fresh라는 이름으로 판매되는 베이킹 제품, 아마존 키친Amazon Kitchen 브랜드를 담은 간편식 등 일상 먹거리를 모두 취급한다. 그뿐 아니라 《데일리포스트》에 따르면 아마존은 워싱턴DC와 메릴랜드주 볼티모어 등에서 아마존 케어 서비스를 시작해, 올 여름에는 미국 50개 주로 확대할 계획이다.[20]

아마존 케어는 전용 모바일 앱을 통해 온라인 진료 예약과 의료 상담을 제공하며, 필요에 따라 방문 진료 및 간호도 받을 수 있다. 아마존 인디아의 경우 식품은 물론 의식주에 관련된 모든 제품과 식품 배달 앱까지 런칭하여 아직 인터넷에 가입하지 않은 인도의 6억 명 소비자를 겨냥하고 있기도 하다. 어쩌면 인류의 영육과 생로병사가 모두 아마존의 데이터로 변환되고 있는 것인지도 모른다.

하나의 기업이 식품을 독점한다는 것은 매우 위험하다. 아

19 "아마존의 새로운 프라이빗 라벨 식품 브랜드 '아플렌티(Aplenty)'", 《소믈리에타임즈》, 2021. 5. 7. 기사 참조

20 "아마존, 기업용 헬스케어 공략 본격화", 《데일리포스트》, 2021. 6. 11. 기사 참조

무리 아마존의 창업자인 제프 베이조스가 '고객 중심'의 영업 철학을 내세운다 할지라도 한 기업이 식품과 의료, 제약, 건강식품까지 독식한다는 것은 그냥 단순하게 받아들일 문제가 아닌 아주 심각한 수준의 위험일 수도 있다. 공룡과 맘모스 같은 거대동물과 고대 수메르인들의 멸종의 단서는 거대한 체구를 유지할 식량이 부족했다는 사실인 점을 감안하지 않는다고 하더라도 굶주림은 식량을 가진 자에게 당연히 권력을 양도하게 된다. 제약회사와 필팩PillPack과 같은 제약 배송업체의 인수는 아마존이 식생 관련 모든 것을 한 손에 쥐고 완전히 독식하겠다는 이야기로 해석된다. 제프 베이조스는 아마도 식품이 가지는 인류사적 의미에 대해 깊이 숙고한 듯싶다. 식품이 단순한 먹거리가 아니라 상품자본의 가장 큰 광맥인 '상품'이라는 것을 눈치 챈 것이다. 책과 음식은 정신과 신체로 다시 말할 수 있다. 인간의 심신을 장악한다는 것은 일종의 정복이다.

구독자 중심의 소비 패턴을 만들어가고 있는 현대 IT 공룡 기업들은 사람들의 라이프스타일에서 '매일 꾸준히 먹는다'라는 패턴에 주목했을 것이다. 일반적인 한 가정의 가계부 지출을 보더라도 식비가 가장 많은 지출 항목을 이루고 있을 것이다. 그 지출이 바로 소비고, 그 소비가 바로 기업의 이윤이 된다. 미래 교육에 있어서 식품은 단순한 먹거리가 아니라 '식품산업'적 관점에서 경제 교육과 함께 연계해야 함은 물론 지구온난화를 가속화하는 육류의 생산과정 등 환경 교육 또한 연계되어 진행되어야 한다. 아이들이 게임과 같은 메타버스 내에서 오랫동안 머물면서 컴퓨터 앞에서 먹는 간식이나 간편 식사 등도 전통적인 식사 예절을 기본으로 하는 우리 가족만의 식사 문화를 만들어 변화시켜야 한다.

　인간이 동물에서 인간으로 진화한 가장 중요한 원인이 '공동체와 함께 나눠 먹기'라는 먹는 행위에서 비롯되었다는 이야기는 매우 설득력이 있을 뿐더러 현대사회에서도 인간됨의 기본을 지키는 가장 기초적인 행동 패턴이다. 좋은 먹거리를 함께 나누며 대화하고 공감하고 서로 바라보는 눈빛에서 오고가는 따뜻한 정감의 에너지를 교류하는 것은 인간을 지속시켜온 가장 중요한 동력이었다. 아무리 혼족이 일반화되는 추세라고 할지라도 인간은 관계 속에서 존재를 확인받지 못하면 고독해서 죽는다. 경주 산내면의 한 마을에서는 30여 명의 마을 주민들이 매일 마을회관에서 밥을 지어 점심식사를 함께하며 혼자 사는 마을 주민들의 삶의 질도 높이고 건강도 돕는다.

　메타버스세대들의 식생활에 있어서 텃밭과 같이 자급자족적인 먹거리 생산이나 공동 경작과 실물 교환경제로의 전환과 같은 슬로우 라이프를 경험하게 하는 것이야말로 부모와 사회가 아이들에게 전해줄 고귀한 교육 선물일 것이다. 그렇다고 100만 평의 농토를 사들일 필요는 없다. 자신의 작은 집 마당에서 텃밭을 일구고 닭을 키우며 슬로우 라이프의 생태적 삶을 살아가는 섭이네 미용실&카페를 둘러보자.

섭이네 집 마당에는
미용실이 있다

대도시에서 미용실을 하던 섭이는 어느 날 경주의 시골 동네로 이사를 왔다. 그가 이사한 집은 50년쯤 된 아주 낡은 집이었다. 섭이는 그 낡고 오래된 집 마당에서 생각했다.

'이곳을 나의 파라다이스로 만들자.'

섭이가 제일 먼저 한 일은 강아지 한 마리를 입양해오고, 친지의 집에 있던 파초를 한 그루 얻어와 마당 한가운데 심는 것이었다. 또 다른 마당 구석에는 닭장을 만들고 청계 한 쌍을 사 와서 키우기 시작했다. 혼자 사는 섭이에게 닭들은 바로 가족이 되었고, 아침마다 꼬꼬댁 소리로 섭이를 깨우고 신선한 달걀을 아침식사로 제공해줬다. 얼마 후에는 닭장을 하나 더 만들어야 할 만큼 청계 가족은 번창했고, 그 옆에 아주 조그만 텃밭을 만들어 키운 야채들로 시장을 가지 않고도 반찬을 만들어 식사를 해결할 수 있었다. 그 사이 길을 잃은 강아지 한 마리가 섭이네 마당에서 잠을 자기 시작했고, 섭이네 가족은 또 하나가 늘었다. 섭이는 그냥 대문 옆 문간방을 개조해서 미용실을 작게 시작해보자는 생각을 했다.

섭이가 만든 미용실 이름은 '섭 미용카페'였다. 문간방에 소박한 거울 하나를 달고, 미용의자를 딱 하나만 놓았다. 맞은편에는 자신이 좋아하는 커피를 내려 마실 수 있는 공간을 만들어 미용카페를 만든 것이다. 처음에는 동네 할머니들이 지나가시다 들러 머리를 자르기 시작했고, 대구에서 단골손님들이 수소문해서 찾아오기 시작했다. 아침 9시부터 오후 5시까지 헤어디자인의 모든 과정을 혼자 진행한다. 하지만 힘들지 않고 즐겁다. 일터와 집이 마당을 사이에 두고 한곳에 있다 보니 출퇴근에 필요했던 시간도 엄청 줄었을 뿐만 아니라 마당에서 달걀과 야채로 식재료를 얻으니 마트에 가는 시간도 줄어들었다.

섭이는
아주 느리게 생활한다

섭이는 시골로 이사 오면서 늘어난 시간에 따라 아주 느리게 생활한다. 바로 꿈에 그리던 슬로우 라이프가 시작된 것이다. 대도시에서는 상상할 수도 없었던 취미 생활을 시작했다. 학교에서 배우지 못했던 장고나 피아노 등 낯선 분야의 취미들을 꾸준히 배워나가고 요즘에는 성악도 배운다. 만약 학창 시절 부모나 교사가 시켜서 한 시간씩이나 운전해서 꼬박꼬박 피아노를 치러 가야 했다면 절대로 하지 않았을 것이다. 섭은 아주 즐겁고 행복하다. 늦게나마 배움을 시작할 수 있어서 어찌나 고마운지 모른다. 졸업장이 목적이 아니라 자기 삶의 즐거움과 유익함을 위해 스스로 선택한 배움이기 때문이다.

마당에 꽃을 사다 심는 것도, 과일나무를 키우는 것도 모두

대도시에서 대형 미용실을 운영할 때는 상상할 수도 없는 삶의 기쁨이었다. 특히 미용 재료들이 대체로 화학약품인지라 환경에 대한 생각은 미처 하지 못했다. 이제는 화장실도 자연환경보호를 위해 생화학 자연 분해 시스템을 만들어서 사용하고 있고, 닭들도 동물 인권을 위해 최소의 개체수로 최대한의 공간을 확보해서 행복하게 살아갈 수 있도록 돕는다. 먹는 것, 입는 것 모두 최소화하여 자신의 욕심으로 자연환경을 헤치지 않도록 스스로 선택한 소박하고 느린 라이프스타일을 고수하며 간소하게 살아간다.

손님의 머리카락을 자르는 섭이의 어깨에 새끼 공작새가 한 마리 올라앉는다. 얼마 전 공작의 알을 얻어와 닭들이 품어서 탄생한 고은이다. 섭이네 집에서 가장 개구쟁이가 바로 공작새 고은이다. 미용 재료 수레에 올라타고 머리핀이며 고무줄이며 모두 부리로 쪼아서 바닥으로 던져버린다. 동물이든 사람이든 어린 것들은 개구쟁이라는 것을 섭이는 그대로 받아들이고 이해하며 나지막한 소리로 타이른다.

"고은아! 마당으로 나가줄 수 있니? 손님이 불편해 하시네."

만약 공작이 아니라 부모가 아이에게 저렇게 친절하게 말했다면 아이들은 모두 자신을 존중해주는 부모처럼 타인을 존중하고 배려하는 사람으로 성장할 것이다. 부모의 언행은 곧 라이프스타일이고 아이의 미래가 된다. 주인의 언행은 곧 반려동물의 행복과 불행의 척도다.

집은 일터이면서 자급자족적 경제생활의
생산적인 터전으로 진화한다

섭이네 집은 단순히 의식주를 해결하는 쉼터일 뿐만 아니라 일터이자 자급자족적 경제생활의 생산적인 터전이기도 하다. 섭이네 집 시스템은 홈스쿨 이전에 환경문제로 미래 사회에 닥칠지도 모를 식량난에 대한 하나의 대안일 뿐만 아니라 환경 보존을 위해 적게 먹고 적게 쓰는 개인적 실천 운동인 동시에 자녀들에게 부모의 라이프스타일로 환경 교육을 자연스럽게 시킬 수도 있다. 집에서 키우는 가축들과의 교감 또한 아이들의 정서에 치유의 힘까지 더해짐은 물론 생명 존중의 태도를 키우는 좋은 인성 교육이 된다. 혼족이 일반화될 미래 사회에서 동물들과의 공생은 인간에게 최소한의 커뮤니케이션을 위한 관계와 교류를 대체해줄 수도 있다.

이는 고독에 취약한 사람들에게 정신 건강에도 도움을 줄 수 있을 뿐만 아니라 자살과 고독사를 줄일 수 있는 예방적 시스템으로도 훌륭하다. 닭장의 계란과 텃밭의 야채들은 쿠바의 옥상 텃밭처럼 서로 나눠 먹으며 상품자본주의 사회의 한계를 극복해가는 탈상품화를 위한 선물 경제^{gift economy}(재화를 선물로 나누어줌으로써 물질적 필요를 충족하는 경제)의 기반이 될 수도 있다.

이렇듯 작은 세포들이 모여서 하나의 커다란 슬로우 라이프 지역공동체 모자이크가 맞춰지고 세계 전체가 점점 자연환경 중심의 생태적 라이프스타일로 변환되면 지구의 지속 가능성은 더욱 향상된다. 무엇보다 중요한 것은 상품자본주의 기반 IT 시스템의 미래 사회에서 인간의 주체성과 독립성을 지켜내는 중요한 원동력이 될 수 있다는 점이다.

IT 공룡 기업들이 상품을 독점하고 인류의 생활 기반을 흔든다 해도 스스로 생산해서 먹고사는 자급자족적 생활 기반을 마련해놓는다면 우리는 그래도 간신히 주체적 삶을 살아갈 수 있다. 닭장을 치우고, 개똥을 치우고, 텃밭에 매일매일 물을 주고 풀을 뽑아야 하는 불편함이 있다고 해도 우리가 사람됨의 기본인 자유를 지키고 서로 존중하며 콩 한쪽도 나눠 먹는 따뜻함으로 연대하는 느리고 불편한 삶이 인류가 지켜야 할 미래이며 교육의 비전이다.

인간을 기계로 만드는 편리함과 기술의 진보에 대해 우리는 끊임없이 질문하고 성찰하고 다시 생각해야 함은 물론 스스로 'STOP(멈춤)' 할 줄 아는 지혜를 교육해야 한다. 편리함이 진보는 아니라는 것에 우리 스스로 먼저 깨어 있어야 한다. 몸소 불편함을 자초하고 선택하는 지혜! 그로 인해 삶의 기본이 되는 식량을 자급자족할 줄 아는 삶의 기술이야말로 메타버스세대 교육과 홈스쿨링의 핵심이라고 할 수 있다.

공간은 생명이다.
삶의 공간을 다시 설계하라!

메타버스세대의 삶의 공간부터 다시 설계해야 한다. 시각적 디자인 중심이 아닌 주체적 삶의 근간이 될 수 있는 새로운 자급자족적 생태계 중심의 설계로 다시 디자인해야 한다. 쿠바는 경제 봉쇄로 식량이 부족해지자 시민들이 자발적으로 옥상 등에 드럼통을 잘라서 흙을 채우고 직접 채소를 키워 먹는 자급자족 생산 경제(미국의 통제로 물자가 부족해서 옥탑방 텃밭이나 베란다 텃밭과 같은 형태로 자급자족으로 이웃과 나눠 먹는 선물 경제가 발달함)로 기아를 면할 수 있었다. 그뿐 아니라 먹을 것이 부족한 이웃들과 나눠 먹으며 선물 경제의 자비를 실천했다. 함께 살아가는 공동체가 다시 살아났던 것이다. 여전히 가난하지만 그들은 그렇다고 불행하지도 않다. 그들의 삶 속에는 여전히 춤이 있고 노래가 있다.

아파트라서 할 수 없다고 말하지 말자! 당신의 머릿속에는 이미 문제 해결의 실마리가 담겨 있다. 다만 삶의 지향점이 편리함에 맞춰져 있었을 뿐이다. 지금 당장 생각을 바꾸자! 불편함을 감수하고 베란다에서 화분에 채소 씨앗을 뿌려보자! 시작은 미약하였으나 그 끝은 창대하리라. 자녀가 있는 부모는 아이에게 식물 성장 일지를 쓰도록 권유하는 것은 물론 물 주기를 분담시킨다면 아이는 또 하나의 독립적인 삶의 기술을 익히게 될 것이다. 바로 이런 것을 라이프스타일 기반 홈스쿨링이라고 한다. 그래서 일상이 교육이 되는 라이프스타일 교육은 메타버스세대의 교육 대안이다.

교육은 옳다. 그러나 좋은 교육만 옳다
— 자발성과 수행

각각의 세계에서
나는 하나의 자아가 아니었다

6학년 1학기까지 초등학교 주변과 집은 내 세계의 전부였다. 입에 침을 흘리며 까만 연탄 가루를 얼굴에 묻히고 집 앞 골목길에 가끔 등장하는 '물대공 아저씨'(왜 물대공이라고 불렸는지는 모른다.)와, 저녁만 되면 초등학교 교사 화장실에서 흰색 소복을 입고 나타나던 미친 영애네 아줌마와, 달려가는 아이들 발소리, 학교 수업 시작과 끝을 알리는 종소리, 일요일마다 산꼭대기 제일교회에서 울려 퍼지던 찬송가와, 때가 되면 집집마다 울려 퍼지던 '밥 먹어라'가 무한 반복되는 세계였다. 나는 늘 친구들과 잘 놀지도 않으면서 극단적으로 심심했다. 6학년 2학기에 전학을 가기 전까지 내 기억의 핵심은 '심심해'였다.

대전으로 전학을 가던 첫날부터 내 삶의 세계는 그야말로 스펙터클하게 변화되기 시작했다. 부잣집 딸들만 가득했던 합창반 활동과 화려했던 친구들 생일파티는 나를 고질적인 허영심의 세계로 안내했고, 샤넬과 겔랑 화장품이 가득했던 친구 엄마의 화장대는 프랑스라는 놀라운 세계에 눈뜨게 했다. 문구점의 기다란 지우개와 같은 신식 문방구 하나하나가 모두 나를 자극시켰고, 무엇보다 친구들이 학교에 가져오는 미제 초콜릿과 수입 과자들은 장엄함 그 자체였다.

주중에는 대전의 학교, 주말에는 금산의 엄마 집으로 두 세계를 오가며 나는 갑자기 분주하고 바빠지기 시작했음은 물론 두 개의 인격으로 살아가야만 했다. 금산에 가면 어리광쟁이 막내딸로 울먹거리며 새침하게 있다가도 대전에서는 '명랑 쾌활하나 주위 다소 산만한' 모습으로 외롭고 힘든 자취생 티를 내지 않으려고 명랑한 소녀의 가면을 썼다. 금산과 대전으로 이분된 나의 세계는 사실 단순한 두 개의 세계가 아니었다. 그곳에서 관계 맺는 각각의 사람들과의 사이에서 비롯된 포지션 자체가 또 다른 세계와 나를 연결시켰고 각각의 세계에서 나는 하나의 자아가 아니었다.

자아는 단수가 아닌
복수

미국 철학자이자 심리학자인 윌리엄 제임스[William James]가 '자아는 단수(self)가 아닌 복수(selves)이고 그 사람이 만나는 사람의 수만큼 자아가 생성된다'고 했던 말이 맞았다. 막내딸인 여린 내가 있었고, 당차고 독립적인 자취생 딸로 인정받고 싶은 또 하나의 나와 언니의 눈치를 보는 나, 친구들과의 관계 속에서의 나와 선생님들에게 칭찬을 받고 싶은 나, 셋방살이 자취생으로서의 나와 구멍가게 아줌마 눈치를 살피며 번개탄을 외상으로 사오는 내가 있었다. 어쩌면 그래서 성장기의 나는 늘 혼란스러웠다.

모든 곳에 속해 있으나 어느 곳에도 온전하게 속하지 못한 존재. 현대사회에서는 그런 존재를 문제시하며 '왕따'라고 폄하한다. 하지만 분열된 자아로 왕따가 아닌 사람이 몇이나 되겠는가? 우리는 언제나 어느 한쪽은 왕따다. 우리가 속한 세계의 어느 한쪽에서 우리는 늘 있으나 마나한 미약한 존재가 될 수밖에 없다. 아무리 욕망해도 쉽게 그 세계의 중심이 될 수 없다. 이제 우리 아이들은 디지털 메타버스라는 더 광활한 세계 속 수십억 분의 일이 되고 말았다. 30km 전방의 이웃 마을까지가 세계의 전부였던 세상의 심플함은 안락함이었다. 이제는 마하25의 세상이고, 만남이란 것도 더 막연하다.

새로운 사고로 발상을 전환하고 디지털 메타버스의 광활한 세계로 들어간다 해도 우리의 습관적인 두뇌 구조는 또 다른 혁신을 향해 안전하게 구축된 세계를 떠나기가 쉽지 않다. '이제 메타버스라는 새로운 세계를 내가 구축할 것인가? 타자가 구축한 세계관의 메타버스에서 소비자로만 살아갈 것 인가?'는 꽤 중대한 질문이자 선택의 문제다. '주인이 되느냐, 노예가 되느냐'의 삶의 주도권의 문제이기 때문이다.

영화 〈매트릭스^{The Matrix}〉(1999)처럼 하나의 세계관에 갇혀 주입되는 생각과 시스템의 부분으로만 살아가야 한다는 디스토피아적인 상상도 가능하게 한다. 하나의 세계관에 갇힌다는 것은 바로 세뇌와 사육의 가능성을 말하기도 한다. 아프리카의 브르키나파소^{Burkina Faso}에서 민간인들이 잔혹하게 학살되었고, 그 주범은 테러리스트들에게 세뇌당한 12세에서 14세까지의 소년 테러범들이었다는 충격적인 뉴스는 단일한 세계관을 비평 없이 받아들였을 때의 심각성을 단적으로 말해준다. 소년 테러범들에게는 단 하나의 가치와 생각만 주입된다. 아프가니스탄의 탈레반도 마찬가지다. 그 가치와 생각에 위반되는 것은 제거하는 것이 옳다는 신념하에 물불을 가리지 않는다. 이분법의 세계란 이토록 무서운 것이다. 이기면 살고 지면 죽는 오징어 게임처럼….

급변하는 디지털 세계에서 주도적인 인간됨의 주체성을 가지고 살아가려면 새로운 교육과 교육시스템의 구축은 너무나 절실한 문제다. 교육에 대한 새로운 규정과 개념을 도발적인 사고로 전환하여 생각해보았다면, 이제는 교육이 꾸준히 진행될 수 있는 시스템에 대해서도 생각해보아야 한다. 마치 수행자처럼 매일 비우고 채우고 나누며 탄탄한 자기 삶을 단련해나가는 기술로서의 교육으로 패러다임을 전환해야 한다. 4천만 명의 팔로워를 이끌고 있는 제이 셰티^{Jay Shetty}는 3년간의 출가를 통해 수도 자처럼 생각하는 것이 우리 삶을 어떻게 고양시켜줄지에 대해 이야기한다. 《수도자처럼 생각하기Think Like a Monk》에서 제이 셰티는 자신이 수행하며 살아가는 삶을 통해 의도적이고 의식적으로 깨어 있는 삶을 살게 되었으며, 근원적인 문제의 뿌리에 초점을 맞추게 되었고, 타자에 대한 연민과 헌신 및 분별 망상을 없앤 자제력과 극기력은 물론 에너지 효율성까지 스스로 제어하게 되는 변화를 겪었다고 이야기한다. 매일 4천만의 구독자들과 비우고 채우고 나누며 탄탄한 자기 삶을 꾸준히 단련해나가는 수행자로서의 삶은 그를 스승, 교육자로 만들었다.

디지털 메타버스는
우리에게 어떤 의미를 갖는가?

코로나19로 인해 줌과 미트, 다양한 게임 플랫폼에서의 소셜 활동들은 디지털 세상의 새로운 물결이 되어 메타버스라는 새로운 세계를 성장시켰지만, 21세기 디지털 혁명의 중심인 메타버스의 세계 또한 여전히 20세기의 사고와 도구와 시스템을 사용하고 있다면 이것은 진보일까, 단순한 게임일까?

메타버스가 현재 우리에게 어떤 의미를 갖는지 질문하는 것은 결국 더 나은 세상을 만드는 혁신의 기본 바탕이 된다. 메타버스시대에 교육의 역할과 개념과 규정은 물론 형식과 디자인까지 바꾸지 않고 디지털 메타버스에 교실 모양만 복사해가는 것이 무슨 의미가 있을까? 메타버스 내에서 강의를 하는 것이 교육의 혁신이라고 할 수 있나? 그것은 새롭고 앞선 것인가? 교육의 질을 향상시키려면 내용이 바뀌어야 하고, 그 내용에 따른 형식도 달라져야 한다. 기존의 가르치고 배우는 강의 형태의 교실과 교육은 이미 그 의미를 상실했다. 스마트폰 백과사전을 두고 지식을 외워야 할 이유가 없다. 이미 스마트폰 자체가 두뇌를 대신하며 외부 기관의 역할을 하고 있다.

만약 그렇다면 메타버스 내의 교실이란 상징적 공간의 구성과 디자인도 달라져야 하지 않을까? 혁신적인 사회제도와 문화의 변화를 꾀한다면, 당연히 그것을 수행하는 사람의 의식부터 달라져야 한다. 메타버스에서 4차 산업혁명의 새로운 생산자가 될 아이들의 의식 교육부터 달라져야 한다는 이야기다.

교육은 사육이 아니고 세뇌가 아니다. 사육과 세뇌는 기계에 기름칠하고 동작을 입력하는 행위와 다르지 않다. 사람을 만드는 교육은 기존에 발생된 지식과 행동과 규범을 끊임없이 비평하고 성찰하고 새로운 지식을 다시 또 생산하면서 진보해가는 것이다. 위키백과Wikipedia의 정확성과 고정성에 대해 의심하기보다는 집단 지성의 생산적 플랫폼으로 지속적으로 발전시켜가는 것이 더 적합한 방향일 것이다. 교육은 옳다. 그러나 세뇌와 훈련이 아닌 좋은 교육만 옳다.

교육은 옳다.
그러나 좋은 교육만 옳다

　디지털 지구 메타버스에서 다양한 교육적 시도들이 혁신적으로 진행되고 있는 현상은 매우 긍정적이다. 어디서든 교육은 옳다. 그러나 좋은 교육만 옳다. 메타버스시대를 선포하기 전에 메타버스를 만든 사람들의 사고와 철학과 세계관을 들여다보고 비평적인 안목에서 삶의 조화와 가치를 생각하며 균형을 맞춰가는 것은 더욱 중요하다. 이와 더불어 미디어 리터러시뿐만 아니라 게임 리터러시는 물론 디지털 리터러시와 기계의 메커니즘 리터러시까지 교육의 일환으로 진행되어야 한다. 각각의 매체와 세계의 현상을 어떤 관점에서 읽고 쓰고 비평하고 성찰하느냐 하는 문제가 교육의 핵심이 되는 것이다.

　메타버스를 단순히 'fun(재미)'의 도구로 볼 것인가, 아니면 새로운 세상으로 볼 것인가? 현실 또한 메타버스처럼 우리의 생각에 기반을 두어 만들어지는 것이라면, 그 생각의 크기를 키워주고 방향을 바꿔주는 교육이 필요하다. 메타버스도 그것을 만든 주체의 의도와 목표가 해당 메타버스 세계를 디자인하는 기초가 되기 때문이다.

　새로운 교육은 단순히 새로운 그래픽이 아니라 스스로 선택하고 결정하는 지혜를 토대로 한 '주체성과 자유'다. 이를 위해서는 기존의 시스템에서 발생한 사회 구성 요소로부터 탈피가 중요하다. 우리는 단순히 상품을 판매하고 돈을 버는 구조를 만들고 이익을 남기기 위해 태어난 존재들이 아니다. 아마존의 원시 부족들은 퇴화되어 벌거숭이로 남은 것이 아니라 알몸으로 채집 생활을 하며 사는 것으로써도 충만한 삶을 살 수 있었기에 그 삶을 선택하고 결정한 것이다.

디지털 메타버스를 만든 기본 동기가 무엇인가? 메타버스는 게임처럼 사용자들에게 판매를 하기 위해 탄생한 문화 상품이었다. 메타버스 게임의 세계는 끊임없이 현실의 세계를 선과 악의 이분법으로 시뮬레이션 한다. 하지만 삶의 주도권을 얻기 위해 가장 중요한 기술 가운데 하나는 선악을 판단하는 것이 아니라 상황을 보는 능력이다.

그동안 우리는 게임을 '중독'이라는 병증으로 바라보며 마약 취급을 하고 정신과에서 상담 치료까지 했다. 이제 게임형 메타버스를 바라보는 관점이 달라졌다. '제페토'에서 귀걸이를 사고 옷을 사는 가상의 활동들이 디지털 라이프스타일로 불리고 제2의 일상으로 일반화되기 시작했다. 손에 잡히지 않는 가상의 상품을 현실보다 싸게 사고 착용한다는 것이 현실의 나와 어떤 관계가 있을까?

제2의 디지털 라이프를 즐기기 위해 다시 직장에 나가고 돈을 벌고 메타버스에서 쇼핑하고 소셜 활동을 하기 위해 또 식사는 배달 음식으로 시켜 먹고, VR 메타버스에서 연인과 뽀뽀할 순간인데 엄마가 밥 먹으라고 내 방문을 열어 화나고 짜증나고….

다시 화나서 문 걸어 잠그고 아바타 패션숍에 가서 옷 사 입고 채팅방에서 수다 떨다가 다시 잠이 덜 깬 눈으로 출근하고 커피 마시고 폭식하고 집에 돌아오는 지하철에서 졸다가 저녁 먹고 다시 쨍한 눈빛으로 메타버스에 올라타서 다시 출근하거나 데이트하거나 수다 떨거나….

온라인 비대면 사회가 우리 삶에 여유와 시간을 주었다고 생각하는 것은 아직 메타버스 소셜이 본격화되지 않았기 때문일 확률이 매우 높다. 나는 극단적인 낙천주의자다. 그럼에도 불구하고 앞으로 인류는 더욱더 바빠지고 돈은 더 필요하고 소비는 더 늘고 쓰레기는 더 쌓여갈지도 모른다는 전망이 미래를 불안하게 만든다. 세상을 더욱 안전하게 만들기 위해서는 인류의 더욱 강력한 선한 의지가 발동되어야 하고, 그 선한 의지를 강화시키기 위해서는 가치 있고 꾸준한 종교적 수행과 같은 일상과 좋은 교육이 선행되어야 한다.

종교적 일상을 삶의 패턴으로 만드는 교육

힌두교의 성전인 '마누Manu법전'은 인도인들의 라이프스타일을 규정하고 국가 전체 운영 시스템이 되어 현재까지도 카스트Caste제도라는 불평등한 신분제도 안에서 브라만 계급의 특권을 위해 불가촉천민들은 기꺼이 노동력을 바치고 억압당한다.

인도인들에게 사회규범에 따른 윤리와 도덕을 교육한다는 것은 결국 '마누법전'이 교과서가 된다는 이야기다. 이슬람교 또한 단순한 신앙이 아니라 이슬람교도들의 라이프스타일 그 자체다. 종교가 곧 교육 내용의 전부이며 삶의 전부라는 이야기다. 아이들은 부모를 따라 성당이나 교회, 절 또는 모스크에 다니면서 각 종교가 제안하는 전통적인 라이프스타일을 배우며 익히게 된다. 종교적 일상을 습관화하여 꾸준한 반복 학습에 의해 삶과 사유의 기본 패턴으로 만드는 강력한 교육이라고 할 수 있다.

종교에 따라 사람들은 더 많은 복과 은총을 받기 위해 신이 만든 계율에 의해 행동한다. 이에 먹고 자고 입는 의식주가 달라지기도 한다. 종교라는 하나의 신념뿐만 아니라 각 사회를 지배하는 사상과 이데올로기가 사람들의 일상생활을 강력하게 지배하다 보니 정치사상적 이슈로 변질되며 분쟁은 더욱 큰 파장을 불러일으켜 사람들의 사고 패턴과 일상을 흔든다. 이때 교육이라는 건전하고 안전한 시스템을 통해 사람들의 생각과 마음을 조종하여 지배자의 안전과 권력을 도모하기도 한다. '교육은 좋은 것이다'라는 하나의 명료한 답에 대해 우리가 성찰적이고 비평적인 관점으로 다시 생각해야 한다는 것을 명료하게 보여주는 대목이다.

이데올로기가 만드는
일상과 라이프스타일

히틀러 치하의 독일에서 유대인들의 삶의 변화라는 것은 천국과 지옥의 차이였음은 모두가 아는 사실이다. 미래 사회에서의 종교와 사상 또한 어쩌면 AI를 가능하게 한 기술을 가진 소수의 엘리트 그룹이 지배하게 될지도 모른다. 아니, AI 자체가 뛰어난 지식과 지능과 속도로 인간들을 통제하며 또 하나의 종교와 사상이 될 수도 있다. "나는 지구를 멸망시키겠어."라고 말한 '로보틱스 소피아교'가 출몰할지도 모르겠다. 바로 이 대목이 가정에서 부모들이 먼저 명상 등 영성적인 교육에 집중해나가야 할 이유다.

종파와 신념을 떠나 우리는 먼저 주체적인 인간 존재로서 자신을 지키고 그를 위한 평화를 주장할 수 있어야 한다. 이런 태도는 무의식에 관계된 부분이다. 무의식이란 꾸준히 반복적이고 습관적인 생활 패턴을 통해 형성되어진다. 각 가정마다 아침 밥상 앞에서 행해지는 감사 기도만큼 반복적인 것이 있을까? 아이와 함께 책을 읽고, 산책을 하고, 낚시를 하거나 멍 때리고 있을 때라도 부모의 언행에 따라 아이들은 무의식적으로 배워나간다. 종교가 우리의 라이프스타일이 되는 이유다. 아침식사 기도가 아이에게는 커다란 영성으로 자리 잡는다. 홈스쿨링에서는 종교적이고 영성적인 부모의 태도와 자세가 중요하다. 일종의 사랑과 헌신에 대한 간절함이며 절제와 겸손의 자세로 살아가겠다는 다짐이랄까.

교육이 자발적인 수행적 관점으로 이동해야 한다는 말은 신앙 문제가 아니라 종교적인 생활 패턴과 자세에 대한 이야기다. 아이 스스로 자발적으로 자신이 좋아하는 것을 찾아 배워나가는 것이 미래의 학습 패턴이라면 수행자가 자발적으로 어려움을 극복하며 꾸준히 정진하는 태도의 패턴과도 맥락이 같아진다. 학창 시절에 공부를 하면서 참아내야 하는 것이 한두 가지였던가.

이미 우리는 코로나19로 집콕과 격리라는 '통제'를 경험했다. 가택 연금과도 같은 통제는 기분 좋은 일이 아니다. 유발 하라리의 말처럼 공룡 기업과 정부 등 강력한 디지털 권력에 의해 삶이 통째로 통제를 당하는 현실은 이미 코로나19로 증명되었다. 우리의 존재 자체를 지키고 내 삶의 주인이 되려면 두려움과 공포를 초월하여 깨어 있어야 한다. 깨임은 곧 '각覺'이고, 교육의 본질 또한 자각自覺에 있다. 교육이 더욱 자발적인 학습 체계와 자기 성찰에 집중해서 수행적 관점으로 직관과 통찰력을 키워나가야만 살아남는 시대가 도래한 것이다. 이를 위해서는 가정에서의 홈스쿨링도 삶을 융합적인 관점으로 바라보고 종합하는 융합 프로젝트 학습이 절실하다. 종교성과 명상이 강력한 미래 교육 코드로 떠오르는 이유다.

수행修行의 사전적인 의미 중 하나는 행실, 학문, 기예 등을 높은 수준으로 올리기 위해 스스로 연마한다는 뜻을 담고 있는데 자발성이 핵심이 되는 코로나19 이후 학습자의 태도라고 할 수 있다. 마치 수행자처럼 자신이 흥미를 가진 분야를 꾸준히 공부하면서 더 능숙하게 잘하기 위해 규칙적으로 훈련해나가는 것이다. 김연아 선수의 피겨스케이팅 또한 교육이나 훈련보다는 수행의 과정이었다고 보는 것이 더 맞지 않을까? 매일 규칙적으로 하루도 빠지지 않고 강력한 의지력으로 자발적이고 꾸준한 훈련에 임한다는 설정 자체가 수행적이다.

메타버스의 긍정학, 어떤 시각으로 볼 것인가?

세계는 현실과 디지털로 이분화될지도 모른다. 메타버스가 우리 시대의 새로운 기회라고 당연시하기 전에 메타버스에 대한 관점의 변화에 대해 숙고해야 하지 않을까? 왜 이 시대, 이 시점에 메타버스가 중독이란 병증의 적대감에서 누구나가 올라타야 할 기회란 희망의 호감으로 바뀌었는지에 대해 숙고해야 한다. 메타버스의 긍정학에 감춰진 동기를 알아내는 것은 자기 주도적 삶의 권력을 얻기 위한 가장 핵심적인 열쇠다.

권력이란 나를 둘러싸고 일어나는 모든 일에 대한 통제력을 말한다. 사회적인 지지 세력을 얻는 파워 게임이다. 코로나19로 온라인 비대면 사회가 정당성을 부여받는 과정이 없었다면 메타버스의 세계는 끝끝내 중독의 병증으로 치료의 대상으로 남았을 것이다. 글로벌 IT 기업들이 이끌어온 온라인 비대면 세계는 코로나19로 한판 뒤집기에 성공했고, 대중들을 바이러스로부터 지켜낸다는 선한 이미지로 대중의 지지기반을 확실히 얻어냈다.

디지털 혁명은 이렇게 조용히 세계의 판을 뒤집었다. 과학기술이 정치를 이긴 것이다. 과학기술의 방향은 곧 역사의 방향이다. 구석기-신석기-청동기-철기와 같은 역사 구분 또한 도구의 발전, 바로 기술력의 발전 상태를 기준으로 한다. 청동기에 첫 지배자는 청동기라는 하이테크 기술을 가진 자들이었고, 철기는 또한 철제 무기를 쥔 자들이 지배자로 등극했다. 이제 우리는 디지털 정보가 사회의 근간을 이루며 도구화된 사회에 살고 있다.

4차 산업혁명 시대를 지배하는 계급이 정보 데이터를 쥔 글로벌 IT 기업가들로 대체된다는 것은 역사의 흐름상 너무나 당연하다. 정치인은 자국의 국지적 지배자이고, 글로벌 IT 기업 대표 들은 세계의 지배자다. 이미 디지털 제국은 완성되었고, 개별 플랫폼에 더 많은 유저들을 가두기 위한 전쟁은 시작되었다. 사용자 중심 서비스에 대한 아이디어들은 모두 온라인 백성인 유저들을 끌어모으는 정책들이고, 메타버스의 새로운 시대가 지속적으로 언론에 노출되고 회자되는 이유 중 하나는 공룡 기업들의 마케팅 전략중 하나일 수도 있다는 가능성을 배제할 수 없다.

기업인들이 정치인들의 눈치를 보는 시대가 아니라 글로벌 공룡 IT 기업이 빅브라더가 되지 않도록 눈치를 봐야 하는 시대인 것이다. 이제 적은 내부에 있다.

피지배자들은 지배자의 논리와 담론을 진리처럼 따른다. 나치 시대에 히틀러^{Adolf Hitler}의 《나의 투쟁^{Mein Kampf}》은 하나의 성서였다. 단순한 지식일수록 대중성이 더 강함은 물론 군중이 된 개인 또한 우매하다. 이러한 논리가 권력을 낳는다. 스스로 깨어 역사의 흐름과 세상의 이치를 한눈에 통찰하며 직관적인 사고와 예민함으로 꾸준히 공부해나가지 않는다면 수많은 지식과 경험으로 무장한 지식인이라 할지라도 우매한 군중의 수준을 벗어날 수 없다. 교육은 세뇌와 훈련처럼 기계적인 딥 러닝을 통해 기존 사회의 가치 체계와 질서에 무조건 조복하여 매뉴얼대로, 짜놓은 판대로 살아가는 기계적인 사람이 아니라 매 순간 스스로의 습관적인 언행과 사회의 인습과 질서를 비평적인 사고로 성찰하고 통찰하며 조망하는 수행적 관점으로 변혁되어야 한다.

이제 '교육'은 단순히 지식을 학습해서 좋은 평가 결과로 좋은 곳에 취직한다는 기존의 가치를 잃어버렸다. 직업도 스스로 만들어내는 세상일 뿐만 아니라 인간의 취직자리를 AI가 대체하는 시대임은 물론 사회적 도구 또한 철기가 아닌 디지털이니 교육의 관점이 수행적으로 바뀌는 것은 너무나 당연한 이치라고 할 수 있다.

교육	수행
기존의 판을 지킨다.	기존의 판을 부순다.
대상자를 가르친다.	스스로 깨우친다.
정해진 지식과 답을 반복해서 외운다.	스스로 답을 찾는다.
기존의 상식과 앎을 반복한다.	기존의 상식과 앎을 의심한다.
습관적인 사고와 태도로 기존의 세계를 반영하고 기존의 시스템을 답습한다.	습관적인 사고와 태도를 성찰하고 매 순간 깨어 새로운 삶의 자세와 태도를 연습한다.
타율적으로 실행된다.	자율적으로 실행된다.
불규칙하다.	꾸준히 매일 한다.
자신만의 행복이 목표가 된다.	더불어 함께하는 행복을 추구한다.
지식 공부와 평가에 치중한다.	공동체와 유기적으로 협력하며 봉사한다.
하나의 목표에 집중한다.	그때그때 상황에 적절하게 대응한다.

미닝 아웃Meaning Out으로 자신의 세계관을 피력하며 비슷한 취향과 신념을 가진 사람들이 모이는 메타버스를 선택하고 아무하고나 쉽게 어울릴 수 있다 해도 기본적인 삶의 태도와 자세를 키워주는 교육에 대한 정의가 다시 새롭게 규정되지 않는다면 세상의 변화는 어렵다.

기본적으로 스스로가 자신을 채워나가지 않는다면 결코 온전한 소통은 이루어질 수 없음은 물론 자발적으로 꾸준히 해나가는 앎이 아니고는 해당 분야에서 살아남을 수가 없다. 구글이 혁신훈련가를 기용하여 꾸준히 직원 재교육을 진행하는 이유도 그와 같지 않을까? 스스로 만족하지 않는 직원들은 구글의 높은 연봉과 복지 시설과 브랜드에도 불구하고 구글을 떠난다. 구글의 CEO 래리 페이지는 이미 한 사람의 두뇌가 광활한 메타버스이며 무한한 인류 진보의 가능성임을 간파하고 있었기에 직원 사망 후 그 배우자들에게 10년 동안 연구자 월급의 반절을 지급하는 시스템까지 만들어 인재 확보에 주력하고 있는 것이다.

인간의 생각이 시스템을 만들고, 시스템을 가진 자는 곧 권력을 가진다. AI가 딥 러닝에 의해 만들어내는 빅데이터 또한 인간들의 방대한 생각덩어리 아닌가? 생각 덩어리는 역사라는 실체이고, 역사는 인간의 의식주를 통해 문화라는 하나의 총체적 삶의 스타일을 만들어냈다. 결국 개별적인 사람들의 라이프스타일이 문화를 만들고 역사를 만든다. 그렇다면 메타버스시대에 새로운 교육의 패러다임 또한 일상 속에서 아이들에게 필요한 가치를 배우도록 돕는 라이프스타일 교육은 당연한 대안이 아닐까? 다음 챕터에서 교육 사례를 통해 직접 확인해보자.

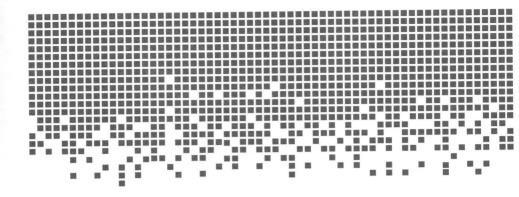

METAVERSE
SCHOOL
REVOLUTION

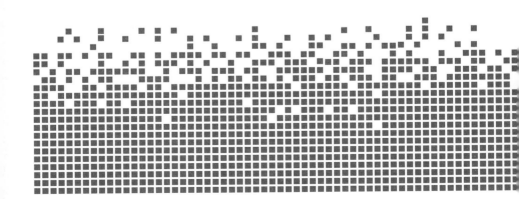

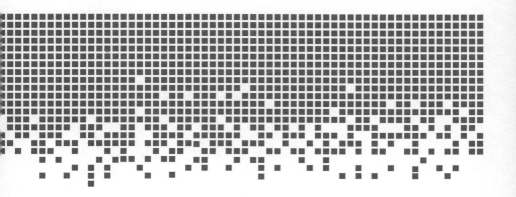

CHAPTER 3

메타버스시대
라이프스타일 교육

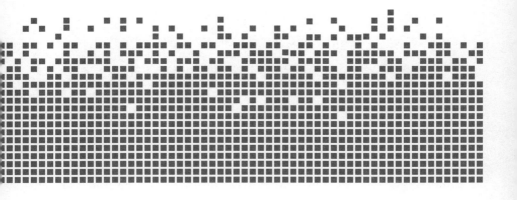

집,
메타버스세대의 일터이자 쉼터

집은
당신이다

삶의 공간은 사람들에게 다양한 의미로 다가간다. 사람들의 말투나 자세, 표정, 행동, 생활 리듬이나 취향까지도 집이라는 공간에 의해 좌우될 수 있으며 개인의 성향에 따라 집이 바뀌기도 한다. 또한 어디에 사느냐는 집주인의 삶의 철학이나 신념을 대변해주기도 하고 경제력의 지표가 되기도 한다. 그와 더불어 주인의 라이프스타일을 엿볼 수 있는 집은 치유, 놀이, 소통, 예술, 휴식, 콘텐츠 생산에 이르기까지 다양한 삶의 심층들을 경험하고 학습할 수 있는 인간 최초의 학습의 장이었다. 코로나19 이후 농업과 가내수공업이 일상이던 역사시대처럼 집은 일터의 기능이 다시 되살아나기 시작했다. 공부도 업무도 대인 관계나 취미 활동은 물론 쇼핑까지도 온라인 채팅 도구로 집콕 하며 모두 해결한다. 집은 이제 당신 그 자체가 되어 가장 쉽게 당신을 이야기해주는 텍스트이자 삶의 장이다.

치유의 공간,
집

신경건축학의 선구자인 에스더 스턴버그Esther M Sternberg 박사는 그의 저서 《공간이 마음을 살린다Healing spaces》에서 '나를 위로하는 정원, 치유가 빨라지는 병실, 스트레스를 덜어주는 사무실, 오감을 자극하는 놀이동산, 영감이 솟구치는 연구소, 건강한 도시'가 치유 효과가 있다는 과학적 근거를 제시한다. 집은 물론 아름다운 동네와 세상 자체가 치유적이라는 것이다. 우리가 흔히 자연 속에서 힐링 하는 것도 공간이 마음을 치유하는 효과와 같은 원리다. 잠시 머무는 병원이나 연구소, 성지가 인간 심리와 호르몬에 영향을 끼쳐 치유 효과가 있다면 우리가 늘 거주하는 집이라는 공간을 어떻게 가꿔나가야 할지에 대한 답이 보인다.

아름답고 편안하고 따뜻한 리빙 스타일은 그 자체로 치유적 효과가 있음은 물론 디자인과 색채 등의 예술적 감각을 향상시키고 안정된 인성과 소통 능력을 향상시키는 교육 효과를 낼 수 있다. 코로나19 집콕 시대에 '집'이란 공간은 이제 단순히 쉼터가 아닌 학교다. 학교는 아이들이 쉴 수 있는 포근한 집처럼 아늑해야 하고, 아늑한 집은 그 자체로 교육적이다.

놀이와 소통과 예술의 공간,
집

일본의 '마사 스튜어트'라고 불리는 구리하라 하루미栗原はる
み의 일상은 책 제목처럼 '매일매일 즐거운 일이 가득'하다. 그녀
에게는 어머니에게 배운 청소법도 기분 좋은 놀이이고, 햇살 좋
은 아침에 창문 닦기와 매일하는 다림질 또한 즐거운 놀이이다.
그것뿐인가. 각종 요리는 물론 티타임과 현관 장식, 해마다 만드
는 잼에서 깨소금 빻기까지 즐겁지 않은 일이 없다.

그런가 하면 미국 메인 주 사람들은 거친 기후와 환경 속에
서도 매일 자신의 집에서 그릇을 빚고, 바구니를 엮고, 러그를
짜고 목공예 작품을 만들며 날마다 새로운 일상의 예술적 창조
자로 살아간다. 케이티 켈러허는《일상이 예술이 되는 곳, 메인》
에서 메인 주의 사람들은 겨울에는 바람에 피부가 트고 갈라지
지만 자연과 함께 어우러지기, 다른 방식의 삶을 선택하기, 서로
의 지식을 공유하기, 온몸으로 헤쳐 나가는 삶처럼 역동적인 라
이프 스타일을 스스로 선택하고 추구해왔다고 말한다. '작은 마
을에서 피어난 손끝의 가치'라는 책의 부제처럼 메인 주의 사람
들은 메인 주의 역사에서 탄생한 창조적이고 독특한 삶을 자신
들의 집을 중심으로 펼쳐나가고 있는 것이다. 그들에게 집은 곧
삶의 공간이자 놀이터이고 창조하고 소통하는 삶의 광장인 것
이다.

사실 집 안에서 이루어지는 많은 가사 노동들은 인간들의 삶을 영위함에 있어서 가장 기초가 되는 것들이다. 의식주의 3요소가 모두 집을 기초로 이루어진다. 하루도 건너뛸 수 없는 집안일을 하나의 놀이와 즐거움으로 받아들이고 그 과정을 자녀들과 함께 공유해간다면 더 이상의 미래 교육은 없다고도 할 수 있다. 부모들과 함께하는 일상의 다양한 체험 자체가 교육이 되는 것이다. 집안일이야말로 홈스쿨의 기초 교과목이다.

집은 본디 예부터 핵가족이 아닌 대가족 공동체의 소통의 장이었고 아이들은 집과 동네를 중심으로 소통하는 법을 배우며 자랐다. 근대적 학교가 세워지기 전부터 집은 삶의 기술을 배우는 학교였다. 이런 전통이 굳건히 내려오는 대표적인 '집=학교'가 유대인 가정이다. 아빠는 아이에게 전통 율법(탈무드)을 가르치고, 엄마는 빵 굽기를 비롯한 전통적인 삶의 기술을 가르친다.

집 안의 작은 오브제^{objet} 하나로도 아이들은 예술적 안목을 갖게 된다. 집에 있는 사물들은 아이들이 익숙하면서도 깊이 관찰할 수 있는 대상이 되기 때문이다. 무조건 천 원짜리 물건이 싸고 실용적일 수도 있지만, 백만 원짜리 물건이 더 아름답고 100년을 간직할 수 있는 가치가 있는 것이라면 우리는 선택에 앞서 많이 숙고해야 한다. 우리 집에도 딸아이가 20년 전 햄버거를 먹고 받아온 플라스틱 말 모양 장난감이 콘솔 위 최고의 자리에 올려져 있다. 플라스틱 장난감이 하나의 예술품 오브제로 등극한 것이다. 집이 곧 아이 성장의 박물관이라고 할까? 집은 이렇듯 다양한 스펙트럼의 홈스쿨링 공간이 된다.

교육의 클래식이란
바로 이런 것이다

〈파리의 노트르담Notre-Dame de Paris〉과 〈레미제라블Les Miserables〉 등 세계적인 고전 명작을 남긴 빅토르 위고Victor Marie Hugo는 집이 곧 콘텐츠를 생산하는 자신의 일터였다. 파리 마레지구 보주광장에 있는 '빅토르 위고의 집'은 개성 넘치는 고급 벽지들과 아름다운 가구와 장식 접시들로 위고의 삶의 취향을 이야기해준다. 위고는 평소 글쓰기를 시작하면 자신의 옷을 하녀로 하여금 모두 숨기게 하고 작품을 끝내고야 비로소 옷을 입고 외부 출입을 시작했다고 한다. 그만큼 위고에게 집은 영감을 주는 장소이자 작품을 생산하는 작업실이었던 것이다.

페르시아 서민 가정에는 베틀이 놓인 방만 한 크기의 아름다운 양탄자가 생산되었고, 조선 양반집 규수들은 자수와 서화 등의 작품을 쏟아냈고, 목수들은 양반집에 오랫동안 머물면서 장롱이나 세간살이를 만들어 고적한 선비의 방과 생활을 예술로 승화시키기도 했다. 조선 후기 서민들은 또 어떠했나. 그들이 집에서 만들어내는 짚공예나 목공예 작품들은 일상용품이자 서민 문화 콘텐츠였다. 현대의 우리 자녀들은 매일매일 스케치북이나 일기장에 그림을 그리고 글을 쓴다. 이 또한 문화예술 생산 활동이다.

코로나19 이후 대부분의 사회 활동과 경제활동은 물론 문화 활동까지 이제 집을 중심으로 이루어진다. 집과 일터와 콘텐츠 생산의 일치가 미래 진로·직업교육의 핵심 맥락이 될 것이다. 그러니 집에서 부모의 역할은 아이들을 양육하고 교육하는 더 막중한 임무가 주어졌다고 할 수 있다.

집은 학교다. 부모는 교사다. 진정한 홈스쿨링이란 집에서 학교 숙제를 하고 교과 지식을 익히는 것이 아니라 일상을 교육 적 코드로 풀어 생활하는 것이다. 교육의 클래식이란 바로 이런 것이다. 집이 치유, 놀이, 소통, 예술, 휴식, 콘텐츠 생산은 물론 교육의 기능까지 아우르던 옛 시대의 라이프스타일이 바로 메타 버스세대가 당면할 새로운 교육 개념이고 교육목표이며 교육 방 향이다. 사실 교육이라고 의식할 필요도 없다. 그저 부모가 가치 지향적이고 의미 있는 삶을 영위하기 위해 성실하고 즐겁게 살 아간다면 이미 최고의 교육이 성취되었다고 볼 수 있다.

부모의 라이프스타일은 아이의 미래다. 작금에 더 중요한 교 육은 아이들 교육과 교사 재교육이 아닌 학부모 교육이다. 2022년 국가 예산이 편성되기 전에 전문화된 학부모 재교육 프로그램 예 산이 책정되어야 한다. 부모 교사로서 기초를 다질 수 있는 학부 모 재교육을 평생교육 사업과 문화예술교육 사업으로 연계하여 구체적인 정책을 수립해 나가야 한다.

홈스쿨링이란, 가정의 일상을 통해 융합적인 배움이 자발적이고 자연스럽게 일어나는 것을 말한다. 부모의 삶이 아이의 삶의 비전에 동기를 부여해주는 가정의 아름다운 일상과 부모의 라이프스타일이 교육이 되는 것이다.

"나도 엄마 아빠처럼 살아야지."

아이가 이렇게 생각하는 순간 홈스쿨링은 시작된다. 아니, 이미 엄마의 뱃속에서부터 홈스쿨링은 시작됐다. 그렇다면 아이들은 가정의 일상에서 어떤 교육을 받을 수 있을까?

옹프 탁자와
라이프스타일 교육

온라인 라이프스타일이 본격화된 사회 변화 속에서 부모가 가족의 일상인 의식주를 통해 아이들을 융합적으로 교육할 수 있는 방법은 무엇이 있을까?

프랑스 디자이너 필립 스탁[Philippe Patrick Starck]은 '스탁 라이프스타일'이라는 말이 나올 정도로 사람들의 삶을 변화시키기 위한 디자인을 해오고 있다. 그가 디자인한 '옹프[Office National de Forêt, ONF]('국립수목원'의 약자이며, 테이블 이름이 옹프 테이블이다.) 탁자 프로그램'은 라이프스타일 교육의 핵심 가치 중 첫 번째인 사람에 대한 사랑과 존중이 담긴 융합 프로젝트 학습의 예라고 할 수 있다.

필립 스탁의 '옹프 탁자'는 단순히 탁자만을 파는 것이 아니라 '생각하고 협력하며 경험하는 교육 체험'을 함께 끼워 판다. 옹프 탁자를 사용하려면 탁자의 네 다리 사이에 긴 나무토막을 끼워 넣어야만 안전하게 사용할 수 있는데, 소비자가 직접 프랑스 산림청에서 지정한 숲에 가서 직원의 안내에 따라 벌목이 가능한 나무 중 하나를 골라 잘라 와야 완성될 수 있다. 이 과정은 숲을 직접 거닐고 느끼며 숲을 가꾸는 마음을 갖도록 함은 물론 가족들과의 대화와 협력을 이끌어낸다. 가족들이 선택한 나무에 따라 색다른 디자인의 테이블이 완성되고 같지만 또 다른 삶을 선택하고 만들어갈 수 있다는 철학 또한 전해진다. 필립 스탁의 '옹프 탁자'는 단순한 탁자가 아닌 사랑과 협력의 공생 가치가 모두 포함된 인성 중심 프로젝트 학습의 전형이라고 할 수 있다. 가족과의 추억이 담긴 탁자를 쉽게 버릴 리도 만무하니 환경 교육 차원에서도 성공적인 것이다.

전인교육을 위한
융합 프로젝트

필립 스탁의 디자인 철학처럼 사람에 대한 존중이 바탕에 깔린 사람이야말로 품격 있는 사랑을 하는 전인이라고 할 수 있지 않을까? 그렇다면 전인교육의 핵심은? 사랑이다. 르네상스적 인간인 폴리매스[polymath21]들은 세계가 모두 연결되어 있다는 인식을 갖고 있었고, 그렇기에 그중 하나인 자신도 세상 모든 것과 연결된 존재임을 알았다. 전인이란 그래서 연기론^{緣起論}적이다. 나를 사랑하자면 세상의 아주 하찮은 그 무엇이라도 존중하고 사랑해야만 한다. 하지만 사랑도 배워야 잘한다. 어려서 부모로부터 사랑하는 방법을 배우지 못하면 감성이 아닌 관념적인 사랑을 하게 되고 상대를 종속시키거나 자유를 구속하는 집착을 사랑으로 오해하게 된다. 이는 단순히 연인과의 관계에서만 문제가 되는 것이 아니라 일생을 통해 관계 전체에 소외, 왕따, 집착 등의 부작용을 낳는다.

온라인 집콕 사회의 격리와 단절이란 사회시스템에서 가정의 역할은 그래서 더욱 중요하다. 부모의 학대로 가정이 더 위험한 아이들도 많다. 일본의 신경정신과 전문의로 성인 발달 장애 전문의인 호시노 요시히코 교수는 그의 저서 《발달 장애를 깨닫지 못하는 어른들》에서 자녀들을 학대하는 부모들의 경우 발달 장애를 겪고 있는 사람들이 대부분이라고 말한다. 그에 의하면 남성은 가정 폭력으로, 여성은 아동 학대로 자신들의 발달 장애를 표출한다. 발달 장애는 지적장애, ADHD, 학습 장애, 아스퍼거^{Asperger}증후군, 자폐증 등으로 성장기에 자신의 증상을 모르고 어른이 된 경우가 많고 우울증과 불안 장애, 인격 장애 등이 나

---

21 폴리매스란, 사전적 의미로는 '박식가'를 뜻한다. 그가 말하는 폴리매스는 좀 더 깊은 뜻이 담겨 있다. 서로 연관이 없어 보이는 다양한 영역에서 출중한 재능을 발휘하며 방대하고 종합적인 사고와 방법론을 지닌 사람을 말한다. 그들은 다양한 분야를 넘나들며 경계를 허물고, 연결을 통해 창의성으로 이끌며, 총체적 사고와 방법론을 사용하여 시대를 이끌어간다. 와카스 아메드, 이주만 역, 《폴리매스》, 안드로메디안, 2020. 참조.

타난다. 베토벤, 아인슈타인, 피카소도 발달 장애인들이었다. 그들은 각각의 발달 장애를 전문적인 지식과 재능으로 승화시켜 인류의 발전에 도움을 준 사람들이다. 메타버스세대 아이들도 미리 사랑과 존중을 기반으로 한 전인교육을 부모로부터 받을 수 있다면 아이들이 직면하게 될 핵, 환경, AI, 식량문제 등 인류사적 위험에 더 적극적으로 대처할 수 있다.

사랑과 품격, 협력과 소통은 동서고금을 막론하고 변하지 않는 교육의 핵심 가치이자 삶의 핵심 가치다. 홈스쿨링으로부터 이러한 가치를 배운 아이들은 든든하게 자란다. 어떤 상황에서도 흔들림이 별로 없다. 그렇다면 우리의 실제 생활 속에서 홈스쿨링의 코드가 될 수 있는 일상은 어떤 것들이 있을까? 우리들의 의식주 라이프스타일에 홈스쿨링의 중요한 아이디어가 산재해 있다. 일상생활의 모든 코드를 섞어 필립 스탁의 옹프 탁자처럼 융합적이고 창의적인 프로젝트 학습으로 교과 지식, 창의인성, 사고력 향상의 전인적인 학습이 가능하다. 바로 뉴스타일 폴리매스의 다재다능함이다.

모든 것을
교육할 필요는 없다

다재다능함이란 모든 것을 배우거나 교육받는다는 것과는 다른 이야기다. 모든 것을 교육하겠다는 생각 자체가 강박이다.

그냥 살면 된다. 부모가 아이를 너무나도 사랑한 나머지 모든 것을 교육해야겠다고 생각한다면 욕심이고 커다란 불안을 낳는다. 교육은 우연한 맞닥뜨림으로 이루어지는 경우가 더욱 많다. 부모는 그저 가치 있고 의미 있는 삶을 살기 위해 성실히 자신의 삶을 살아가면 아이는 부모로부터 깨우치며 배운다. 부모는 다만 아이들 스스로 각성할 수 있는 계기를 마련해주기만 하면 된다. 교육과 배움은 스스로의 자각이 기본이다.

내가 여섯 살 때 엄마가 음식 냄새를 맡아보고 상했다며 버리셨다. 그때 나는 상한 음식은 먹을 수 없다는 것을 스스로 깨우쳤다, 다음 날에는 엿장수가 왔고, 빈병과 엿을 바꿔 먹기 위해 냄새나는 상한 소주를 버리고 그 병으로 엿을 바꿔 먹고 껄껄껄 웃으시는 아버지께 꾸중을 들었다. 그때 또 깨우쳤다. 소주는 고유의 냄새가 특이한 것이지 상하지 않는다는 것을. 그때 바로 우리 집 마당에 파묻은 뱀술의 원리를 스스로 깨우쳤던 기억이 난다.

부모의 언행은 그 자체로 교과서이자 하나의 세계관이다. 굳이 국·영·수·사·과 과목을 분절해서 아이들을 가르치려 하지 말자. 이미 교과 중심의 지식 교육의 시대는 저물었다. 우리 삶은 모든 것이 통합적으로 연결되어 있다. 인도양 쌍극자의 영향으로 동아프리카에는 강우가 일어나고 메뚜기 떼가 창궐했고, 호주에는 가뭄과 극심한 산불이 일어났는데 이 둘이 상호 연관되어 작동되고 있는 것과 마찬가지다. 코로나19 이후 부모의 역할은 한마디로 앞에서 설명한 것과 같은 폴리매스적 총체성과 교육관이다. 서로 연관성이 없어 보이는 다양한 영역을 일상생활 속에서 교육적 코드로 엮어 아이와 놀이처럼 일상을 즐겁게 보낸다면 상상력 풍부한 창의적인 사고의 진취적인 인재 양성은 저절로 이루어진다.

홈스쿨링에서
주의할 점

집에서 부모가 아이를 가르쳐야 한다는 생각을 한 순간, 가정은 홈이 아닌 하우스가 된다. 부모들이 온라인 개학에 지쳐 있는 것도 너무 많은 일을 자처하기 때문이다. 모든 아이들이 학교를 가지 않고 온라인 수업을 성실하게 또는 불성실하게 하고 있는데도 불구하고 자신의 아이가 낙오자가 될까 봐 노심초사 불안해하며 교과 수업까지 부모가 나서서 감당하려고 한다. 학교 교사들이 그동안 얼마나 바빴는지, 왜 학원 강사가 학교 교사에 비해 교과 지도에 더 유능할 수 있는지를 절감했을 것이다. 학습과 돌봄과 행정 업무를 동시에 수십 명의 아이를 대상으로 해가는 교사의 업무량과 교과 지도만 하는 학원 강사의 업무량은 비교 불급이다.

교사들의 합리화라고 치부할 수만 없는 현실임을 코로나19 사태로 학부모들은 절감했을 것이다. 그럼에도 불구하고 코로나

19로 온라인 수업에 대한 불만이 교사들에게 쏠리며 교사들의 무능을 탓했다. 그렇다면 이제 재택근무를 하면서 아이를 돌보고 공부까지 시키는 부모인 나의 업무량은 어떤가? 죽을 맛이라는 정답들이 쏟아져 나왔다. 오로지 내 아이 하나만 지도하는데도 말이다.

홈스쿨링은 숙제와 같은 지식 수업과 교양으로서의 독서 교육도 진행할 수 있지만 무엇보다 중요한 교육과정은 가족들의 일상에서 자연스럽게 습득하는 총체적 삶의 배움이다. 부모들은 단순히 스스로 책을 읽으며 아이들에게 동기를 부여해주고, 즐겁게 요리하고 집 안을 가꿔나가면서 아이에게 시각적 자극을 준다. 이러한 자극들은 예술적인 영감과 연결되어지고 삶의 역동으로 열정을 가슴에 담게 한다. 이렇듯 아이들과 협력해서 집안일을 하면서 삶의 지혜를 나눠주면 된다. 그것이 바로 홈스쿨링의 핵심이다. 앞에서도 논했지만, 학교의 교과 내용이란 삶을 살아가는 상식 수준의 교양을 지식으로 만들어 미리 배우는 것이기 때문이다.

만약 자신이 통합적 사고를 하는 사람이라고 판단된다면 눈을 감고 잘 생각해보라. 어려서 어떤 순간들이 강렬하게 떠오르는지를 말이다. 나는 아버지가 집에서 키운 닭의 배를 가른 순간 줄줄이 이어져 나오던 달걀노른자의 연결성을 잊을 수가 없다. 그때 아버지가 하신 말씀은 큰 것은 내일 낳을 달걀이고 작은 것은 크기의 순서에 따라 차례차례 낳게 된다는 것이었다. 나는 그때 연결성과 자연의 순리 등에 대한 어떤 감각을 깨달았던 것 같다. 차면 비워진다? (커지면 낳는다?) 그 후 생물 시간이 좋아졌다. 적어도 나는 닭의 해부 과정을 꼼꼼히 지켜봤고, 닭의 내장 기관에 대해 똑똑하게 말할 자신이 있었다. 아버지가 닭을 잡아 털을 뽑고 요리하기까지의 과정 자체가 자연과학 학습에 대한 완벽한 동기부여가 되었던 것이다.

대학 입학시험에서도 생물과 가정은 만점을 맞았다. 굳이 공부할 필요도 없이 인과관계를 생각하면서 이해를 하면 머릿속에 관련 지식들이 차분하게 정리가 되곤 했다. 닭을 잡는 과정의 강렬한 시각적 관찰과 경험이 영감을 줘서 다양한 세계와 현상을 연결시키며 이해할 수 있게 한 것이다. 이렇듯 홈스쿨링에서 주의할 점은 그것이 학습이거나 교육으로 표면에 드러나지 않게 해야 한다는 점이다. 이제 더 이상 교과서적 지식의 틀은 필요 없다. 지금 당장 스마트폰을 켜고 백과사전이나 유튜브를 검색하게 하는 것이 현명하다.

만약 아이에게 사랑과 품격을 배우도록 하고 싶은 욕망이 있다면 부모 스스로 먼저 아이를 품격 있는 언행으로 사랑하면 된다. 그것을 굳이 공부라고 호명한다면 아이들은 집까지 잃게 된다. 아이들에게 집은 스위트 홈이어야 한다. 아이들은 '카피'쟁이다. 부모의 라이프스타일과 취향을 바로 따라한다. 그래서 홈스쿨링은 부모와 자녀가 함께 탐구하는 평생교육으로 삶의 기술을 익혀나갈 때 더욱 빛나는 교육의 성취를 이룩할 수 있는 것이다.

부모부터
책을 읽자!

부모로부터 카피되는 라이프스타일은 사회와 세계가 던져 주는 감각과 환경의 해석에서 시작된다는 것을 생각하면 우리 개개인의 라이프스타일은 곧 개인의 것이 아닌 우리 모두의 것이 된다. 라이프스타일 자체가 우리 생각의 방향과 반복적인 사유와 행동 패턴에 의해 만들어지고 인류의 문화와 역사가 되기에 함께 더불어 살아가며 인간의 근원적 자유를 지키는 인문교육은 미래 사회에서 더욱더 중요한 인류 존속의 열쇠라고 해도 과언이 아닐 것이다. 그러다 보니 최초의 교사인 부모들이 집에서 아이들과 함께 책도 읽고 일상 속에서 가볍게 던지는 질문들이야말로 홈스쿨링의 수준을 가늠하는 척도가 된다.

부모들이여! 우리 자신부터 책을 읽자! 아이들의 북큐레이터는 다름 아닌 부모들 자신이라고 생각한다면 북큐레이션 자체가 좀 더 신중해질 것이다. 아이들이 읽고 듣고 보는 것들이 모두 아이들의 생각이 되고, 아이의 미래가 된다는 것을 명심하자. 부모로부터 시작되는 홈스쿨링의 중요성이 바로 여기에 있다.

가정의례로
아이의 성장을 축하하라

가정의례는 관혼상제는 물론 아이들의 생일과 어버이날과 크리스마스까지도 다양하게 만들어갈 수 있다. 학교에서는 이런 기념일들을 '계기 교육'이라는 이름으로 기념하며 다양한 인성 교육을 진행하기도 한다. 가정에서 부모와 자녀가 함께할 수 있는 홈스쿨링이 학교 과제 중심이거나 독서 중심인 현실에서 홈스쿨의 부모 교사가 보다 적극적으로 아이와 소통하며 함께할 수 있는 신나는 융합 교육이다. 아이의 생일은 물론이고 가족들 모두의 생일잔치를 위한 다양한 계획 세우기와 음식 만들기, 선물 포장 및 이벤트 마련 등이 모두 삶의 교육이 된다.

아이의 아주 사소한 변화나 성장을 기록하는 날들도 모두 축하하다 보면 가족의 일상은 매일이 축제가 된다. 〈캡틴 판타스틱Captain Fantastic〉(2016)이라는 영화에서 아빠는 아이들이 엄마의 죽음으로 슬퍼하는 것을 보고 매년 가족 파티로 만들어오던 '촘스키 데이'를 미리 앞당겨 파티를 열고 아이들에게 선물을 선사한다. 전통적인 의례는 관혼상제 중심이었지만, 부모와 아이들이 가족들에게 의미 있는 사물이나 인물이나 사건을 중심으로 새롭게 만들어도 된다는 이야기다. 학교에서 진행하는 의례 교육이 조금 더 형식적이라면, 집에서 진행하는 의례는 더 융통성 있고 유연하게 진행하며 가족의 축제로 만들어갈 수 있다. 마음껏 축하하고 즐기고 노래하고 나누는 시간들이 많아질수록 아이들은 부모와 함께한 더 많은 시간을 기억하고 행복한 추억을 더 많이 만들게 된다. 집이 즐거움을 나누는 진정한 삶의 배움터로, 즐거운 집으로 재탄생하게 될 것이다.

부모들의 변화에서부터
치유는 시작된다

부모와 함께하는 인문학 교실은 선택이 아닌 필수 과정으로 주체적이고 독립적인 삶을 위한 홈스쿨링의 필수 과목이다. 명심해야 할 것은 부모들의 언행 자체가 아이들의 말과 행동의 근원이 된다는 것이다. 부모의 언행 변화만이 아이들을 새로운 변화의 장으로 이끌어낼 수 있다. 현재 학교 단위로 세팅되어져 있는 청소년 대상 정신 건강교육 등을 홈스쿨링 연계 가족 단위 상담 프로그램으로 확대 실시하여 가족 모두의 정신 건강을 도모하는 것도 중요하다. 사실 많은 부모들이 자신들이 정신적으로 미숙한 '어른아이'임을 모르고 살아간다. 나부터도 어른아이임은 물론 자신의 발달 장애를 눈치 채지 못했던 어른 중 한 사람이었다. 나의 내면 아이는(심리학 전문용어로 어린 시절 상처로 형성된 무의식이 성인이 되어도 그 당시 어린아이 수준으로 반응하는 것을 의미한다. 존 브래드쇼의 《상처받은 내면 아이 치유》는 물론 심리학 책에서 자주 언급된다.) 딸아이보다 더 어린 세 살의 어른아이로 삶의 고통을 통해 배우며 아이와 함께 치유 받고 성장하는 과정을 지나왔다.

부모의 라이프스타일은 곧 아이의 미래다. 홈스쿨링의 중요성이 바로 여기에 있다. 귀함은 결국 자기 스스로를 존중하며 자신으로부터의 변화를 도모하는 성숙한 인품에서부터 시작된다. 집에서 온라인 학습으로 아무리 많은 양의 지식 공부를 한다고 해도 부모의 언행이 귀하지 않다면 아이의 성장은 퇴행하기 시작한다.

앞으로 교사의 역할 중 가정방문 업무는 꽤 중요한 역할로 부각될지도 모른다. 집콕 시대에 아이들이 온라인 수업에 문제는 없는지를 살피는 것은 물론 가정으로부터 안전한가를 살피는 것이다. 가정 폭력의 대부분이 바로 자신의 친부모에 의해 자행된다는 사실은 과히 충격적이지만, 진실은 매우 일반적이다. 많은 부모들이 자녀가 자신의 소유물인 것처럼 착각하는 경우가 많기 때문이다. 아이를 독립 개체로 존중하고 인정하는 부모의 자세야말로 홈스쿨링 성공의 첫 출발점이다. 20세가 되면 내 자녀가 아니라 곧 내 이웃이 될 사람이라는 인식을 가진다면 사춘기 아이와 부모의 충돌은 조금 더 줄일 수 있을 것이다. 아이는 부모의 변화된 말투에서부터 치유가 시작되고 결핍이 채워지면서 자존감을 찾기 시작한다.

홈스쿨링
비폭력 대화 연습

집에서 온라인 등교를 하는 아이들과 자주 하게 되는 대화를 중심으로 비폭력 대화를 연습해보자. 다양한 상황에 대처하는 대화법도 매일매일 수행하듯이 연습하다 보면 무의식적으로 연습된 언어가 나오기 시작한다. 마치 수행자가 매일 기도문을 외우는 이치와 같다.

빨리빨리 수업 들어! ☛ 어디 아프니? 괜찮아?

숙제했니? ☛ 오늘 숙제는 재미있었니?

핸드폰 그만해! ☛ 엄마랑 마트에 같이 갈래? 갓김치 담그는 법 좀 찾아봐줄래? 전구 교체하는 방법 좀 알아봐줄래? 무거워서 그러는데 엄마 잠깐만 도와줄래?

늦어! 얼른 일어나! ☛ 어제 힘들었어? 딱하지. 힘들겠다. 5분 뒤에 깨울까?

밥 먹어! ☛ 식사 준비 다 됐어! 지금 먹을래? 간단히 주먹밥을 싸줄까? 그냥 갈래?

가정에서의 상황은 모두 다를 수 있다. 핵심은 아이를 존중하며 친밀감을 바탕으로 공감하고 명령어를 쓰지 않고 청유형의 언어를 사용하여 아이 스스로 선택하게 한다는 것이다. 더 나아가서는 영적 교감과 휴식과 돌봄, 따뜻한 음식과 다정한 스킨십 같은 신체적 돌봄까지 아이를 존중하는 것이다. 부모들이 자녀들에게 어린아이처럼 집안일을 부탁하며 장난스럽게 엄살을 피우는 것 또한 홈스쿨링의 또 하나의 지혜다.

삶의 품격을 지켜나가는 부모 아래서 자란 아이들은 저절로 품격 있는 삶을 자신의 삶의 등불로 삼는다. 가정에서 이루어지는 교육이야말로 인성 교육의 전부가 되는 집콕 시대임에 깨어 있어야 한다. 부모의 언행 자체가 아이들 배움의 시초다. 만약 부모가 자신과 타인을 괴롭히는 천한 사람이라면 자녀들도 똑같이 그렇게 성장하는 반면, 부모가 자녀를 귀하게 키우기 위해 스스로 먼저 겸손하고 부드러운 말투와 친절하고 평온한 태도로 대화한다면 자녀 또한 귀한 사람으로 성장한다. 그럼 먼저 자녀를 귀한 사람으로 성장시키기 위해 부모는 집에서 어떤 자세와 태도로 생활해야 할까? 단편적일 망정 적어도 우리 자신을 성찰할 수 있는 계기를 마련해준다.

자녀를 귀한 사람으로 성장시키기 위한 부모의 자세

1   나도 행복하고 자녀도 행복한 '자유'를 존중한다.

2   희생 아닌 사랑으로 헌신한다.

3   교만하지 않고 겸손하다.

4 평정심을 유지한다.

5 일음일양의 이치를 인정하고 실패해도 포기하지 않는다.

6 습관적인 사고와 행동을 경계하며 상황에 적절히 대처한다.

7 모험을 즐기고 새로운 것에 즐겁게 도전한다.

8 자기 자신의 소중함을 알고 믿고 사랑한다.

9 자신의 내면에 귀 기울이고 스스로 편안하고 행복하다고 느낀다.

10 고통과 어려움을 견딘 보람의 기쁨을 안다.

11 늘 평화롭고 안정된 마음을 유지하며 독서한다.

12 성찰적인 글쓰기로 성숙한 삶을 위한 좋은 습관을 만들어간다.

13 자유를 위한 경제 공부와 나눔의 가치를 안다.

14 여행과 전시 공연 등 문화예술적 취향을 꾸준히 키워간다.

15 상대의 이야기를 경청하고 눈을 맞추며 공감한다.

16 모든 것은 변한다는 것을 알고 차분히 유연하게 기다린다.

새로운 땅에 뿌린 씨앗은
새로운 세계를 탄생시킨다

이제 새로운 인간, 새로운 세대, 새로운 시대와 새로운 가치의 사회시스템 출현은 역사적 소명에 가깝다. 상품자본주의 사회에서 소비자인 부모의 권력은 사실 더욱 막강하다고 볼 수 있다. 이 또한 학부모 교육이 메타버스세대 교육에서 매우 중요한 이유라고 할 수 있다. 과거는 인류를 변화시키는 데 실패했다.

사람들은 여전히 사회와 정부, 관료 제도와 법률, 정치제도의 변화를 혁명으로 생각한다. 그러나 진정한 혁명은 우리들 개인의 내적인 혁명에서부터 시작해야 한다. 교육의 중요성이 바로 여기에 있다. 어쩌면 IT 공룡 기업들이 교육 사업을 전략적으로 펼치는 이유이기도 할 것이다.

우리는 우리 자신의 의식을 변화시키고 새로운 눈과 가치관을 지니고 과거의 가치로부터 해방된 새로운 인간의 시대를 열어야 한다. 이것이 바로 사랑과 충만함에 기반한 21세기 혁명 정신이다. 과거의 이념과 상식, 인간상 등 모든 것과의 연결 고리를 끊어버리고 새로운 생각과 행동을 하는 사람은 자유와 사랑, 무한한 창조성과 상상력 그 자체다. 그는 사람들이 바라는 희망과 꿈을 실천에 옮기는 사람이다. 부모들이 바로 그런 사람일 때 아이들은 비로소 사회와 가정 모두에서 안전하게 성장한다.

사회가 변화하기 위해서는 개인 하나하나가 종교적 삶의 변화에 눈을 떠야 한다. 종교적 삶이란 신앙을 의미하지 않는다. 마치 수행자처럼 끊임없이 배우고 탐구해가는 삶의 자세를 말한다. 새로운 땅에 뿌린 씨앗은 새로운 세계를 탄생시킨다. 새로운 시대의 새로운 사고를 지닌 새로운 인간은 여유 있는 자세로 삶을 운용한다. 바로 이런 자세의 사람들이 부모가 되어 자녀를 양육할 때 가정과 집은 비로소 안전한 곳이 되고 부모의 존재는 아이들을 위한 최고의 안식처가 된다. 코로나19 시대의 변화에도 동요하지 않고 강한 정신력과 용기로 코로나19 이후 미지의 세계로 들어가는 용기를 보여주며 자녀들에게 비전을 제시하고 손잡고 춤추며 노래하는 부모들이야 말로 홈스쿨링 시대 최고의 부모 교사라 할 것이다. 그래서 작금에 있어 그 어떤 교육정책의 변화보다 앞서서 추진되어야 할 것이 학부모 교육이라고 할 수 있다.

이제 교육은 아이들이 스스로 선택하게 하되 선택해도 되는 것과 아닌 것을 구분할 수 있도록 나로부터 타자를 보호하는 윤리적 기준을 명확하게 교육해야 할 것이고, 선택에 따른 결과를 미리 예측해볼 수 있도록 그 기준(역사, 과학, 철학, 심리 등 인문학)을 학습시켜야 한다.

선택도 자기가 하고 과보果報에 대한 책임도 자신이 지는 책임감을 키워주는 것도 미래 교육에서 자발성과 자유 선택과 함께 강조해야 할 부분이다. 무방비로 자유 선택권만 허용하는 것은 아이들에게 양날의 칼을 쥐어주는 것과 같다. 자유와 책임은 메타버스세대 교육의 중요한 화두가 될 것이다.

교사의 역할은
어떻게 달라질까?

지식 생산의 주체로서의
아이들

아이들은 위키백과와 같은 플랫폼을 통해 스스로 기초 지식 교육을 참고할 수 있을 뿐만 아니라 지식을 생산하는 생산자가 될 수 있다. 배움의 주체가 아니라 지식 생산의 주체인 것이다. 이제 부모들은 힘들게 아이들에게 공부하라고 잔소리할 필요가 없어진다. 이미 그들이 새로운 지식의 메이커로 공부할 필요 없이 다 알고 있는 것이다. 그러니 평가제도 또한 의미가 없어진다. 국정교과서는 이미 인류의 한 시대를 기록하는 박물관의 전시품의 가치만 남았다고 해도 과언이 아닐 것이다.

현대인들은 이제 백과사전에서 지식을 찾지 않고 유튜브에서 찾는다. 디지털 시대의 지식은 유튜브와 같은 디지털 플랫폼의 성장으로 정적인 무엇이 아닌 동적인 무엇으로 끊임없이 성장하고 사멸하는 생태계를 형성하고 있다. 하지만 그렇다고 해서 종이책이 없어지거나 책이 중요하지 않은 것은 아니다. 다양한 분야의 교양서들이 국정교과서를 대체할 수 있을 뿐만 아니라 미디어에서 생산되는 영상 콘텐츠들 또한 교과서의 역할을 하게 된다. 유튜브는 이미 학교요, 교과서가 된 지 오래다. 앞으로 교사들은 특정 과목의 지식을 잘 가르치는 역량이 아니라 교육 자료의 큐레이션을 잘하는 사람들이 실력 있는 교사로 대두될 확률이 높다. 정보량이 너무 많아 그중 옥석을 골라 아이들에게 제시하고 공유해주는 능력 또한 교사의 중요한 업무가 되는 것이다.

교사의 업무와
역할 변화

그동안 학교는 교과 영역과 창의적 체험 활동 두 개 영역으로 학생들을 교육해왔다. 한국 학교의 창의적 체험 활동에는 다양한 학생 활동이 포함된다. 교육과정은 세계적으로 대동소이하지만 이 장에서는 한국의 교육과정을 중심으로 논해보기로 한다. 한국 교육의 목표는 전인적인 시민 육성에 맞춰져 있고 이를 달성하기 위한 교육과정으로 구조화되어져 있다.

코로나19 이전 시대는 원하는 대학 합격이라는 명확한 목표가 있었기 때문에 교과 지식 위주의 수업을 하는 것이 너무나 당연했고, 그 외의 대안적 교육이나 강의식이 아닌 토론식의 수업조차도 견제를 받았다. 이러한 이유로 거꾸로 수업이나 하부루타 등의 학생 주체형 교육 방법들이 교사 연수에서 유행되었어도 현장 수업에 적용되는 경우는 많지 않았던 것이 현실이다. 그러나 코로나19 이후부터는 학생부에 담긴 교육과정이 유의미하다고 해도 그 방법과 방향은 달라질 수밖에 없는 상황이고, 교사들의 업무 또한 달라진다.

241쪽 표는 코로나19 이후의 미래 교사 역할 변화를 설명한다. 현재까지의 교사 역할이 수업과 반 학생 생활 관리와 학종 평가 기입이 대부분이었다면, 이후는 학생들의 프로젝트 팀 코치나 동기부여 촉진자, 홈스쿨 상담과 도우미, 교과 관련 정보와 온라인 수업 콘텐츠 큐레이터 및 진로 상담과 비전 제시 코디네이터 등의 업무로 전환될 확률이 높다. 기존 시대에는 인기 대학에 입학해서 좋은 직장에 취직하는 것이 아이들의 진로·직업의 방향이었다면, 미래 사회에서는 자신의 취향과 취미를 기반으로 생산적인 크리에이터로 생활해가는 것이 직업 선택의 기준이 된다.

이렇듯 아이들 스스로 자신들의 직업을 새롭게 만들어 경제생활을 영위하는 시대이기도 하고, 온라인 학습이 일반화되면 학벌은 평준화의 수순을 밟을 수밖에 없기 때문에 어렵게 경쟁하면서 입시를 준비할 이유가 없는 것이다. 이제 세계를 선도할 첨단 과학기술에 대한 학습은 물론 생산적, 비평적 미디어 리터

• 코로나19 이후 교사 역할의 변화

구분	코로나19 이후 교사의 역할
자율 활동	학년 반별 담임교사의 구분은 없어지고, 프로젝트 또는 동아리 담당교사로 팀별 프로젝트 수업이나 활동에 있어서 동기부여나 촉진자의 역할은 물론 행정 업무 처리 등 학습 지원과 도우미로서의 역할
동아리 활동	학급 담임이 아닌 동아리 팀 담당교사로의 역할
봉사 활동	봉사 활동도 프로젝트 학습 연계 활동으로 강화됨. 특히 공동체에 헌신하고 연계하는 프로그램 강화, 행정력 지원자의 역할
진로 활동	학교 교육 활동의 핵심적인 부분이 진로 및 인생 설계 학교의 성격으로 전환되면서 진로 활동에 대한 전문성 함양으로 학생들이 스스로의 직업을 만들거나 찾아가는 과정을 촉진하거나 비전을 제시해주는 코디네이터 역할
독서 활동	교사들의 전문 교과 또는 융합 교육 북큐레이션 강화로 북큐레이터의 역할
행동 특성	주제별 프로젝트 학습과 진로 탐색 프로젝트에서 교육목표 및 방법으로 자발성과 자기 주도적 리더십 촉진자의 역할
교과 학습	기존의 대입 중심의 국·영·수·사·과 핵심 과목 학습이 아닌 기초 학습 중심으로 전환. 교사는 전문 교과의 텍스트를 큐레이션 해주는 텍스트 큐레이터의 역할 강화. 기초 학습은 에듀테크 온라인 학습으로 홈스쿨링 중심으로 대체되고, 전문 교과의 심화 수업을 학교에서 프로젝트 학습으로 진행. 평가는 이수 방식으로 개편되고, 에듀블록 등 학생 스스로 기록해가는 포트폴리오 형식의 과정형 수행 평가 진행 시 서포터와 안내자 역할

러시 교육이 필수가 되어야 한다. 대안 교육이라 통칭되던 다양한 삶의 기술과 인문학 기반 체험 수업들 또한 교사들이 전문성을 쌓아야 할 부분이고, 의례와 계기 교육 파트의 다양한 삶의 유형들을 교육과 연계하는 라이프스타일 교육 또한 교사들이 필

수 영역으로 재교육을 받아야 할 부분이다.

코로나19 이후 교사들의 역할 중 핵심이 되는 부분은 학습 자료 큐레이션과 진로 코디네이터, 프로젝트 동아리 팀 서포터 및 가정방문 및 상담자로서의 역할이다. 학생들 중에는 학교보다 가정이 더 위험하고 불안한 아이들도 많다. 코로나19로 인해 단절과 통제와 격리가 지속된다면 우울감과 분노 조절 장애는 극단적인 비극을 가져올 수도 있다. 특히 부모의 성격적 결함이나 중독병증이나 신경증에 의한 폭력이 일상적인 가정의 경우 아이에게 집은 곧 지옥이다. 이런 학생들은 표면적으로는 더 강하고 아무렇지도 않은 듯 가면을 쓰는 경우가 많아서 교사들이 도움을 줄 수 없는 경우도 많다. 이를 위해 가정방문을 의무화하여 가정에서의 부모의 돌봄이 적절하게 이루어지고 있는지, 집에서 홈스쿨링 과정에서 어려움은 없는지 등을 가정방문을 통해 확인하고 체크하는 업무가 매우 중요하다. 그뿐 아니라 학교와 가정과 지역이 연계하여 아이 교육의 질을 더욱 심화시킬 수 있는 방안을 나눌 수도 있다. 가정의 가벼운 문제 등은 교사가 상담사가 되어 평생학습 관점에서 지혜를 나눌 수도 있다.

교과서가 없어도
괜찮을까요?

핀란드와 덴마크 등 북유럽의 교육들은 세계적인 선진 교육의 표본으로 꼽히고 있다. 핀란드는 현재 미래형 교육 비전에 맞춰 교과서도 없애고 전 교육과정을 프로젝트 학습으로 전환했다. 정형화된 하나의 규정과 개념을 가진 교과서가 없어야만 더욱 새로운 정보로 질 높은 교육이 가능해진다는 관점이다. 다양한 분야의 전문 지식을 가진 수많은 사람들이 기본 콘텐츠를 기반으로 섞고 조합하고 사용자에게 맞게 편집하는 과정은 사용자별 맞춤 교재를 의미한다.

온라인 교육 플랫폼을 중심으로 세계 공통의 교육목표와 비전을 가지고 교육한다면 먼저 현행 교육과정부터 미래 사회에 적합한 필수과목과 학생 선택과목을 나누어서 운영해야 한다. 학교에서의 교육은 덴마크 '에프터 스콜레efter skole'나 핀란드 '프로젝트'형으로 구조화해야 한다. 앞으로 학생들은 자기가 사는 동네의 학교가 아닌 자기가 원하는 직업이나 흥미를 가진 프로젝트 수업을 진행하는 학교를 선택해서 갈 수 있도록 정책적 변화도 동반되어야 한다. 사이버대학처럼 온라인 수업으로 학점을 인정해준다면 사하라 사막에 세워진 학교에서 낙타를 키우는 전문학교라 할지라도 가능하다. 그와 더불어 기숙사를 마련해서 아이들이 자신의 니즈와 취향에 맞는 프로젝트를 선별하여 어느 지역에 있는 학교라 할지라도 환경적인 제약 조건 없이 공부할 수 있도록 학교 정책 자체가 변화해야 한다. 기존의 학교가 공동체 협력 학습이나 평생교육 공간으로 전환된다는 가정 아래 온·오프라인 믹스 쌍방향의 미래 학교교육과정 혁신안을 간단하게 제안하면 아래 표와 같다.

• 온·오프라인 믹스 쌍방향의 미래 학교교육과정 혁신안

오전	융합 필수과목
학교에서 교사가 진행 오프라인 진행 융합적 프로젝트 공동체 협력 학습	자국 언어와 영어
	과학기술과 소프트웨어
	수리와 철학, 심리, 뇌 과학, 명상
	예술과 상상력 글쓰기
	농사, 수공예 등 생활 기술
	독서와 미디어 리터러시 교육
	생태 환경과 경제
오후	**학생 자율 선택과목**
집, 학교, 지역공동체 등 프로그램 체험 진로 체험 온·오프라인 쌍방향 학습자 자율 선택 삶의 기술 익히기	공통 영어, 외국어
	다양한 기초 분야 심화 학습
	삶을 위한 노작교육 실습
	팀 프로젝트 학습
	문화예술 취미
	직업 현장 체험 학습
	봉사 활동

온·오프라인 쌍방향 학교교육에서의
유의점

1   온라인 교육 플랫폼 교육의 경우 학습자의 적극적인 학습 참여를 위해 강의자와의 채팅 기능을 강화하고 상호 협력 학습이 될 수 있는 프로그램을 적극 개발한다. 배우기 위해 가르

치고 가르치기 위해 배우는 상호 보완성이 학습자들에게 더 자발적이고 능동적인 학습 동기를 부여할 수 있기 때문이다. 이때 교사와 학생의 구분을 현재의 학교 시스템 안에서의 대상자로 좁히지 말고 더 확장한다. 학생과 학생, 학생과 교사, 학생과 지역민, 학생과 상·하급생 등등 학생이 교육의 주체가 되어 양방향 학습이 이루어질 수 있는, 가르치기 위해 배우고 배우기 위해 가르치는 학습 방법의 효율을 기한다.

2   교사와 학생 간 네트워킹을 강화하며 학습 동아리 회원으로서의 동료 의식을 갖게 한다. 이는 상하의 문제가 아니라 학습에 협력하는 협력자로서 서로 조력하는 관계로 상대를 규정할 경우 더 강력한 협력 효과가 발생할 수 있다.

3   프로젝트 교육의 성과나 결과를 온라인이나 오프라인 상에서 발표하고 성과를 공유하는 시스템을 갖추면 자발적으로 특정 교육 플랫폼의 학습을 선택한 학습자는 더 큰 소명 의식을 가지고 학습에 임할 수 있다. 이를테면 온라인 교육 플랫폼과 오프라인 동아리 중심 프로젝트 학습으로 맺어진 인간관계 중심 네트워킹이 유기적으로 작용하며 하나의 작은 학교 기능을 할 수 있다는 것이다. 이때 배우고 가르치는 자의 위계나 고정된 위치는 없고, 그때그때 팀의 리더 역할을 하는 이와 협력하는 촉진자만 존재할 뿐이다.

4   기존의 학교는 학생들이 공동체 활동이나 프로젝트 협력 학습 및 온라인 플랫폼 동아리 학습을 하기 위한 오프라인 공

간은 물론 지역민의 평생교육의 장으로도 새롭게 구성한다. 학교는 학령기 학생에 맞춘 표준 교육과정을 이행하는 기관이 아니라, 특정 주제의 프로젝트를 도모하는 사람들이 모이는 프로젝트 학습의 장으로 특성화된다.

　　5　학력을 인정하는 평가가 필요한 경우는 에듀블록 등으로 이수 점수를 획득하는 과정 중심 평가로 대체한다. 기존의 지식 암기 평가는 이미 스마트폰의 상용화 및 신체 기관화로 그 의미가 퇴색되었기 때문이기도 하고 직업 선택이 성적 위주 서열로 평가되는 시대가 지났기 때문이다. 음식을 많이 먹고 소화시키는 것도 직업이 된 세상임은 물론 땅 파서 물고기 잡는 것만으로도 유튜브를 통해 수입을 얻고 경제활동을 할 수 있는 1인 크리에이터의 시대이기에 성적 순위에 따른 입신양명 부귀영화라는 공식은 이미 구시대의 산물이기 때문이다. 아니면 전 세계가 함께 공인하는 자격증 시험을 개발하여 자격증이 곧 평가가 되는 시스템도 진로·직업교육과 함께 생각해볼 부분이다. 이와 함께 절대평가를 더 적극적으로 받아들일 필요도 있다. 절대평가는 운전면허나 자격증 시험과 같은 방식이다. 자격시험을 볼 때 기준 점수에 도달하면 합격이다. 기준 점수 이상의 점수는 아무 의미가 없고 누가 점수가 더 높은지도 크게 의미가 없다. 따라서 학생들은 서열화의 부담에서 벗어나 오롯이 학습 목표에 집중함으로써 필요한 지식이나 기능, 자격을 비교적 자유롭고 즐겁게 학습하고 얻을 수 있다.

6   인문학 교육으로 아이들의 생각과 사고의 전환을 통해서 인간의 존재 이유와 자유함의 가치를 세계인들이 함께 공유해 나간다. 세계는 글로벌 공동체로 글로벌 기업들로부터 의식주를 의존하며 글로벌한 바이러스의 공격에 공동 대응해야 하는 공동체다. 이제 교육은 단순히 자국의 교육 혁신에만 집중할 문제는 아니다. 코로나19 바이러스에 의해 전 세계적인 단위로 코로나 스쿨 혁명은 성취되었고, 코로나19 이후 교육 대안은 글로벌 수준으로 마련되어야 한다. 그 이유는 이미 우리는 디지털 온라인으로 연결된 존재들이고 세계인들의 이슈와 가치 체계와 철학이 바로 온라인을 통해 우리의 머리로 들어오기 때문이다.

전 세계가 함께 공유하고 공감하는 가치를 중심으로 교육이 진행되었을 때 바이러스로 인한 세계의 단절과 자기 민족 중심의 국수주의는 물론 편협한 민족주의 등의 문제로 인한 전쟁 같은 인류의 불행을 막을 수 있다. 전염병과 흉년과 전쟁과 같은 비상사태 시에 인간은 서로를 돕기보다 자신과 가족만 살면 된다는 생각이 더 강화되어져 왔음을 역사를 통해 우리는 이미 알고 있다. 하지만 그것이 전 지구상으로 봤을 때 얼마나 큰 손실인지에 대해서도 또한 역사를 통해 알고 있다. 세계는 불과 14년 전인 2007년 스마트폰이 만들어지기 이전 시대와는 비교할 수 없을 만큼 긴밀하고 가까워졌음은 물론 전문가와 비전문가를 구분하기도 어려워진 시대다. 국가가 조직을 통해 이루어내는 일들 못지않게 개인들의 활약이 엄청 중요해진 시기인 것이다. 이러한 세상의 변화는 전 세계적인 현상이다. 지역은 달라도 세계는 디지털 온라인 기술하에 이미 원니스oneness(일체)의 세계로 발전해버린 것이다. 교사들의 역할 또한 이처럼 세계의 변화에 맞춰감은 물론 메타버스의 새로운 세계 또한 아이들의 호흡으로 경험해보고 확인하며 새로운 교육의 대안을 준비해가야 한다. 이미 아이들은 가르쳐야 할 대상이 아닌 메타버스 시대 디지털 스승으로 진화되어 있다는 사실에 깨어 있어야 한다. 어쩌면 호모메타버스 Z세대 아이들은 이미 우리의 스승이다.

학교 기능의 파괴적 변화,
학교는 또 하나의 집이 된다

온라인 교육 플랫폼의
학교 기능 전환

바이러스 백신이 아닌 교육이 세계 인류의 생존 열쇠를 쥐고 있다. 핵 문제도, 환경과 식량문제도, AI 안전 문제도, 바이러스에 대처하는 포스트 코로나 시대의 생존법도 교육이 아니면 풀어나갈 해법이 없다. 사람들의 행복 또한 한 생각 바꾸는 지혜를 나누는 관점 교육에서부터 시작된다.

코로나19 이후로 사회적 상식이 모두 뒤바뀌는 상황이기에 교육 내용부터 빨리 변환되어야 한다. 그와 더불어서 교직원 조직부터 학생들 학급 조직 그리고 동아리와 학생자율회의까지 모든 학교 교육 조직 체계에 대한 다시 생각하기가 필요한 시점이다.

먼저 느슨하지만 학교와 같은 기능 전환을 꿈꾸며 진화하고 있는 온라인 플랫폼을 살펴보자. 책추남은 유튜브 채널을 운영하며 영성의 시대에 인생의 성장과 변화를 촉진시키는 학교를 꿈꾸는 북큐레이터이자 유튜버다. 책추남의 네이버 카페 또한 '진정한 변화와 성장을 위한 스쿨 카페'를 표방하고 있다. 유튜브 채널의 구독자 수가 18만 명을 넘어설 정도로 그가 꿈꾸는 나비스쿨은 파급력이 대단하다. 책추남을 소개하는 이유는 그 자신의 '자기 선택'에 대한 이야기를 하고 싶어서다. 학교 기관과 같은 견고한 조직이 없어도 좋은 책을 함께 나누자는 취지에서 유튜브 채널을 시작했고, 이것이 씨앗이 되어 나비스쿨이라는 온오프라인 학교 모델로 구체화되기 시작했다.

온라인상의 카페 스쿨은 회원들의 참여도와 프로그램 단계에 맞춰 1학년부터 4학년까지 스쿨 시스템으로 디자인되어 참가자들의 더 적극적인 참여를 유도해내고 있다. 좀 더 느슨한 조직의 온라인 학교라고 할 수 있지만 학생들이 자발적으로 나비스쿨의 프로그램을 선택하고 수업료까지 내면서 찾아오는 학교라는 점에서는 매우 강력한 교육 효과를 낳고 있다. 정량화된 통계 수치로 그 성과를 표시하는 것은 어렵더라도 한 번 인연이 된 사람들은 나비스쿨의 프로그램을 차근차근 단계별로 밟아간다. 책추남이 카페의 카테고리를 평생교육으로 잡은 것도 미래 사회의 교육 비전과 잘 맞닿아 있다는 생각이다.

학교의 조직이 강력하다고 해서 아이들의 학습 성취도가 올라가는 것은 아니다. 교육의 출발은 무엇보다 동기부여와 자발성이 핵심이다. 그런 점에서 책추남은 좋은 책을 읽고 누군가

• 나비스쿨의 프로그램

학년 구분	프로그램
예비 신입생	책추남 네이버 카페 참여
1학년	한 달에 한 번 열리는 책추남 정모, 매주 열리는 온라인 토요 북코칭
2학년	1일 북살롱, 게임풀씽킹 코칭, 책추남처럼 북튜버되기
3학년	BASIC 북살롱, 무지개 북살롱, CEO 북살롱, 하버드 협상 북살롱, 머니 북살롱, 글로벌 머니 북살롱, 템플턴 투자 북살롱, 책추남 메신저 코칭 스쿨
4학년	라이프 체인저 코칭, NAVI 퍼스널 브랜드 전략 코칭, 행운 사용법 코칭
마스터 마인드 그룹	3학년 이상 멤버들이 지속적으로 함께 모여 서로의 성장을 돕는 커뮤니티

• 책추남 나비스쿨은 '꽃들에게 희망을'에서 애벌레가 나비로 날아오르듯이, 그렇게 우리도 나답게, 자유롭게, 충만하게 살아갈 수 있도록 돕는 천지인(天地人)의 균형 잡힌 창조적 지혜 교육을 추구하는 학교입니다. 책추남 나비스쿨은 천지인 통합 교육을 바탕으로 진정한 변화와 성장과 가장 자기다운 행복한 삶을 추구하는 자기계발 지혜 학교입니다. 천(天): 하늘의 마음 공부. 지(地): 땅의 돈 공부. 인(人): 사람의 심층 심리, 건강, 협상 공부. 현재는 '앎이 삶이 되는 독서'를 추구하며 위와 같이 4학년제로 운영되고 있습니다.

홈페이지   http://cafe.naver.com/booktuber

를 감동시켰거나 위로했고 그것이 동기가 되어 책추남 나비스쿨에 입학하는 학생들이 계속해서 늘어나 현재 18만 명이 넘는 구독자를 보유하고 있는지도 모르겠다. 느슨하지만 강력한 시스템이다. 책추남 나비스쿨은 추후 교육적 발전이 매우 기대되는 유튜브 기반 온오프라인 통합 교육 시스템이다. 그런가 하면 아예 규칙이 없는 조직도 있다. 넷플릭스[Netflix]다.

넷플릭스의
규칙 없음

산업계에 지각 변동을 일으키며 코로나19 이후 가장 많은 수익을 올린 공룡 기업 중 하나인 넷플릭스의 공동 CEO 리드 헤이스팅스^{Reed Hastings}는 그의 저서《규칙 없음^{No Rules Rules}》에서 넷플릭스의 성공 비결로 '자유와 책임 문화'를 꼽는다. 넷플릭스에는 규칙이 없다. 정해진 출·퇴근 시간이나 근무시간이 없고 휴가와 경비에 관한 규정, 결재 승인 절차도 없다. 말단 직원도 자유롭게 의사를 결정해 수십 억짜리 계약서에 직접 서명한다. 상식을 뒤엎는 파격적인 행보! 바로 혁명이다. 그들이 코로나19 시대에 세계 최고 가치의 기업이 된 것은 너무나 당연하다. 집콕으로 영화를 본 사람들이 많아서 기업의 수익이 올라가기도 했겠지만, 기존 상식의 틀을 깼기 때문에 기존의 사고로는 성장할 수 없는 4차 산업혁명의 기수가 되고 있는 것이다. 새로운 물건은 새 보자기에 담아야 맛이다. 넷플릭스에서 가장 중요하게 생각하는 것은 '인재 밀도^{Talent Density}, 자유와 책임^{Freedom and Responsibility}, 통제가 아닌 맥락^{Context}'이다. 특히 창조성을 강조해왔다. 〈오징어 게임〉(2021)이 대히트한 배경이다.

리드 헤이스팅스는 창의적인 시대에 변화를 극대화하는 것이 가장 중요하다는 점을 들어 규정과 규제를 없애고 그때그때 상황에 적절한 변화와 능동적 자세를 가지고 기업을 운영할 수 있었다고 한다. 상황의 적절함은 부처가 불법佛法에서 중도를 말씀하실 때 쓰는 말이거니와《주역》이 전해주는 변화되는 우주 만물의 진리에 대처하는 사람들의 처세이기도 하다. 메타버스시대에 동양철학이 서양의 과학기술을 선도해나갈 수밖에 없는 부분이다.

교육 담론도 마찬가지다. 규칙과 규제가 없고, 창의성과 변화를 인정하고, 자기 선택에 의한 책임만을 묻는 교육이 어찌 잘되지 않을 수 있겠는가? 메타버스세대들이 다닐 학교 조직 시스템의 롤 모델이다. 넷플릭스가 다큐멘터리를 집중적으로 제작하며 교육 콘텐츠산업에 주력하고 있다는 말을 들었다. 상상력 기반의 스토리와 사실적 다큐멘터리 영상 콘텐츠 모두 미래 교육 콘텐츠 그 자체다. 〈오징어 게임〉도 삶의 철학을 이야기하며 교육에 조력한다.

단언컨대 넷플릭스의 '규칙 없음'의 여러 가지 변화를 도입하여 시도하는 선진 교육정책은, 누구보다 빠르게 시대를 선도할 수 있게 될 것이라 확신한다. 규칙 없음이야말로 상상력의 기반이고 상상력이 돈인 시대가 바로 메타버스시대인 것이다. 이미 아이들은 학교에 가지 않는 것에 적응하고 말았다. 그래도 변화하지 않는다면, 이미 그것은 교육이 아니다.

학교 기능의 파괴적 변화,
학교는 또 하나의 집이 된다

어쩌면 앞으로 학교 조직도 이렇듯 느슨하거나 규정 자체를 제로 상태로 다시 시작하는 것이 맞지 않을까? 사회의 상식이 바뀐 만큼 기관 내부의 조직 또한 새로운 사회의 상식과 시스템에 맞춰 바뀌어야 한다. 온라인 등교가 계속되는 상황이라면 교원 수급에 대한 계획도 달라져야 하고, 안내 방송 중심의 방송실들은 대대적인 스튜디오 촬영장으로의 변환 또한 시급하다.

물론 학교 행정 업무의 부서 배치 또한 새롭게 구조화되어야 할 상황이다. 만약 능동적인 학교장이 있다면 행정명령이 내려오기 전에 자체적으로 벌써 새로운 조직개편에 대한 계획을 잡고 있을 것이라는 생각이 든다. 바뀌지 않고 기존 조직 시스템으로는 학교가 교육기관으로 정상 운영되기에는 너무 어려운 상황이라는 것을 우리는 이미 모두 알고 있다.

지식 교과 중심이던 학교의 기능은 창의 진로 체험 중심의 공동체 협력 학습 기능으로 패러다임이 전환되어야 한다. 어쩌면 믿기 어려울지도 모르겠다. 이 책에서 제안하고 있는 코로나19 이후의 교육 담론들이 허구가 아니라는 것을. 사실은 새로운 것들이 아니기 때문이다. 다만 세계적으로 끊임없이 시도되어오던 대안 교육 담론들을 코로나19 시대의 급변한 온라인 교육시스템에 맞춰 아이디어를 조금 더 가미해서 한 번에 풀어놓은 것

뿐이다.

이미 여러분들은 덴마크 '에프터 스콜레' 인생 설계 학교의 성공과 핀란드의 '프로젝트'형 교육과정, 영국의 대안적 교육기관인 아카데미의 성취와 미국 차터 스쿨charter school의 확산 등을 익히 들어왔을 것이다. 다만 '플랜PLAN B'의 '대안 교육'이란 이름으로 지식 교육과는 무관한 천덕꾸러기 취급을 받아왔을 뿐이다. 심지어 대안 교육을 연구하고 실행하는 교사들까지도 B급 취급을 받아왔던 것이 교육계의 현실이었다. 이제 창의 진로 체험 중심의 공동체 협력 학습은 플랜 B의 대안 교육이 아니라 학교교육과정의 플랜 A로 새로운 교육 패러다임을 만들어내게 된다.

교사로서의 직관을 따르며 지난 30년 동안 플랜 B의 대안적 교육으로도 국·영·수·사·과 지식 교과 중심의 플랜 A를 능가하는 학습 성취도에 도달할 수 있음을 확인했다. 전 교과를 융합적인 프로젝트 학습으로 설계하고 실행했을 때 그 교육 성과는 교과는 물론 인성과 창의성까지도 성장시키는 결과를 가져온다는 것을 확실히 알았다.

다음 표는 2012년 대덕전자기계고등학교(지금의 대덕소프트웨어마이스터고등학교) 재직 시절에 진행한 1학년 대상 프로젝트 융합 교육 사례로 전 교과의 전 교육과정을 모두 '학교에서 놀자!'라는 슬로건 아래 카메라와 사진의 인문학적 기능을 토대로 만든 융합 교육 프로젝트 학습 계획표다.

• 2012년 대덕전자기계고등학교 융합교육프로젝트 계획표

순번	분야		학년	인원	내용	교육진행	담당
1	교과	역사	2	160	사진으로 다시 읽고 쓰는 현대사	교과/창체	김은형
2	교과	음악	1	200	사진기를 이용한 학생 인성 지도 캠페인 송 만들기	교과/동아리	진영미
3	교과	수학	1	200	무한등비급수와 프랙탈 이야기	교과	정하얀
4	교과	국어	1	100	카메라를 통해 비판적으로 글 읽기 (미디어 리터러시)	교과	이자현
5	교과	과학	1	24	카메라로 읽어보는 전기에너지	교과	정경은
6	교과	과학	1	24	카메라 옵스큐라로 그리는 모두의 초상	교과	김동율
7	교과	미술	1	200	작업 사진 속 나의 미래 캐릭터 그리기	교과	홍연숙
8	교과	국어	2	20	사진으로 시 짓기	교과	김지영
9	교과	영어	1	40	카메라를 통해 영어 간판 재디자인하기	교과	이보영
10	인성 교육	인성	1	100	비평적으로 학교 공간 사진 찍고 텃밭 가꾸기	토요 방과 후 생활지도	김은형, 이보영 외부강사
11	계기 교육	통일	1	20	카메라로 읽고 생각하는 통일	교과, 창체	김은형 학생부교사
12	계기 교육	어버이 날	전 학년	100	감사의 꽃 카드 만들기	점심시간, 쉬는 시간	김은형 사회과교사
13	계기 교육	한국전쟁	1,2	70	한국전쟁 사진 다시 읽기	교과, 창체, 대안교실	김은형
14	계기 교육	스승의 날	2,3	20	선생님들을 위한 'Tea 프로젝트'	방과후, 동아리, 점심시간	김은형
15	학교 행사	입학식	1	200	입학례	입학식	1학년 담임, 기타 동아리
16	진로 교육	진로 체험	1	200	요리, 도예, 바리스타 체험 등 문화예술교육과 연계한 통합 수업	진로 활동	1학년 담임, 진로상담부
17	봉사 활동	봉사	1,2	10	사랑의 빵 굽기	진로 체험 봉사 활동	김은형 진로상담부
18	폭력 예방	대안 교육	1,2	37	행복교실	폭력 예방 및 성찰	김은형 스쿨폴리스 학생부

학생들은 1년 동안 '학교에서 놀자!' 프로젝트를 통해 많이 성장했다. 적어도 학교는 재미있는 곳이니까 '학교에서 놀자'라는 목표에는 완벽하게 도달했고, 결석하는 아이들보다 등교하는 아이들이 조금 더 많아진 현실에 교사들은 박수를 쳤다. 학생들에게 학교는 따뜻하게 쉬고 먹고 즐기는 공간이라는 인식을 불어넣어 학업 중단율을 50% 이상 감소시키기도 했다.

학교는
아이들의 또 다른 집이 되어야 한다

교육이란 아이들이 자신들의 삶을 어떤 자세로 기획하고 사랑하고 사랑받으며 살아가야 하는지에 대한 삶의 기술을 익히는 과정이다. 온라인 공룡 플랫폼 기업들의 에듀테크가 지식 교육을 전담하게 되는 현실에서 학교는 이제 국·영·수·사·과의 지식 교육을 통해 평가로 우열을 가르는 기능에서 빨리 탈피해야 한다. 특히 비대면 온라인 사회의 산업구조와 온라인 강좌 중심의 학교교육에서 대학 입시와 학벌은 의미가 없다. 그보다 더 심각하게 생각해야 할 것은 온라인 등교에 따라 사교육과 공교육의 구분이 애매해졌다는 점이다.

2021년 8월 현재 중국 관영지는 매일 연달아 사교육 금지를 공표함과 동시에, 중국 정부는 게임이 디지털 마약이라 청소년 정신 건강에 유해하다며 게임 시간 규제 등 강력한 제재를 시작했다(2019년 중국 사교육 매출이 우리나라 기준 138조 원 규모였다).

규제 대상인 텐센트騰訊, Tencent는 중국의 인터넷 미디어 복합 기업으로 위챗WeChat은 어린아이와 노인만 제외하고 전 국민이 사용할 정도의 유저를 보유하고 있고, '화평정영和平精英'이라는 게임은 청소년들이 가장 많이 하는 게임으로 보도되며 중국 당국의 기업 탄압 아니냐는 평이 나오고 있다. 중국의 국가권력이 워낙 강력하기에 취할 수 있는 조치라는 생각이다.

그러나 이미 다른 세계의 정부들도 글로벌 IT 기업들의 파워를 몸소 느끼기 시작했다고 볼 수 있다. 무엇보다 학령기 아이들이 그들 기업 플랫폼의 유저로 자발적 충성도가 있음은 물론 그들이 만든 교육프로그램에 의해 교육도 받고 있다는 사실은 국가의 기업에 대한 통제를 불가능하게 만들 수 있는 가장 핵심적인 부분이다. 사실 이미 통제 불능이 아닌가? 데이터와 돈과 조직과 인재를 모두 겸비한데다 상상력까지 자본의 원천으로 알고 독점사업과 구독료를 챙기니 당할 장사가 없는 것이다.

학교는 이제 교육 본연의 기능이었던 삶의 기술을 가르치는 경험 중심의 배움의 장으로 전환되어야 한다. 우리는 아직도 여전히 교육의 불균형을 겪고 있다. 근대적 교육이 삶의 밸런스보다는 지식 기반의 사회적 성취를 목표로 했기 때문이었다. 이를 보강하기 위해서는 이제 메타버스세대의 교육은 학교와 홈스쿨의 위계가 거의 평등한 수준에서 상호 보완적인 관계로 혁명적인 재구조화가 이루어져야 한다. 더불어 학교는 기숙형 배움터로 전환하여 아이들이 보다 독립적으로 꿈꾸고 모험하며 즐겁고 따뜻하게 쉬어가는 새로운 집이 되어야 한다. 그렇다면 코로나19 이후 학교교육시스템의 혁명적 변화는 어떻게 가능할지에 대해 대안을 제시해보고자 한다.

'학교는 집이 될 수 있다' 대안 교육 사례

다음 페이지의 표는 '학교는 아이들에게 집이 될 수 있다'는 것을 확인할 수 있는 사례를 도식화한 것이다. 대학 입시 중심의 인문계 고등학교와 취업 중심의 특성화 고등학교에서 진행한 대안적 교육 사례를 비교해볼 수 있도록 표로 정리하여 체험 중심의 공동체 협력 학습이 학교교육의 플랜 A로써 기능할 수 있는 가능성을 함께 확인해보고자 한다. 각각의 프로그램들은 모두 융합적인 교과 수업을 기본 틀로 하여 문화예술교육 기반으로 설계되었다.

코로나19 이후 학교는 교육의 기능을 상실한 채 현재는 누구도 학교교육을 신뢰하지 않는다. 단순히 한국에 국한된 이야기가 아니다. 이제는 교육에 대한 우리 인식의 패러다임이 바뀌어야 한다. 기초 지식 학습은 에듀테크를 이용해 온·오프라인 쌍방향으로 대체하고 학교는 공동체 교육과 진로 교육 등 프로젝트 협력 학습의 장으로 패러다임을 빠르게 전환해야 한다. 기

• '학교는 집이 될 수 있다' 대안 교육 사례

구분	이문고등학교	대덕전자기계고등학교	한밭고등학교
시기	1989~2008년	2012~2015년	2016~2018년
교육 형태	가족 교육	가정 교육	가족 되기
핵심 목표	삶의 태도와 사랑	삶의 기술과 사랑	삶의 기획과 봉사
교육 효과	자신의 인생 설계	자신의 인생 설계	자신의 인생 설계
조직 유형	특별 활동 동아리	유동 학급(대안 교실)	학생 자율 학생회
교사의 역할	엄마	부모와 학생부장(교짱)	리더십 코칭 파트너
프로젝트	연극대회 출전	행복 카페와 행복 레스토랑 운영	학교 축제 기획 진행
교육 내용 교육과정	• 연극 공연과 연극대회 우승을 목표로 동기부여 하여 1년 동안 총체적 융합 프로젝트 학습으로 구성 진행 • 연출 • 연기 • 무대 세트 제작 • 의상 제작 • 신체 훈련 • 음향효과 등 • 연극반을 하나의 가족 단위로 가정하여 엄마와 아이들이 옹기종기 모여 앉아 밥도 해 먹고 옷도 만들고 톱과 망치로 무대도 제작하며 가족이란 공동체 구성원으로서의 자아를 보게 함. 10년 동안 꾸준히 진행 • 전국대회 우승을 목표로 하여 하나의 공동체로 협력하며 연극 대회 대상이라는 성취감을 맛보게 함. • 전국대회 우승이 학습력에 동기부여 되어 학급 1등과 반장을 꾸준히 배출함.	• 교무실을 카페로 개조하고 학교 옥상을 루프트 탑 레스토랑으로 개조하여 대안 교실로 사용하면서 대안 교실이 아이들에게 또 하나의 가정(Home)이 되어주도록 운영함. 교사들도 삼촌이나 이모와 같은 존재들이 되어주도록 교사연수도 진행. • 카페 및 레스토랑 운영에 필요한 모든 과정(동서양의 요리, 제과 제빵, 테이블 데코레이팅, 미술, 인테리어, 음악, 카페의 역사, 색채 심리, 인문학, 파티 플래너, 바리스타, 음악회 기획 등)을 1년씩 단계별로 3년 동안 융합 프로젝트 학습으로 구성 진행. • 로드스쿨링과 봉사 활동을 결합하여 교과 수업 시간까지 전체적인 융합 교육으로 주제를 정해서 맥락화하여 진행. (은 세공 기술, 사진과 카메라 등)	• 학생회가 자율적으로 기획하고 진행하는 축제를 목표로 하여 축제기획팀을 선발하여 1학기에는 축제 기획과 인문학 동아리 활동을 하며 매주 1회 행사 진행을 통해 학생 자율과 자치의 의미를 배우며 리더십을 익힘. • 2학기에는 9월부터 11월까지 매주 축제 오디션을 진행하며 학교를 축제의 장으로 만들어 12월에 축제 진행으로 성취감과 리더십 함양. • 축제 오디션 자체가 매주 진행되는 버스킹 축제화되어 인문계 고등학교에 활력을 불어넣음. • 아이들이 직접 제작한 각종 영화(폭력 예방, 흡연 예방 등)를 직접 상영하고 팝콘을 튀겨서 강당을 학교 영화관으로 만들어 행복한 문화 부흥.

존 학교의 지식 중심의 교육을 총체적이고 융합적인 체험형 공동체 학습으로 진행하는 교육의 장이 되어야 한다는 이야기다. 텐마크 에프터 스콜레처럼 기숙형 학교가 좀 더 많아져야 한다. 맞벌이 부모들의 아이 돌봄의 한계도 그렇거니와 부모와 집이 더 위험한 아이들을 위한 안전장치이기도 하고 더 독립된 주체로서의 자아로 성장할 수 있는 최소한의 환경을 만들어준다는 의미에서도 기숙형 학교의 보편화는 중요하다.

인구 절벽으로 학생 수도 줄어들고, 학급 중심 편성을 프로젝트 동아리 중심으로 대체하게 되면 학교 공간의 효율적 사용에 대한 논의와 함께 기숙형 학교의 대두는 불가피할듯하다. 온라인 수업이 홈스쿨로 진행되면서 교육기관에서도 쌍방향 학습을 대안으로 내놓고 있는 바, 가정은 에듀테크 중심의 학생 중심 온라인 학습(기초 학습 과제 중심이 아니라 학습자가 원하는 전문 분야의 자학자습을 의미한다.)과 의식주 중심의 라이프스타일 교육의 장으로, 학교는 공동체 프로젝트 체험 학습을 통한 창의 인성 교육과 진로 체험의 장으로 변환하여 가정과 학교가 평등한 위계를 가진 교육의 주체로써 총체적 삶의 교육이 이루어져야 한다.

이제 교육은
수행이라고 부른다

교육 시스템으로 전환되는
종교적 수행

스웨덴의 서커스 시르쾨르Cirkus Cirkör는 서커스를 배우고 훈련하며 삶의 태도를 배워나가는 서커스 기반 문화예술교육 프로그램이다. 유치원생부터 80대 노인들까지 저글링을 통해 집중력을 키우고, 평균대를 통해 삶의 균형을 배우며, 공중 곡예를 통해 신뢰를 배우고, 애크러배틱Acrobatic을 통해 협력을 배워나간다. 학습자 범주도 학령기 학생들은 물론 장년에서 80대 노년까지 자신이 좋아하는 일을 꾸준히 자발적으로 공부해나가는 평생교육으로 확장했다. 서커스 훈련은 학교 수련 교육에 해당하는 것으로 하나의 기능을 꾸준히 연마해나가는 것이다.

하지만 수행修行은 그보다 더 큰 범주에서 자기가 누구인지, 삶의 가치는 무엇인지, 존재란 무엇인지 등등 삶의 총체적 문제에 대해 정확히 깨닫기 위한 것이다. 기존의 교육이 단순히 지식을 얻는 것이었다면, 이제 교육이 수행으로 대체되면서 지혜를 얻게 된다. 그것이 무엇이라도 자기 스스로 선택하고 결정해서 실행할 수 있는 삶의 파워를 깨닫고 본성 그대로의 자기 자신의 기쁨과 행복으로 살아가는 것이다.

디지털 메타버스를 선택하여 아바타로 살아가든, 게이머가 되든, 슬로우 라이프를 선택하여 농사를 짓든 모두 자기 자신이 스스로 선택한 길일진대 불행해도 견뎌나가는 삶의 힘이 생긴다. 이것이 지혜와 수행의 힘이다. 수행의 핵심은 무엇보다 '꾸준히' 행한다는 것이고, 강력한 자기 의지를 발휘해야지만 꾸준히 할 수 있다. 결국 깨달은 사람들은 특별히 머리가 좋아서가 아니라 바로 이렇듯 꾸준히 강력한 의지를 동원하여 (스님들의 경우 소지하는 경우도 있다.) 자신의 화두에 다다르게 되는 것이다. 적어도 자기가 자기를 아는 정도의 수행과 매 순간 기계적으로 살지 않고 깨어 있는 훈련이 바로 교육 그 자체인 것이다.

우리 눈에 보이지 않는 온라인상의 에듀테크 기반 학교들은 유튜브처럼 더 많은 학생과 더 많은 교육 프로그램으로 전문적인 교육기관으로 매일매일 눈부신 발전을 거듭하고 있다. 이제 학습자는 자신의 라이프스타일과 욕구에 맞는 학습을 스스로 선택해서 직업으로까지 연결하는 자기 주도형 체험 학습의 시대다. 일상과 학습과 직업과 취미가 분리되지 않고 통합되어 융합하는 라이프스타일의 시대인 것이다. 그렇기에 메타버스세대의 새로운 교육은 '라이프스타일을 교육'하는 라이프스타일 교육 시대로의 전환이 필연적이다.

헤밍웨이의 아버지가 자녀들에게 수렵·채집·어로의 원시적 생산 활동과 생명 활동을 교육했던 것과 같은 맥락에서 삶과 공부는 절대로 분리할 수 없는 무엇임이 분명하다. 수행 단체인 정토회淨土會는 코로나19 이후 온라인 정토회로 전격 시스템을 전환하면서 온라인 글로벌 '행복학교'를 진행하며 사람들이 모두 행복한 세상을 만들어가는 적극적인 전법 활동을 펼치고 있다. 정토회의 교육시스템은 코로나 스쿨 혁명 이후 온라인 중심 교육시스템에 대한 하나의 중요한 모델을 제시해준다.

정토회는
수행 공동체다

법륜 스님이 이끄는 정토회는 '괴로움이 없는 사람, 행복한 사람이 되어 이웃과 세상에 잘 쓰인다'는 목표를 가진 수행 공동체다. 이미 종교가 라이프스타일이 된다는 것은 힌두교나 이슬람교 등의 예를 통해 우리가 익히 알고 있는 사실이다. 종교적인 이유로 힌두교인들의 식생활에는 소고기 요리가 없고 이슬람교인들의 식생활에는 돼지고기 요리가 없다. 이는 곧 힌두교인과 이슬람교인의 삶이 되어 정신과 육체 모든 면에서의 차이를 발생시킨다. 이렇게 발생한 사회적인 상식은 교과서 텍스트가 되어 교육을 통해 아이들에게 삶의 양식으로 전수된다. 그렇기 때문에 종교적인 삶은 교육적이다. 유대인 교육의 핵심 또한 토라 ᵗᵒʳāʰ(율법) 중심의 종교적 일상의 유지에 있다고 해도 과언이 아니다. 그러나 각각의 종교가 어떤 목표를 가지고 어떤 방식으로 공동체에 기여하느냐에 따라 사회 발전의 속도는 달라진다.

종교는 힘이 세다. 매일매일 수행하며 무의식에 종교적 가르침을 내면화시키기 때문이다. 습관은 행동을 낳고 행동은 개인의 삶이 된다. 매일매일 반복하면서 훈련하는 교육처럼 목표가 '개인적인 성취에만 맞춰져 있는가, 더불어 살아가는 공동체적 성취에 맞춰져 있는가?'에 따른 종교 생활의 결과는 개인의 삶은 물론 사회와 세계의 변화에 커다란 영향을 미치게 된다.

개인적 수행과 사회적 기여라는 목표는 정토회의 핵심적인 수행 목표인데, 그것에 도달하기 위한 수행 시스템이 메타버스세대 아이들의 미래 교육시스템 방향을 시사해준다.

정토회 수행 시스템과
행복학교

정토회는 수행자로서의 종교적인 정진은 물론 환경 운동과 통일 운동 등 대승적 사회참여 자원봉사 활동이 수행 활동의 중요한 맥락이다. 먼저 수행자로서 꾸준한 수행을 위해 법회와 명상, 기도, 경전 강독과 나누기가 매주 정기적으로 행해진다. 다양한 방식으로 매일매일 법문을 듣거나 기도를 하면서 수행자로서 정진해가도록 시스템화되어져 있을 뿐만 아니라 환경 교육과 통일 교육을 자원자 중심으로 꾸준히 진행한다. 특히 2000여 명의 통일 의병의 경우 사전 교육을 받고 전법사로서 '행복학교' 프로그램을 진행하며 종교가 아니라도 더 많은 사람들이 불법으로 깨우쳐 괴로움이 없는 행복한 사람으로 거듭나게 하는 온라인 교육 프로그램을 진행하고 있다. 코로나19 이후 온라인 시스템이 강화되고 코로나 블루로 우울한 사람들이 증가하면서 4주 단기 행복학교에 입학하는 사람이 많이 증가했다고 한다. 특히 교육비도 1만 원이다 보니 대중 접근성이 좋을 수밖에 없다. 교육의 질은 높고 수업료가 싸다면 당연히 대중이 몰릴 수밖에 없는 구조인 것이다. 중생 구제의 대승불교의 자비 사상이 잘 구현된 장치라고 할 수 있을 뿐만 아니라 정토회 행복학교를 학부모 교육으로 연계한다면 아이들 인성 교육의 좋은 성과를 얻을 수 있을 것 같다. 부모는 최초의 교사이자 최초의 트러블메이커가 되기도 하기 때문이다.

행복학교에서 동기부여가 된 사람은 그 다음 단계인 불교 대학에 입학해서 더 집중적인 불법 공부와 자원봉사 활동에 참가할 수 있고 경전반 과정까지 2년에 걸쳐 꾸준히 수행 정진할 수 있다. 모두 자발적인 선택에 의한 교육이기에 출석률이 좋을 뿐만 아니라 '꾸준히' 수행 정진하는 것이 바로 깨침의 길이라는 가르침에 습관적으로 기도하고 법문을 들으며 매 순간 다시 깨우치며 성장해나갈 수 있는 시스템이다. 메타버스세대 아이들의 교육이 이런 수행적 시스템을 갖추게 된다면 자기 주도성이 핵심인 온라인 교육의 문제나 중독적인 디지털 메타버스 세계로의 함몰 등 미래 교육의 커다란 문제점을 해소해나갈 수 있을 것이다. 정토회의 교육 프로그램은 다음과 같고 2021년 현재는 온라인 정토회로 다시 재출범하며 모든 프로그램이 온라인으로 진행되고 있다.

• 정토회의 교육 프로그램

순번	프로그램	내용	비고
1	즉문 즉설	대중 강연	일반 대중 대상 문제 상담 및 해결책 제안
2	행복학교	단기 수련	불교대학 입학 동기부여
3	불교대학	근본 불교 강의	1년 과정으로 일주일에 1회 수업, 봉사 활동
4	경전반	금강경 강의	1년 과정으로 일주일에 1회 수업, 봉사 활동
5	깨달음의 장	4박 5일 자기 수행	법사와의 질의응답으로 각성
6	명상 수련	4박 5일 명상 수련	법사와 명상의 기초 훈련
7	백일 출가	백일 행자 수련	백일 동안 문경수련원 행자 활동 중심의 수행 정진
8	통일 의병	통일의 당위성	한반도의 통일을 위한 통일 교육과 다양한 새터민 돕기
9	환경 운동	쓰레기 제로 운동	쓰레기 제로 활동은 물론 지구 환경을 위한 환경 운동
10	해외 봉사	인도 수자타학교	인도 불가촉천민 주거 지역에 학교를 세워 교육 봉사는 물론 식량 지원 등 지속적 지원 및 자원봉사

정토회의 교육 프로그램은 붓다의 직관과 통찰에 기반한 전인교육을 위한 훌륭한 교육시스템이다. 특히 자발적인 배움을 위한 자기 수행(교육)은 코로나19 이후 변환될 사회경제 시스템에서 가장 주력해야 할 교육 혁신 중 하나다. 공교육기관인 학교 또한 아이들의 자기 선택에 의한 자발적인 배움이라는 맥락에서 교육정책의 극적 변환을 성취해내야 한다. 그뿐 아니라 자신이 누군가에게 또는 사회와 세계에 잘 쓰이는 사람이 되기 위한 자원봉사 시스템 또한 너무나 교육적이다. 이것은 단순히 학령기 아이들에게만 해당되는 것이 아니라 장년과 노년에도 자신이 누군가에게 의미 있는 존재라는 든든함을 주며 삶을 가치 있고 행복하게 만드는 평생교육의 핵심이다.

정토회가 요즘 온라인 명상 수련을 통해 세계 각국의 외국인들에게 연기론적 수행론을 펼쳐가는 것은 2007년 스마트폰 등장 이후 글로벌 세계로 접어든 21세기에 매우 적합한 글로벌 교육혁명에 해당한다고 볼 수 있다. 그레타 툰베리Greta Thunberg처럼 지구 환경에 대한 신념을 즉각적으로 행동에 옮겨가는 것! 미즈노 남부쿠水野南北처럼 소식小食하며 자연의 한 부분인 존재로서 우주적 차원의 지구 환경보호를 해나가는 것, 적게 사고 잘 고르고 오래 입으라는 비비안 웨스트우드Vivienne Westwood의 패션 캠페인 또한 환경은 물론 연기론적 관점의 교육이 될 수 있다. 특히 법륜 스님의 '즉문 즉설'은 일반인들도 삶의 정답을 찾기 위한 교과서로 많이 시청하고 있다. 법륜 스님의 정토회 유튜브 채널 자체가 세계인의 학교로 발전하고 있는 것이다.

미래 교육은 학교와 가정이 수평적으로 연대해야 함은 물론 스스로 꾸준히 수행자처럼 정진하는 학습 태도를 키워가는 자율적인 온·오프라인 믹스 학교교육 시스템이 메타버스세대 교육의 해답이 될 수 있다.

직관력과 통찰력을 겸비한 영성이 충만한 인간 육성은 최고의 미래 교육목표다. 창의성과 영성은 같은 주파수라고 보아도 무관하기 때문이다. 영감이 떠오를 때 우리는 주로 새로운 아이디어를 내고 새로운 것을 만들어낸다. 새로운 아이디어는 새롭게 바라보는 관점의 전복이 필요하고 관점을 바꾸려면 깨어있어야 한다. 바로 이런 일련의 과정이 수행이고 훈련이다. 반복적인 학습은 교육의 중요한 키워드다. 결국 교육이란 평생 동안 이어지는 배움처럼 평생에 걸친 꾸준한 수행의 관점으로 발전해야 함을 말해준다. 이것이 바로 평생교육이다. 이런 점에서 정토회의 행복학교 프로젝트는 코로나 스쿨 혁명 이후 새로운 교육 시스템으로 적용할만한 수행적 미래 교육 사례라고 할 수 있다.

상상력으로
'용기 내어 덤비기'

메타버스세대 진로 교육의 중요한 키워드인 '용기'는 진짜 많은 사람들을 소환하게 만든다. 그들은 상상하는 대로 자신만의 길을 겁내지 않는 기개로 과감하게 걸었다. 자신이 상상하고 생각한 대로 용기 내어 덤벼들면, 새로운 만남과 언어와 세계를 탐닉할 수 있기 때문이다. 이제 미래 사회는 '취업'의 사회가 아니라 '취향'과 '취미'의 시대다. 풍부한 상상력으로 생산적인 크리에이터가 되어 누구도 상상하지 못한 문화 콘텐츠와 과학기술을 선도함은 물론 새로운 미래 사회를 창조해가는 것이다. 그러니 아이들에게 '용기' 내어 자신의 내면의 소리와 직관에 따라 과감하게 자신의 길에 뛰어들 수 있도록 동기부여 하는 것이야말로 메타버스와 AI 시대의 첨단 진로 교육이라고 할 수 있다.

코로나19 이후 진로 교육의 핵심은 무엇보다 상상력을 실행해 옮길 수 있는 경험 기반 직관과 통찰의 자존감 수업이다. 명확하게 자신이 원하는 바를 알고 서슴없이 위험을 감수하고 실험하고 모험해보는 패기와 창의적 기획력을 키워줘야 한다. 이렇듯 AI와 메타버스가 대세가 될 미래에 직업의 패러다임 자체가 변화된다면 학생들의 진로·직업교육 또한 달라져야 하고, 교육과정과 내용 또한 달라져야 한다. 이때 중요한 두 가지 방향이 상상력과 자급자족 슬로우 라이프다. 먼저 2011년 설립된 영국의 '상상력연구소Institute of Imagination'의 상상력 교육에 대해 살펴보자.

영국의
'상상력연구소'

영국의 상상력연구소에서는 마치 구글 X의 놀이터처럼 '상상하는 모든 것'을 실현해볼 수 있다. 실험실, 스튜디오, 갤러리, 과학센터, 박물관 등 각각 서로 다른 영역의 공간적 특징과 역할을 융합하여, 한 공간에서 함께 상상하고 체험하며 경험하는 공간이다. 한국과학창의재단에서 운영하는 인터넷 매거진《더사이언스타임스The Sience Times》에 연재 중인 '전승일의 과학융합예술'에서는 영국의 상상력연구소가 예술과 기술 교육을 통합한 '상상력 랩Imagination Lab'과 '상상력 팟Imagination Pod'의 운영은 물론 뇌 과학과 미술 놀이가 결합된 워크숍 '랩 라이프Lap Life: 브레인 플레이

Brain Play ' 등을 진행하고 있다고 소개하고 있다. 특히 상상력연구소는 열린 공간으로 아이들이 상상하는 것은 무엇이든 실험해볼 수 있다고 한다. 예측 불허의 기발한 상상력과 즉각적인 실험은 단순한 체험 학습 이상의 재미로 아이들을 매료시키고 있는 것이다.

예측할 수 없는 생각의 방향과 깊이는 인류가 사회로부터 길들여진 존재 이전의 상태에 있을 때 가능해진다. 누구도 상상할 수 없었던 생각을 하고 그것을 현실에 실행하고 실험하며 새로운 무엇을 만들어 선점하면 현재 글로벌 IT 그룹처럼 성장할 수 있을지도 모른다. 이것이 바로 공룡 기업 리더들의 상상력 기반 사고방식이며 비즈니스 방식이다. '소비자 입장에서 먼저 생각하고 만들어서 선점한다.' 하지만 그동안의 교육과정에서 우리는 상상력 자체를 억압당했고, 어떤 사항을 문제로 바라보는 관점을 학습했다. 주인이 아닌 노예의 교육을 받아온 것이다.

문제 해결의 실마리를 찾아 새로운 창의적인 것을 만들어 낸다는 '디자인 싱킹'도 한계가 있다. 그 자체의 문제에 관점을 한정시키기 때문이다. 그보다는 그 문제 자체의 판을 깨고 전혀 다른 상상력의 영역으로 새로운 아이디어를 실험하고 실패하면 또 용기 내어 다시 도전하는 과정 자체가 미래 진로 교육의 방향이다.

AI는 그 스스로의 행복을
추구할 수 없다

AI는 5년 안에 인간의 감각기관을 많이 대체하고 심지어 시적 은유까지도 가능해질 것이라는 학자들의 예견은 전율을 일으키기에 충분하다. AI가 나를 사랑한다고 말할 때 "달이 참 밝네."라고 말하는 상황을 상상하는 것만으로도 뭔가 좀 유령같이 섬뜩하다. 하지만 인간의 발전은 생명 시스템과 함께 봐야 하고 AI의 방향은 인간의 진화와 함께 봐야 한다. AI는 몸이 없이 의미와 개념으로 진화했다. 인간은 구석기부터 몸과 움직임을 바탕으로 자아를 형성했다.

메타버스세대 아이들이 살아갈 시대에는 지구 위기와 대기업의 상품 독점(라이프스타일 독점)과 관련하여 무엇보다 자급자족적인 먹거리 생산과 자연 생태 보존을 위한 슬로우 라이프가 중요해질 수밖에 없다. 어쩌면 메타버스세대들은 먹이를 찾아 수렵·채집·어로 생활을 하며 끊임없이 걷던 인간의 본래 자리로 다시 '역진화'할지도 모른다. 지구의 1%밖에 되지 않던 인류와 문명 세계가 지구에서 차지하는 비율이 99%가 되고 자연 생태가 1%로 밀리는 상황에서 지구 환경 변화에 따른 기후변동으로 인간 삶터를 변형시키고 이는 곧 식량문제를 일으킴은 물론 급기야 전쟁까지도 가능해질 수 있다.

시각과 언어·음성·인식 등 인간의 감각 쪽에서 AI의 딥 러닝은 엄청난 성공을 거두고 있다. 인간의 욕망이란 현재 자신의 이익에 준하는 일이라면 어떤 결과를 가져오는 것이든 멈추지 않는다. 이런 현실 속에서 메타버스세대 아이들은 어떤 직업을 택해야 하는가? 이제 의미와 개념 등 인간 브레인 영역의 지식과 사고 쪽은 AI를 능가할 수 없다. 그렇다면 메타버스세대 아이들은 오히려 단순 노동 쪽이 진로 교육의 방향이 될 수도 있지 않을까? 농업과 가내수공업이 대세였던 클래식의 시대로 돌아가는 것이다. AI는 생각보다 훨씬 더 빨리 역사를 바꿀 수 있다. 2030년은 전혀 다른 세상이 될 것이라고 많은 미래학자들이 전망하기도 했지만, 그보다 더 빠른 시간 안에 어떤 변화가 생길지 알 수 없다. 글로벌 IT 기업들의 움직임 속도가 바로 역사의 변화 속도다. 메타버스를 간과할 수 없는 이유가 여기에 있다. 이에 따라 국가적으로도 제반 시스템을 빨리 변환시켜야 한다.

　새로운 세상의 주역이 될 메타버스세대의 교육은 말할 것도 없다. 과학기술의 발전이 가능하려면 이 지구가 먼저 지속 가능해야 한다. 그렇다면 무엇보다 중요한 것은 자연 속의 하나의 존재로서의 인간의 존재를 다시 디자인하고 교육하는 것이다. 아이들 진로 교육 또한 인간 역사의 진화의 흐름에 맞춰서 새롭게 디자인되어야 한다. 올바른 선택과 결정을 통한 실천이 빠를수록 우리는 더 안전하게 행복을 추구할 수 있다. AI가 방대한 지식을 통해 통찰적일 수는 있어도 스스로의 행복을 추구할 수는 없다. 행복을 말하는 것과 느끼는 것은 전혀 다른 문제이기 때문이다. '무엇을 먹고 살 것인가'가 아니라 '어떻게 먹고 살 것인가'를 고민해서 진로를 결정해야 한다.

메타버스세대 진로 교육에 대한 인식을 선회한다

부모는 물론이고 현직 교사들부터 미래 교육에 대한 인식을 선회해야 한다. 메타버스세대 아이들은 취직 시험을 봐서 직장에 취업하지 않고 기존에 취미라고 생각하던 글쓰기, 여행 작가, 푸드 스타일리스트, 여행 전문가, 에디터, 디자이너, 미술, 그래픽디자이너, 사진 촬영 등등 상상력과 창의성을 기반으로 한 문화예술 활동과 강력한 상상력 기반의 소프트웨어 개발로 수익을 창출한다. 인형 옷을 만드는 사람, 인형 가구만 만드는 사람, 먹기만 하는 사람, 돌상을 빌려주는 사람, 피크닉 용품을 대여해주는 사람, 미래를 말해주는 사람, 책을 읽어주는 사람, 여행을 대신해주는 사람 등등 자신이 좋아하는 취미와 손재주에 따라 인스타그램, 페이스북, 네이버 밴드 등 다양한 플랫폼에 둥지를 틀고 자기 집에서 택배 서비스를 이용해 경제활동을 한다. 거기에 영어를 좋아하는 사람은 영어 강좌를 열고, 요리를 좋아하는 사람은 요리 강좌를 열어 수익을 창출한다.

또한 플랫폼을 운영하면서 광고 수익과 새로운 비즈니스 모델을 만들어내기도 한다. 미래는 당장 다음 순간부터다. 그러니 지금 당장 우리는 그 미래의 선상에 있음을 알고 지금 당장 새로운 진로 교육을 실행해야 한다. 이제는 학습자가 구독을 누르거나 개별 장바구니에 학습 내용을 담아 듣기만 하면 되는 시대이기에 콘텐츠가 탄탄하면 교육 기업으로 성장시킬 수도 있다. 단순히 취미로 시작한 개인 강좌가 워크숍으로 커지고 그것을 플랫폼화하며 사용자가 늘어나면 광고 수익이 올라가고 그에 따라 투자가 늘어나면서 기업의 대표로 성장할 수도 있는 것이다. 다만 그것을 행하는 '용기'가 핵심이다. 앱 개발 등 디지털 관련 발명과 창업은 미래 사회의 대세 직업군이 될 것은 뻔한 일이다. 코로나19 이후 학생들의 진로는 아주 하이테크이거나, 더 느린 슬로우 라이프스타일로 극단적인 양방향의 비전 제시가 시대적 방향이다.

자신의 길을 스스로 내는 자만이
살아남을 수 있는 시스템

학생들이 스스로 자발적으로 선택해서 교육을 받으며 본인의 본성과 취향에 맞는 진로를 찾아가는 교육이야말로 메타버스세대의 교육임은 물론 포스트 코로나 이후 세계는 '용기' 내어 과감하게 자신의 길을 스스로 내는 자만이 살아남을 수 있는 시스템으로 달려가고 있다.

'용기'만 가르쳐서 교육이 되느냐고? 읽고 쓰고 셈하고와 같은 기초 학습 교육이 걱정이라면 문제없다. '예쁜 옷을 가장 싸게 살 수 있는 방법'이나 '맛있는 과자를 사 먹을 수 있는 용돈 벌기' 등 의식주의 욕망을 채울 수 있는 기초 프로젝트 학습을 단 한 번 진행하는 것만으로도 모든 기초 교육은 완결된다. 서양 아이들이 레몬에이드를 만들어서 자기 집 창고 앞에서 파는 것 또한 진로 교육은 물론 기초 수학과 경제와 기술 교육을 통합한 융합 교육이다.

홈스쿨링이 확산되면서 에듀테크 기업들의 성장이 눈에 띄는데 그중 인도의 온라인 교육 업체 싱크앤런Think & Learn은 유치원 과정부터 12학년까지의 'K-12' 교과과정과 인도 주요 대학 입학 시험에 대한 온라인 강의와 모의고사, 멘토링까지 제공하는 종합 온라인 교육 서비스로 성장했다. 에듀테크 기업이 학교에서 진행하던 모든 교육을 학습자의 자발적인 참여로 멘토링까지 지원하고 있다는 것은 이미 학교와 다를 바 없다는 이야기다. 공교육은 이미 죽었다.

이제 메타버스세대의 진로 교육의 핵심은 자신의 니즈와 직관을 읽고 상상력을 따르는 용기를 키워주는 것임을 잊지 말자. 용기를 낸 학생들이 구체적으로 자신의 길을 '어떻게' 가야 하는지 학교 공동체 시스템을 통해 프로젝트 학습으로 경험해볼 수 있도록 해야 한다.

부자
될래요

메타버스세대 아이들과 대화를 하다 보면 깜짝깜짝 놀라게 되는 부분이 있다. 바로 모든 아이들이 돈과 부자를 꿈꾸고 있다는 것이다. 초·중등 학령에 관계없이 아이들의 삶의 비전은 너무나 명확하다. '돈'이다. 처음에는 특정 학생들의 특징이라고 생각했는데, 아이들과 대화가 길어질수록 상품자본주의라는 사회적 시스템에서 기인된 일반적인 현상임을 알게 되었다. 결국 어른들이 가르친 것이다. 사실 우리는 돈이 없으면 아무것도 할 수 없는 시스템 속에 갇혀 있지 않은가?

우리 아이들은 태생부터 상품경제 사회의 인간이다. 돈이 없으면 친구와 놀 곳도 없고, 먹을 수도 없다. 용돈은 적고 물가는 비싸다. 돈이 있으면 할 수 있는 일들이 많아지고 자존감도

덩달아 올라가고, 돈이 없으면 아무것도 할 수 없고 자존감 또한 추락한다. 돈을 쉽게 벌기 위해서는 심지어 범죄도 불사한다. 범죄 자체에 죄의식이 없는 것이 더 문제다. 돈을 버는 것이 목표지 그것이 도덕적이냐의 문제는 두 번째 문제라는 점이 매우 위험하다. N번방 아이들의 죄의식 수준이 정도의 차이는 있지만 요즘 아이들의 돈에 대한 생각과 매우 유사한 양상을 보인다. 구석기 원시인들이 돌도끼를 가져야만 했던 것처럼 맹목적이다. 살기 위해서 먹어야 하고 돈이 있어야 사 먹을 수 있다.

도시인의 의식주 생활 어디에도 자급자족할 수 있는 여지는 없다. 오직 돈과 클릭만이 아이들의 욕구를 해방시켜줄 뿐이다. 코로나19는 전통적인 장보기 방식을 완전히 바꿔버렸다. 한마디로 시장경제를 오프라인 마켓에서 온라인 마켓으로 전격 대체했다는 말이다.

코로나 집콕으로 격리되어 있으나 온라인 쇼핑으로 모든 소비생활을 할 수 있는데다 힘들이지 않고 집 앞까지 안전하게 배달해주니 코로나의 공포로부터도 자유롭고, 시간도 자유로워 취미 생활이 늘어나기 시작했다. 예부터 그려왔던 천국과 파라다이스가 바로 이런 것 아니었을까? 클릭 하나로 밥 먹고 싶으면 밥이 오고, 빵이 먹고 싶으면 빵이 온다. 요술 램프의 주인 못지않은 호사다. 그런데 램프의 주인들도 집콕이 길어지자 많은 부작용이 드러나기 시작했다. 코로나 블루와 코로나 레드Corona Red는 물론 소아비만증이 심각하게 빨리 증가했다.《동아일보》

는 2020년 상반기 20대 우울증 환자(9만 2130명)가 2019년 20대 환자 수 전체(11만 8166명)의 80% 가까이(78.0%) 됐다고 코로나 블루의 심각성을 대서특필했다.[22] 코로나19를 막기 위한 통제가 오래 지속될 경우 더 심각한 문제가 초래될 수 있다. 좀비는 사실 살아 있지만 죽은 자들이다. 마음과 정신이 심각하게 황폐해져 공감 능력이 떨어지고 외톨이인 아이들은 좀비의 회색 눈동자를 가졌다. 한 번 집착하면 절대 놓지 않는다. 먹는 것을 비롯한 가장 원초적인 본능을 채우면서 자신이 가진 결핍만을 채워간다. 그들은 사육되고 착취하고 학대한다. 중독 환자들의 전형적인 패턴이다. 많은 중독이 애정결핍에서 비롯된다. 가장 중요한 것은 어린시절 부모의 충분한 사랑이지만, 친구나 교사와 동료 등 사회적 관계에서 사랑이 채워지기도 한다. 그러나 문제는 바이러스의 공포로 사회관계망으로부터 단절되어져 있다는 것이다. 심지어 학교도 갈 수 없다.

부자가 되고 싶어 하는 아이들의 욕망처럼 우리는 배달 앱을 터치하는 것만으로 순간 배송되는 음식을 배부르게 사 먹을 수 있을 만큼 부자가 되어 있지만 늘 허기진 상태의 결핍으로 다시 또 야식을 시키기 위해 배달 앱을 켜며 다이어트 약과 통장 잔고를 동시에 떠올린다. 그러고는 다시 벌써 더 많은 허기가 차오르며 통닭에 치즈볼도 사이드 메뉴로 하나 더 추가한다. 부자

---

22 "'취업난' 엎친데 '코로나' 덮친 20대, 사회 첫발부터 좌절감", 《동아일보》, 2020. 10. 17. 기사 참조.

가 되고 싶다는 욕망을 단순히 소비를 위한 가치만으로 생각했을 때는 결코 채워지지 않는다. 그러나 부자가 되어 더 많이 나누고 싶다고 생각했을 때 비로소 내가 가지고 있는 마지막 100원이라도 알찬 풍요를 가져온다. 바로 태도의 문제가 중요하다는 것이다. 부자가 되기를 욕망하기 전에 경주 최부자처럼 훌륭한 태도와 자세를 경제 교육을 통해 먼저 가르친다면 아이들은 진짜 삶의 풍요를 가진 품위 있는 부자의 삶의 여정을 살아가게 될 것은 물론이고 정신적으로도 지치지 않는다. 그것이 바로 교육의 소중한 가치! 자기 삶의 밸런스를 스스로 잡아가는 주인 된 삶의 품격이라는 것이다.

코로나 블루 대처
마음 건강 지침

집콕으로 편안함을 느끼던 어른들은 어느 순간부터 오히려 노동을 원하기 시작했다. 학교에서 해방되었던 아이들은 친구들이 있는 학교에 가고 싶다며 울먹였다. 대한신경정신의학회가 《동아일보》 지면을 빌어 2020년에 제시한 '코로나 블루 대처 마음 건강 지침'은 다음과 같다.

1 감염병 유행 상황에서 불안은 정상적인 감정임을 인정한다.
2 정확한 정보를 필요한 만큼 본다.

3 혐오와 비난은 삼간다.

4 나의 감정과 몸의 변화를 면밀히 살핀다.

5 불확실한 상황을 받아들이고 통제 가능한 활동으로 주의를 돌린다.

6 가족, 친구, 동료와 비대면 소통을 강화한다.

7 가치 있고 긍정적인 활동을 찾는다.

8 규칙적인 생활을 한다.

9 취약한 사람들에게 관심을 갖는다.

10 감사의 글, 응원의 말을 전하는 등 사회적 연대감을 키운다.

이 지침 속에는 사실 아이들의 새로운 교육 방향이 많이 들어 있다. 자신의 현실을 인정하고 자기를 알아가며 가능하고 긍정적인 것에 귀를 기울이고 커뮤니케이션을 넓혀가며 가치 있고 의미 있는 일을 하면서 봉사하고 감사하는 삶으로 함께 살아가는 전인교육이다.

자신에 대한 성찰과 타자에 대한 돌봄이 큰 맥락인데 이는 단순히 우리가 생필품을 사는 행동에서부터 시작할 수 있다. 설령 조금 더 비쌀지라도 거대 기업의 공룡 플랫폼보다는 우리 지역 로컬 오프라인 매장이나 플랫폼의 물건을 클릭하는 지혜를 아이들에게 교육시켜야 한다. 이는 단순히 지역을 살찌우는 일만이 아니라 더 멀리 내다보면 글로벌 거대 기업의 상품 독점에 의한 인류의 통제 및 종속화를 막는 길이기도 하다.

독과점의 폐해는 오랜 역사를 거쳐 서민들에게 통제와 부자 유합의 큰 고통을 안겨왔다. 잘못하면 우리 아이들은 노예적 삶을 살아야 할지도 모른다. 만화영화 〈센과 치이로의 행방불명千と千尋の神隠し〉(2001)에 나오는 엄마 아빠처럼 집에서 배달 음식만 먹고 사육되다가 돼지가 되는 무서운 드라마의 주인공이 되지 않으려면 우리는 이제 아이들에게 새로운 개념의 경제 교육을 부모와의 장보기부터 시작해야 한다. 편하고 가격 싸고 맛있다는 기준만으로 무심코 누른 클릭 한 번이 우리 삶의 자유를 송두리째 앗아갈 수도 있다. 불편함을 감수하고 보다 더 인간적이고 나눔이 있는 사회경제 풍토를 만들기 위해 몸소 실천하는 부모들이 우리의 미래다. 그런가 하면 조금 느린 라이프스타일의 삶을 소비자들에게 제안하는 교육적인 기업도 있다.

코오롱의 패션 브랜드 애피그램Epigram은 매거진을 발행하고 스테이Stay(숙박업소)까지 만들어 '애피그램'스러운 삶을 제안한다. '애피그램' 매거진 자체가 새로운 미래 사회 라이프스타일의 교과서라고 해야 할까? 이제 패션은 단순히 의류에만 국한된 삶의 요소가 아니라 무엇을 입느냐는 어떻게 사느냐를 보여주는 자기 표현 방식이며 라이프스타일임을 패션 브랜드 마케팅과 연결하여 보여준다. 단순히 옷을 파는 것이 아니라 사회와 문화 발전에 기여하며 소비를 촉진시키는 가치와 의미 지향의 상품 판매 전략이다. 이런 마케팅 전략은 일본의 라이프스타일 관련 비즈니스에서 쉽게 볼 수 있는데, 심지어 잡지사가 집을 지어서 라이프스타일을 제안하고 팔기도 한다. 코로나19 이후 교육의 방향도 이와 다르지 않다.

경제 교육은 단순히 돈만 벌기 위한 교육이 아니다. 삶의 자유를 기반으로 한 지혜가 담긴 철학적 사유 체계가 담겨 있다. 《절제의 성공학南北相法極意修身錄》을 쓴 미즈노 남부쿠는 소식을 권장하는데, 그 이유는 단순히 적게 먹고 많이 모은다는 논리가 아니라 소식하면 생태계 파괴가 최소화되고 자연도 인간과 함께 자연스럽게 순환하며 공존할 수 있다는 우주적 차원의 이야기가 담겨 있다. 로버트 기요사키^{Robert Kiyosaki}가 쓴 《부자 아빠 가난한 아빠^{Rich Dad Poor Dad}》는 근대 교육은 자본가들이 서민들을 노동자로 순종하는 시스템을 만들어 상류층이 부를 독점하는 맥락의 경제 구조이기에 지금이라도 당신 자신이 돈을 벌 마음을 내고 행동하라는 제안으로 베스트셀러가 되었다. 유대인들도 인간 개인의 자유함을 목표로 한 살 때부터 저금통에 동전 넣기로 경제 교육을 시작하는 것과 같다.

상품자본주의 사회에서는 상품을 독점한 사람들이 돈을 벌고 그것을 다시 더 크게 투자한다. 현재 글로벌 공룡 기업들도 대체로 기술 저작권을 영세한 과학자나 발명가들에게서 사들이고 그것에 대한 저작권료를 지속적으로 받으면서 성장한다. 메타버스시대에 콘텐츠의 중요성이 더 부각되면서 게임 등 콘텐츠를 사들이는 기업들의 행보가 눈에 띈다. 고대부터 재산과 땅을 상속받은 왕이나 귀족 같은 자들이 부자였다면, 이제는 저작권을 가진 창업자들이 세계 시장의 대권을 모두 거머쥐고 있다. 단순히 월급 받아 아껴 쓰고 저축하라는 캠페인도 교육적으로 유용하나 더 큰 부와 사회와 인류에 대한 기여를 위해서는 상상력과 예술적 감각을 동반한 콘텐츠 개발과 과학기술에 주력하며 창업을 하고 구독료를 받을 수 있는 시스템을 만들어내는 것이 더 강력하다.

이를 위한 회계, 경영, 투자, 주식, 돈, 에너지와 운 등등 다양한 분야의 경제 관련 학습을 해나가야 한다. 경제 교육 자체가 메타버스세대의 라이프스타일 교육의 하나다. 통제받지 않고 독자적 삶을 살아나가려면 결국 경제적인 자유와 자기 통제권을 가져야만 한다. 유대인들의 경제 교육의 최종 목표도 결국 '당신 삶의 자유'다.

마지막으로 무엇보다 중요한 것은 후덕재복厚德財福한 마음을 내는 전인적 인성 교육을 도모하는 것이다. 나 혼자만 잘 먹고 잘 산다면 타자의 불행쯤은 아무렇지도 않게 무관심한 태도로 결국 인류의 불행과 재앙을 낳게 된다. 다이너마이트나 나일론은 선한 의지로 만들어졌으나 정치 경제적 이익에 눈이 먼 사람들에 의해 인류를 몰살시키는 커다란 재앙이 되고 말았다. 바로 이런 점에 깨어 있어야 하고, 그래서 단돈 500원짜리 제품을 클릭한다 하더라도 단순히 싸고 빠르고 편한 쇼핑에 집중하지 말고 그것의 결과가 내 자녀와 타인에게 어떤 삶을 안겨줄지에 대해 고민하고 천천히 클릭하자.

이제 우리 아이가 인간으로서 존중받는 삶을 사느냐, 아니냐는 우리 자신의 클릭하는 손가락에 달려 있다고 해도 과언이 아닌 시대가 왔다. 우리의 생각 없는 클릭 한 번이 결국 자신과 세계의 재앙이 될 수도 있다. 아이들에게 신중하게 생각한 뒤 클릭하는 손가락 경제 교육이 절실한 이유다. 그렇다면 이런 상품자본주의 경제 시스템으로부터 아이들을 보호할 수 있는 길은 없는가? 인간이 상품자본주의의 노예로 전락하지 않을 수 있는 길은 없는가?

편한 것이 좋은 것은 아니다. 옳은 것도 아니다

꼭 남해에서 새벽에 잡은 싱싱한 물고기를 아침에 배달해서 먹어야만 건강해질까? 밤잠과 새벽잠을 못자는 택배기사들의 잠자는 삶의 권리는? 부모가 없는 밤을 두려움에 떨며 새우잠을 자는 아이들의 결핍된 마음은? 늘 일음일양, 한 곳이 밝으면 한 곳이 어두움을 눈치 채고 균형을 잡아야 한다. 우리는 꽝꽝 언 동태로 끓인 찌개만으로도 건강하고 씩씩한 삶을 유지해왔다. 그조차도 호사스러운 사건이었다. 얼리지 않은 영양소 풍부한 생선이 아니라도, 우리 삶은 그동안 충분히 싱싱하고 풍만했다.

진짜 무서운 적은 코로나19의 새로운 유행에 따른 펜데믹보다 사람들이 통제와 격리에 익숙해지면서 인간 고유의 특징인 공동체의 일원으로서의 존재 가치를 잃고 사회와의 관련성을 잃는 것이다. 자유를 잃는 것이다. 코로나 집콕의 홈족과 미시적 행복론에 입각한 혼족의 위험성이 여기에 있다.

편한 것이 좋은 것은 아니다. 옳은 것도 아니다. 택배기사가 배달해주는 1.5리터 생수 한 상자로 나는 살찌고 그는 여위어간다. 나에게는 한 상자이지만 그들은 무거운 물을 수백 개를 날라야 한다. 운동이 아닌 가혹한 노동이다. 내가 편한 것이 꼭 좋고 옳은 것은 아니다. 가끔 불편함을 감수하는 삶도 가치가 있다. 나의 불편함이 그를 행복하게 할 수 있다면, 기도하는 마음으로 생수 정도는 동네에서 우리 스스로 사다 먹자. 이런 단순함이 교육적 삶의 실천이다.

코로나19 이전 오프라인 시대의 교육의 문제를 기준으로 그것을 해결하는 차원에서의 교육을 메타버스세대 교육으로 논한다는 것은 단순한 시간 낭비일 뿐이다. 정작 필요한 것은 코로나19 이후의 사회와 메타버스세대가 되어버린 Z세대 아이들이 맞게 될 세상에 대해 다각적으로 전망하고 직시해야 한다는 것이다. 직시된 새로운 시대의 니즈에 맞는 파격적인 변혁의 교육 담론을 생산해야 한다. 직시하려면 눈을 떠야 하고 눈을 뜨려면 새로운 직관적 앎의 세계로 들어가야 한다. 상상력을 쥐어짜서 메타버스세대에 대한 교육 대안을 제시하는 마음이 절실한 이유다.

교육이란 농사와 같은 것이다. 완전히 새로 갈아엎고 다시 시작해야 한다. 썩은 종자는 아무리 씨를 뿌려 물을 줘도 절대 싹을 틔울 수 없다. 시대가 바뀌었다. 그동안의 역사시대에는 항상 인간이 주체가 된 변화를 겪었다면 이번에는 인간이 아닌 인간이 만든 도구 AI가 인간을 대체하는 시대를 살아야 할지도 모른다. 특히 미시적 자기 선택에 의한 비혼非婚이 일반화되면서 인간의 개체 수가 더 줄어드는 상황이 가속화되면 인류 종족 보존 자체의 위험이 닥친다. 코로나19는 물론 기후변화에 따른 식량 감소로 전쟁이 닥칠 수 있는 가능성도 배재할 수는 없다.

세계적인 플랫폼 기반 거대 기업들은 인간의 존재 자체를 소비의 대상으로 대상화하기에 탈상품화와 가이아-X와 같은 시스템의 데이터 규제는 인류의 지속 가능성과 밀접한 관계가 있다고 볼 수 있다. 이제 생존하려면 메타버스의 새로운 미래 사회 시스템에 비평적으로 깨어 있어야 한다. 수행자와 같이 깨어 있는 주체적 존재로서 자기만의 삶의 스타일을 스스로 디자인하는 일상 속 라이프스타일 교육이 메타버스시대의 대안인 이유이기도 하다. 대세를 따르는 것이 꼭 옳은 일은 아니다. 그보다는 아이들에게 자신을 믿고 자신만의 직관과 소신대로 살아갈 수 있는 철학과 신념을 키워주는 것이 더 중요하다. 오늘의 오답이 내일의 정답일 수 있음에 깨어 있으면 된다. 모든 것은 변한다. 그것만이 정답이다.

상상할 수도 없었던
'상식'의 전복

400년 전 요한 아모스 코메니우스$^{Johann\ Amos\ Comenius}$가 만든 최초의 그림 교과서와 4시간 전 만들어진 위키백과의 공통점은 무엇일까? '매일매일 내용을 수정해야 한다'는 것이 정답이다. 각 시대의 상식과 통념을 지식화하여 만든 교과적 지식들은 10초가 지나기도 전에 수시로 바뀌고 있다. 지금 당장 '문제아'에 대해 규정하고 개념화해보라! 학교에 가지 않는 아이가 이제 문제아가 될 수 있는가? 하루 종일 컴퓨터 앞에만 앉아 있는 아이가 여전히 밉상인가? 문제아에 대한 고정된 답을 말할 수 있는가? 문제아의 개념을 규정할 수 있는가? 코로나19는 모든 사회적 통념과 규정과 개념을 뒤바꿔놓았다. 이제 디지털 온라인 세상이 된 메타버스세대의 학교는 앞서 말했듯이 학습 내용과 교육과정은 물론 교사의 역할과 교육에 대한 규정과 개념도 달라져야만 한다. 학교만이 아니다. 장기화된 코로나19로 홈스쿨링은 부모의 역할과 아이의 자기 주도적 학습에 대한 중요성과 사회시스템적 사고의 전환까지 요구한다.

코로나19 사태로 교육은 교수자의 '가르침'보다 그것을 배우고자 하는 학습자의 '배움'의 태도가 더욱 중요한 학습자 중심 교육 시대가 활짝 열렸다. 단순히 정해진 학습량을 스스로 숙제하듯 해나간다는 뜻이 아니라 아이들이 자발적이고 주체적인 학습으로 자신들의 앎을 생산하는 시대라는 이야기다.

교육과정을 결정하는 진로 교육도 다르지 않다. '어디에 취직을 할 것인가, 무엇을 할 것인가?'를 안내하는 교육이 아니라 '아이들이 스스로 어떤 직업을 만들어내도록 어떤 일을 하며 살아가도록 촉진할 것인가?'가 더욱 핵심이 되는 시대다. 기업 취업이 목표가 아니라 스스로 만들어낸 직업으로 살아가는 창업의 시대라면 성적순 평가 제도는 의미가 없어지고 그에 따른 교육과정도 단숨에 바뀌어야 한다. 불가능하고 어려운 일인가? 이미 코로나19는 단칼에 학교 중심의 교육을 홈스쿨링으로 바꿔놓았다. 이미 집이 학교다. 그렇다면 학교는 다시 어떻게 정의 내려야 할까?

학교의
범주와 정의

세계적으로 우수한 학생을 배출하는 21세기 학교를 꼽으라면 프랑스 에꼴42^{Ecole42}, 미국 미네르바스쿨^{Minerva School}을 들 수 있다. 이 두 학교의 특징은 프로젝트 학습에 기반하여 교사와 교과서가 없다는 것이다. 이것이 가능한 이유는 컴퓨터 기반 온라인 학습과 학생 중심 프로젝트 학습이 이루어지기 때문이다. 미네르바스쿨은 학생들이 프로젝트 수행을 위해 특정 나라와 지역에 6개월 정도씩 머물며 각 지역의 문제를 해결하는 프로젝트에 참가하며 스스로 보고 배운다. 일종의 그랜드투어로 '괴테의 이탈리아 여행'도 로드스쿨링의 일환이었던 것과 맥락을 같이한다고 볼 수 있다.

에꼴42의 경우 학생들이 서로 협력하여 프로젝트를 완수해 나가는 과정 자체가 교육과정이고, 학생들은 스스로 배우고 멘토의 조언을 듣기도 하면서 과업을 자발적으로 실행해나간다. 에콜42나 미네르바스쿨이나 둘 다 학교의 기능은 공동체 협력 학습의 장이 되어준다는 점이고, 하나 더 추가하자면 소정의 학위증명서를 주는 정도라고 할까? 모든 교육과정의 배움은 학생 스스로의 목표와 자발적 학습 추진 방향에 의해 성과가 결정된다. 가르쳐주는 교사가 없음에도 불구하고 성과를 낼 수 있는 이유는 단 하나, 자발적으로 스스로 좋아하는 이슈에 미친 듯이 몰입해간다는 점이다. 자아 성취는 그대로 따라오게 되어 있다.

교사도 없고, 교과서 없이도 온라인 강좌와 협력 학습과 체험 교육만으로 교육이 가능하다면 기존의 '학교' 개념을 전체 뒤집어야 한다. 이제는 디지털 메타버스에도 기존의 학교가 문을 열고 아이들은 그곳으로 출석하는 시대다. 그뿐 아니라 아이들이 입학하는 학교를 지역적으로 나누어 관련 관청에서 배당하던 시스템을 학생과 학부모의 지원 시스템으로 본격 전환해야 한다. 허리케인 카트리나^{Katrina}로 피해를 입은 미국 뉴올리언스의 입학 시스템을 미국 브라운교육연구센터^{Brown Center on Education Policy} 더글러스 해리스^{Douglas N. Harris} 박사의 안내로 알아보자.

쇼핑센터도
학교다

더글러스 해리스 박사는 코로나19 이후 교육의 변화에 대해 차터 스쿨을 대안적으로 제시하면서 카트리나 이후 뉴올리언스의 교육개혁에 대해 소개하고 있다. 그중 코로나19 이후 학교에 대한 범주와 개념 정의에 좋은 힌트가 보인다. 바로 출석 구역이 삭제되었다는 것이다. 기존에는 행정구역상에 있는 학교 입학을 국가에서 통보하였으나 카트리나로 이재민이 많아져 인구의 이동이 많다 보니 주정부 단위에서 지역별로 지정하던 입학 학교를 학생과 학부모가 선택해서 갈 수 있도록 했다는 것이다. 카트리나 진정 이후에도 뉴올리언스는 여전히 학생과 학부모가 지역구와 관계없이 '학교를 선택해서 입학'할 수 있다.

뉴올리언스의 사례처럼 지역구와 관계없이 학교를 선택하는 것이 더 효율적이었다면 이제 쌍방향 온라인 학습이나 온·오프라인 블랜디드 교육을 코로나19 이후 교육 대안으로 제시하는 세계적인 추세에서 학생이 사는 지역의 학교 입학을 의무화할 이유는 없다. 그뿐 아니라 메타버스라는 새로운 온라인 소셜의 세계가 열렸고, 디지털 게임 메타버스 안에서 학교가 세워지고 입학식과 졸업식은 물론 학교 수업도 진행되는 상황이니 지역의 개념 자체가 유명무실한 상황이다. 사이버대학은 이미 일반화된 교육제도다.

그렇다면 온라인 입학에 대한 법안을 마련하여 제도화할 경우 학생들은 자신이 원하는 학교라면 국내는 물론 유럽과 아프리카까지도 지원이 가능하다. 다만 글로벌 교육 플랫폼의 지식의 평준화 과정은 있어야 할 것이다. 평가 대신 에듀블록[Edubloc] 등 교육 인증 제도를 마련하고 공동체 프로젝트 학습 등 면대면 교육의 경우는 기존의 학교 시설에서 이수하도록 하면 된다. 이런 시스템이라면 학생들은 설령 부모가 로드스쿨링을 위해 한 달 단위로 여행을 하면서 아이를 양육한다고 해도 학교교육에 의존해서 지역 차별과 터부의 설움 없이, 차별 없이 공부할 수 있는 온라인 학습 기반을 마련할 수 있다.

온라인 학습으로 기존의 공교육기관인 학교의 기능이 덴마크 에프터 스콜레와 같은 대안 학교들처럼 프로젝트 협력 학습 등 공동체 교육이나 인생 설계 진로·직업학교로 전환된다면 쇼핑센터의 문화센터도 작은 학교가 될 수 있다. 그뿐 아니라 종교 단체의 온라인 교육시스템이나 유튜브의 개인 미디어 플랫폼 자체도 교육의 장이 될 수 있다. 라이프스타일을 중심으로 성장하고 있는 일산 벨라시티와 같은 대형 쇼핑센터나 일본의 츠타야 서점과 다이칸야마代官山 같은 라이프스타일 연계 서점들, 문화 살롱이 열리는 동네 카페와 작은 책방도 하나의 학교가 될 수 있다. 물론 섭이네 미용실 같은 개인 집에서 이루어지는 생태적 삶의 기술도 집 학교가 될 수 있다.

기존의 학교에 대한 고정관념을 버리고 '배움이 일어나는 장소'가 곧 학교라는 단순하고 새로운 개념을 마주하게 된다면 우리의 삶의 터전 어디라도 '학교'가 아닌 곳이 없다는 것이다. 일상이 교육이고 우리가 사는 동네는 물론 온라인 공간까지도 온통 배움터인 시대가 도래한 것이다. 이제 진짜 학교는 건축물이 아닌 배우는 학습자의 태도와 자세, 선택과 마음가짐으로 규정된다. 메타버스세대 아이들 교육이 걱정인 교사와 부모의 역할 방향을 제시해주는 대목이기도 하다. 교사와 부모에게는 동기를 부여하는 촉진자와 도우미 그리고 같은 팀원으로서의 동료의식이 최고의 미덕이 된다.

그들을 가르치려 하지 말고 그들의 말에 귀를 기울여라! 코로나19 시대 이전부터 좋은 스승과 부모가 되는 지름길이었고 포스트 코로나19 이후 시대에도 교육은 학습자 중심의 자발성 원칙에는 변함이 없다. 디지털 메타버스도 유저들에게 더 많은 자율권을 주고 유저 스스로 만들어가는 세계관을 가진 메타버스에 유저들이 몰린다. 로블록스의 성공도 바로 그런 세계관이 주효했다는 분석이 많다. 이제 학교에 대한 범주화와 규정이 바뀌었다면 배움의 내용과 형식도 함께 달라져야 한다. 메타버스세대의 스쿨 혁명은 이미 코로나19 이전에 과학기술의 발달로 선취되어 있었다.

이것이 바로 큰 스케일에서는
교육정책이라는 것이다

라이프스타일은 구성원들의 의식주, 지역의 역사, 신앙은 물론이고, 자연환경이나 지역 특산물까지 그 지역을 아우르는 모든 것을 담아낸다. IT 중심 산업구조 변화에 따른 라이프스타일에 대응하는 프로젝트 교육은 기존 교과목을 대체하는 새로운 교육 콘텐츠가 될 수 있다.

지역 기반 라이프스타일 교육이 성공하려면 먼저 주민 인식, 가치관, 관심사 및 예술과 문화 정체성 등을 조사하여 지역 라이프스타일 데이터베이스를 구축한다. 그리고 더 작은 단위의 지역을 중심으로 일상생활이 연계된 프로젝트 학습을 진행하면서 사람됨의 자유와 행복을 함께 누리는 가치 중심 비전을 공유해야 한다. 한 예로 책과 라이프스타일을 결합한 한국형 츠타야 서점인 '아크앤북ARC N BOOK'의 책 분류 내용을 보면 단순히 기계적인 도서 분류가 아니라 사람들의 삶을 담아내는 새로운 스타일의 서사를 슬로건으로 내세우고 있음을 알 수 있다.

• 아크앤북의 책 분류 내용[23]

분류	슬로건	책 내용
DAILY(하루)	일상 속 기대감	생활, 주거, 음식, 건강, 어린이
WEEKEND(주말)	일상 밖 설렘	자기계발, 외국어, 나들이, 취미
STYLE(스타일)	선도하는 즐거움	디자인, 건축, 사진, 음악, 미술, 패션
INSPIRATION(영감)	깨닫는 성취감	인문, 역사, 종교, 과학, 영화, 여행

그런가 하면 쇼핑센터 또한 새로운 4차 산업혁명 기반의 노동력 절감과 여가 시간 확보를 시나리오로 하여 진화하고 있다. 가족들 모두가 즐기는 쇼핑센터인 '앨리웨이Alleyway 라이프스타일 센터'는 쇼핑 자체보다는 라이프스타일 경험을 상품화하여 마케팅 전략에 나서고 있음을 알 수 있다. 건강한 문화가 있는 우리 동네 마켓, 일상의 취향이 있는 라이프스타일 공간, 사람과 예술이 함께하는 문화 광장, 가족 모두의 행복한 경험이 있는 키즈 플레이스를 콘셉트로 요리·교육·취미 등을 직접 체험하며 소비할 수 있는 소비자 라이프스타일 맞춤 쇼핑센터임을 알 수

---

23 출처: 아크앤북 웹사이트 http://www.instagram.com/arc_n_book_official

있다. 심지어 반려 동물을 배려한 펫 구역이 있어 애완견들이 나들이 중에 물을 마시며 쉴 수 있는 특별 코너도 있다. 현대인들의 라이프스타일을 적극 반영하고 있음을 알 수 있다.

앨리웨이 쇼핑센터처럼 상품을 판매하는 전략보다는 방문자들에게 삶을 체험하고 경험하게 하는 전략은 온라인 쇼핑이 활성화된 현대사회에서 대규모 쇼핑센터가 하나의 체험교육장으로 변화하고 있음을 확인시켜준다. 대형 쇼핑센터만이 아니라 작은 공예 공방과 책방, 카페, 심지어 식당도 배움터의 기능으로 발전하고 있다. 일종의 융합 교육과 평생교육이 함께하는 형태다. 쇼핑센터가 학교가 되는 미래 스쿨 혁명의 대표적 모델이라고 할 수 있다.

코로나19가 자연이든 인간이든 일정 이유 때문에 기획된 것이라고 전제한다면, 당연히 그에 따라 사회시스템 변화에 따른 교육도 변화됨은 마땅하다. 이것이 바로 큰 스케일에서는 교육정책이라는 것이다. 일례로 '엘리웨이' 라이프 구역의 '두수고방'은 사찰 요리로 유명한 정관 스님의 요리 스튜디오로 단순히 먹는 행위로서의 '식'이 아닌 하나의 푸드 라이프스타일 교육으로서의 음식과 요리와 수행적 식사 예절까지 교육하며 식사 과정을 통해 명상과 깨우침에 대한 체험 위주의 교육 프로그램이 진행된다.

'사찰' 음식이라는 주제를 통해 융합적이고 통합적인 교육의 장이 식당을 중심으로 기획되고 실행되어진다는 것을 볼 수 있다. 특히 접근성이 매우 편리한 아파트 상가 식당에서 가족 모두가 언제든 편리하게 참석이 가능한 평생교육 구조다. 산업구조는 라이프스타일을 변형시킬 뿐만 아니라 사회의 이슈나 시스템도 변형시킨다.

　누구든 상품으로서의 음식이 아니라 자신의 삶을 고양시키는 삶의 기술로써의 식문화를 스스로 체험하며 배워나가는 것! 그를 통해 자신만의 차별적인 라이프스타일을 만들어가는 것이 메타버스세대 교육혁명의 플랜 A 교육과정이 될 것이다. 여기에 이미 의식주를 기반으로 하는 평생교육으로서의 미래 교육혁명의 코드가 숨겨져 있다.

자신의 라이프스타일을
스스로 디자인한다

이제는 단순한 삶의 상식을 지식적으로 외우고 전수받는 교육이 아니라 라이프스타일 전체에 대한 제안이 바로 융합적 교육이라고 정의될 수 있다. 정희선은《라이프스타일 판매 중》이라는 책을 통해 일본의 라이프스타일산업의 비즈니스 사례를 '삶을 제안하고, 변화를 읽으며, 취향으로 묶고, 스토리로 판다'라는 네 개의 패턴으로 분류해서 소개하고 있다.

비즈니스를 사람들의 일상 속 의식주에 자연스럽게 녹아들게 하는 에피그램식 제안들이다. 이제 교육도 의식구조의 변화와 다양한 라이프스타일 제안으로 삶의 변화를 동시에 추구하면서 메타버스세대 아이들이 균형감 있는 선택과 결정으로 자신의 라이프스타일을 스스로 디자인하도록 해야 한다. 이를 위해서는 아이들의 일상이 펼쳐지는 지역사회 전체가 교육적인 문화예술의 공간으로 점진적으로 발전해나가야 한다. 우리가 사는 동네의 도시와 공간을 교육적인 문화예술 공간으로 새롭게 디자인하고 브랜드화하는 과정을 '문화 큐레이션'이라고 한다.

문화
큐레이션

지역 재생과 활성화라는 이름으로 성행하고 있는 새로운 도시 디자인의 과정은 그 지역의 무엇을 선택하고 무엇을 배재하느냐 하는 판단과 결정의 문제다. 어쩌면 그래서 교육도 큐레이션으로 다시 정의되어야 하고, 문화도 큐레이션으로 다시 정의되어야 할지도 모른다. 현재의 우리와 미래 후손들의 선택, 바로 큐레이션에 의해 인류의 흥망성쇠가 결정된다는 이야기다. 심지어 이런 교육과 문화가 모인 집결지인 도시의 미래 디자인은 한마디로 의미 있고 가치 있는 수준 높은 '큐레이션'에 의해서 성패가 결정된다. 단순한 리더의 양성이 아니라 도시 콘텐츠 큐레이터 리더 그룹을 조속히 양산해야 하는 절실한 이유다. 지역의 발전 비전을 위한 스토리텔링이 어떤 상상력에 의해 어떻게 구성되었는가에 따라 지역의 미래는 달라진다. 세계 최고 기업 CEO들의 리더십처럼 우선 상상하고 명확한 비전을 세우고 먼저 독점하여 자기 영토화한 다음 일반화시켜 다양하게 키워나가는 것이다.

　교육과 문화 발전에서 상상력과 큐레이션이 중요한 이유는 크게 두 가지로 정리할 수 있다. 첫째, 큐레이션이 '인간이 수집하고 구성하는 대상에 질적인 판단을 추가해서 가치를 더하는 일'이라는 것이다. 데이터가 홍수를 이루는 정보사회에 대비한 고품질 자료와 정보 아카이빙이다. 둘째, 프로슈머prosumer(producer+consumer, 생산자인 동시에 소비자)의 등장이 디지털 전환 4차 산업혁명 시대를 살아가는 사람들에게는 일반적인 현상이고, 상상력과 문화예술적 감각을 지닌 크리에이터로서의 역할 자체가 교육이며 삶 그 자체다. 같은 장소라도 어떤 상상력을 기반으로 어떤 큐레이션의 조각보로 기획하느냐에 따라 공간은 무궁무진한 이야기로 변화할 수 있다. 반짝이는 아이디어와 삶의 스토리텔링은 장소를 바꾸고, 지역을 살리며 더 나아가 활력 넘치는 사람의 도시를 만든다.

　내가 사는 대전을 중심으로 만드는 상상력 풍부한 스토리텔링 '우리 동네 책마을 이야기'가 우리 지역 사람들의 미래가 되고 지구의 미래가 될 수 도 있다. 상상하는 것은 모두 현실이 된다. 그렇다면 내가 상상하고 꿈꿔본 우리 동네 대전의 스토리텔링과 새로운 마을 만들기를 통해 마을이 학교가 되고 모두의 배움터가 될 수 있는 가능성을 함께 가늠해보자.

• 스토리텔링 대상 지역: 대전시 대덕연구단지 일원(신성동,

대덕연구단지 운동장, 대전과학산업진흥원^{DISTEP} 및 과학관 시민천문대 등)

- 스토리텔링 콘셉트: 올드 앤 뉴^{old and new} 빈티지 책방 마을에 북 헌팅^{Book Hunting}을 위해 찾아드는 여행객들과 북 카페와 문화 살롱에서 품격 있는 일상을 보내고 있는 가족들로 북적이는 동네

지식 생산 허브 대덕연구단지 책동네
첫 번째 이야기

대전시 유성구 신성동에 자리한 대덕특구 운동장은 대덕연구단지 연구소와 연구원들의 삶의 공간 중간에 위치하며 일과 일상을 이어주는 가교 역할을 하는 지리적 장점을 갖고 있다. 4차 산업혁명 기반 기술융합혁신센터는 물론 도시 재생과 문화 기획 공간으로 시민들이 자유롭게 미래 과학기술을 꿈꾸고 협업할 수 있는 공간으로 대전시가 야심차게 준비하고 있는 핵심 공간이다. 이를 위해 먼저 작가적 상상력으로 공원, 책마을, 북^{Book} 카페의 콘셉트를 기반으로 신구^{old and new}가 공존하는 멋진 문화예술교육 융합공간으로 메타팩션적인 지역재생 스토리텔링을 해보았다.

장소 1.

[장면^{scene} 1. 패밀리 카페] 부부 연구원인 소희는 프로젝트 보고서가 늦어지며 집에 있는 아이들에게 전화를 걸어 DISTEP 책 동네 패밀리 카페로 오라고 하고 자신도 팀원들과 페밀리 카페로 이동해서 일을 계속한다. 이윽고 아이들이 도착하고 소희는 아이들이 좋아하는 메뉴를 주문하여 저녁식사를 마련해주고 아이들을 잠시 다독인 후 다시 팀원들과 보고서 작성을 계속한다. 이때 작은 아이가 심심하다며 소희 팀원들의 마무리 작업에 끼어든다.

[장면 2. 키즈^{kids} 카페] 이때 소희는 큰아이를 불러 동생과 함께 키즈 카페로 이동하라고 권유하고 신이 난 아이들은 친구들이 에듀케이터 스태프들과 함께 있는 키즈 전용 카페로 이동한다. 아이들은 학령별 섹션으로 나눠진 카페 존에서 다양하게 또래 공동체와 어울리며 놀면서 배워간다. 카페 에듀케이터와 장기적인 프로젝트를 하는 아이들도 있고 원데이^{one-day}로 엄마 아빠나 형 언니를 따라온 아이들도 있다. DISTEP 북 카페는 이제 대덕연구단지 가족들의 일상에서 없어서는 안 될 중요한 장소다.

[장면 3. 북 카페] 아이들이 키즈 카페로 가자 소희는 다시 패밀리 카페 옆 북 카페로 이동해서 자신의 팀들을 만나 프로젝트 보고서를 이어 쓴다. 아이들은 그다지 걱정되지 않는다. 아마도 아이들은 집에 가고 싶을 때 소희가 있는 북 카페로 올 것이다. 숙제는 키즈 카페에서 친구들과 협력하며 함께하거나 키즈 카페에

서 일하는 스태프 에듀케이터들이 도와줄 것이다. 지난번 키즈 카페 에듀케이터 재교육 때 소희는 팀원들과 함께 디지털 건축 파트 특강과 워크숍을 진행했었는데, 이렇게 또 자신의 아이들을 그들에게 맡기니 왠지 교육이 저절로 되는 기분이다. KAIST 대학생과 은퇴 과학자 및 일반인 자율 봉사 활동과 학부모 품앗이 교육으로 운영되는 키즈 카페 에듀케이터 제도는 대덕연구단지 사람들의 자랑거리이자 DISTEP 북 카페가 차세대 융합 지식의 메카로 성장하는 동력이기도 하다.

장소 2.

DISTEP은 다른 기관과 달리 아름드리 정원 안에 들어서 있는 아름다운 경관을 자랑한다. 이 모든 정원을 가꾸던 조경 창고의 아담한 역사는 미래 사회의 핵심 가치가 될 환경과 지구의 지속 가능성에 대한 하나의 상징으로 DISTEP의 미래 상징이 되며 대덕연구단지의 작은 역사박물관으로 소인국박람회장 같은 콘셉트로 꾸며진다.

장소 3.

대덕연구단지를 가로질러 실개천이 흘러내리는 천변에 있는 고전 살롱은 대전의 자랑거리 인문과학의 메카다. 마치 마담 퐁파두르Pompadour가 읽던 책을 들고 나와 피곤한 일상에 신선한 문화예술 이야기를 걸어올 듯한 분위기로 업무에 지친 연구원들의 쉼터이자 대화와 휴식의 전당이 된다.

이곳에서 와인은 술이 아닌 문화의 매개체로 재탄생하며 느슨한 분위기 속에 지성의 융합과 폭발이 이루어지고 네트워킹이 일어나는 장소이기도 하다.

살롱은 예술, 문학, 과학, 인문, 대중문화, 엔지니어링 등등 다양한 주제를 다루고, 살롱을 방문한 사람들은 소속 클럽이나 즉석 클럽 모두에서 다양한 대화와 공감대를 확장해갈 수 있다. 온라인상의 클럽하우스Clubhouse가 오프라인에서 직접 대면을 기반으로 실현되는 양상이기도 하고 일론 머스크가 클럽하우스 톡에서 DISTEP 문화 살롱 이야기를 듣고 한국 방문 시 대덕연구단지에 방문해서 나이트 라이프를 즐기기도 한다. 한가해진 트럼프도 새로운 삶의 비전을 만들기 위해 계룡산을 찾았다가 DIS-TEP 문화 살롱에서 와인 한잔으로 지친 욕망을 내려놓고 쉴지도 모를 일이다. DISTEP 문화 살롱은 이렇듯 현재와 미래를 이어주는 과학기술의 핵심으로 사람을 이어주고 모아주고 손잡게 하는 대전의 세계적 명소로 거듭난다.

장소 4.

세상의 모든 즐거움과 성공과 실패와 장난과 놀이가 범벅이 되는 모두의 놀이터다. 우리는 이곳을 '시바Siva의 궁전'이라 부른다. 시바는 새로운 것을 만들기 위해 기존의 질서와 정형성을 파괴하는 창조성의 상징이다. 융합 기술혁신의 전초기지로서의 상상력을 바로 적용하고 실험할 수 있는, 실패라는 개념이 없는, 새로운 발견들로 매일매일 폭발하는, 즐거움이 가득한 과학 기술과 인문 예술 융합 개구쟁이들의 실험터! 학생과 성인과 연구원의 구별 없이 팀별 프로젝트에 따라 평등한 선상에서 함께 연구하고 만들고 해체하고 다시 또 재조립하고 만들어간다.

'시바의 궁전'은 모두의 놀이터이자 모두의 삶에 필요한 적정 기술을 만들어내고 세계 모든 사람들과 공유하는 아이디어 뱅크이기도 하다. 세계 각지의 사람들이 온라인으로 나누던 아이디어를 DISTEP '시바의 궁전'에 모여 새로운 창조물로 만들어내기도 한다. 미리 예약만 하면 누구나 '시바의 궁전' 왕이 될 수 있는 즐거운 놀이터이자 창조의 공간이다. 이곳에서는 아이들의 과학기술 프로젝트 교육도 담당 과학 교사와 에듀케이터(현재 박물관에 에듀케이터 시스템이 있다.)의 협업으로 학령별로 이루어진다.

실험 내용과 아이디어들을 기록하고 텍스트화하는 출판사는 물론 유튜브 동영상 콘텐츠를 만드는 미디어 협력 부서도 있어서 새로운 지식과 기술을 아카이빙하고 정리하는 데 즉각적이고 신속한 처리가 이루어진다. 이곳에서 나오는 결과물들을 상품 자본화할 때는 사회적 기부금을 내도록 시스템화하여 단순한 놀이와 실험이 아닌 가치 있고 의미 있는 일을 하는 한 사회의 일원으로서의 자아 존재감을 확보할 수 있도록 인문학적 관점에서의 고려도 함께 도모한다.

장소 5.

미래 사회에서의 광합성은 단순히 식물의 문제만이 아니다. 연구에 임하는 연구진들과 지역의 학령기 아이들과 부모들도 모두 한겨울에도 광합성을 즐기며 새소리와 푸른 잎을 즐길 수 있는 온실형 테라피 하우스를 조성한다. 환경 보존 관련 다양한 실험들이 진행되기도 하고 인체에 유익한 종의 식용 전문 식물들을 키우며 인류의 미래 먹거리에 대한 연구도 병행한다. 그와 더불어서 인도 전통 요법인 아유르베다Ayurveda나 한국과 중국의 전통 의학을 연구 개발하는 곳으로도 발전시킨다.

장소 6.

타지의 관광객이나 가족 단위 참가자들이 늦게까지 프로젝트와 연구 팀에서 여유 있게 공부하고 협업하고 쉴 수 있는 가족 호텔형 힐링 게스트하우스를 만든다. 그와 더불어 해외 연구 인력들이 합리적인 가격으로 단기 투숙할 수 있는 대전시 지자체 차원의 서비스 유휴 공간의 기능도 함께한다.

장소 7.

대덕특구 운동장은 책방 마을 헤이온와이Hay-on-Wye처럼 헌책 중심으로 책방 마을을 구성하면서 책방 골목 자체가 트래킹 코스로 주민들의 체력 단련 기능도 함께할 수 있도록 아름다운 골목길도 만든다. 데이터화 되지 않은 낡은 책들을 직접 책 마을에

와서 보물찾기 하듯 북 헌팅을 하거나 자신들이 소장한 책을 팔거나 교환하면서 온라인 시스템 이전 슬로우 라이프를 책방 마을에서 가족과 함께 즐긴다. 골목길 곳곳에 작은 광장이 있고, 광장에는 카페와 작은 장터도 서는 커뮤니케이션의 공간이 된다. 이곳에서 동네 사람들과 외부 여행객과 방문객들은 서로 정보를 교환하고 버스킹과 협업도 함께 해나가며 삶의 재미를 맛본다.

<책 마을 비전>
- 메타버스세대의 미래 시대 방향 철학 및 담론 구성 플랫폼
- 종이책과 e-북, 오디오북 등 다양한 매체 출판 관광 타운
- 전자출판 및 AR, VR, 홀로그램 등 새로운 IT 기반 책 출판
- 전시 공연 등 문화예술 활동으로 온·오프라인 공감대 형성
- 지식 공유와 지속 가능 지구 환경 등 공익성 캠페인 플랫폼

<책 마을 공간 구성>
- 헌책방들 – 새 책방들 – 북 카페 – 커뮤니티 공간
- 전시 공연 공간 – 라이프스타일 숍

대덕연구단지 내의 국립과학관과 시민천문대등 문화 인프라와 대덕특구 운동장과 디스탭 연계 지식융합복합센터와 책 마을, 신세계 아트앤사이언스, 대전문화예술의전당과 한밭수목원,

카이스트 등을 유기적으로 연결하여 외부 관광객도 한국의 첨단 미래 과학의 현재를 보고 느낄 수 있는 과학과 예술과 자연이 녹아 있는 하루를 보낼 수 있음은 물론 그 여정 자체가 교육이 되는 새로운 융합 교육 디자인을 상상으로 그려본다. 어렵지 않겠냐고? 그냥 실행하면 곧 현실이 된다. 행동하면 된다. 쉽다.

뉴 모던
청년 라이프스타일 설계

메타버스세대 아이들이 청년으로 성장할 2030년을 기준으로 '뉴 모던New modern 청년 라이프스타일 디자인 명소'로서 지속 가능한 돌봄과 생태 환경을 연계한 치유와 웰빙의 지식 생산 명소라는 장황한 목표로 만들어진 대전 지역 재생 스토리텔링은 코로나19 상황에서도 작은 규모로 문화의 균열을 내고 새로운 판을 짤 수 있는 가능성을 가지고 있으며 무엇보다 융·복합적인 교육을 진행할 수 있다.

대전시의 대덕특구는 실리콘벨리 못지않게 진짜 스마트smart 과학 마을이지만 폐쇄적인 분위기의 연구소 환경 및 주차난 등으로 과학기술 문화의 보고임에도 불구하고 지역민과의 교류도 적고 외부 세계와의 소통도 어려운 부분이 있었다. 하지만 과학 테마의 연구소 박물관들도 많고 대형 운동장은 책방 마을로 만들어 골목길은 시민들의 산책로로 만들고 온라인 북스토어에서 발견할 수 없는 개인 소장 헌책을 중심으로 북 헌팅을 프로그램화한다면 가족 단위 방문객은 물론이고 대형 북 카페에 스터디와 독서를 위해 몰려드는 시민들도 많을 것이다. 책방을 중심으로 교류하고 나누는 헌책방 마을과 북 카페로 교육과 힐링의 스테이stay 관광 명소로 거듭나는 것이다.

특히 대전은 국립데이터센터가 들어설 확률도 높기 때문에 책방 마을까지 연결된다면 지식 융합 특구로서의 지역 특색도 잡고 선진 과학기술이라는 테마로 지역 자체가 하나의 배움의 장소, 동네 학교가 될 수 있는 것이다. 물론 외부에서 오는 관광객들의 경우 과학 로드스쿨링의 성지로 이용될 수도 있다. 연구소 은퇴자들의 봉사로 이루어지는 학령기 학생 대상 프로그램과 삶의 경험 공유를 통한 경험 중심 지식 아카이브. 숨겨져 있던 책을 찾아나서는 과정에서 데이터화되지 않은 더 많고 더 디테일한 사람의 이야기로 어디에서도 경험할 수 없는 사라지는 지식을 경험하고 다시 새로운 콘텐츠로 재생산할 수도 있다. 지식의 변형과 진화란 화자의 이야기를 제대로 듣고 새로운 것이 만들어지기도 하지만 화자의 이야기를 제대로 이해하지 못해 엉뚱한 시작으로 새로운 것이 만들어지기도 하기 때문에 상상력이 극대화되는 예술작품으로 탄생할 수도 있다.

이렇듯 동네가 하나의 학교가 되고 배움터가 된다는 것은 지역 사람들 모두 문화적인 교양인으로 성장한다는 이야기이기도 하고 동네 전체의 인프라 자체를 문화예술적인 환경으로 가꾸어나가는 지속적인 지역 재생 노력을 말하기도 하며 내가 원하는 우리 동네의 이야기를 미리 스토리텔링해서 지역의 변화를 현실에서 교육적으로 추구해나가는 것을 말하기도 한다. 만약 메타버스세대의 아이들이 디지털 메타버스에서 놀기를 좋아한다면, 메타버스 내에서 아이들이 꿈꾸는 우리 동네를 만들어나갈 수도 있다.

가상현실의 세계와 현실 세계의 밸런스를 스스로 맞춰가며 자발적으로 일상 속 배움을 찾아가는 아이들의 모습이야말로 뉴모던 스타일 교육의 완결이 아니면 무엇이겠는가? 그래서 라이프스타일은 곧 메타버스세대 교육의 핵심이다.

라이프스타일이 곧
메타버스세대 교육이다

어떤 선택과 결정을 할 것인가?
이것이 핵심이다

광대한 메타버스의 새 시대가 또 다른 세계의 새로운 기회를 몰고 왔다. 당신은 어떤 마음의 자세로 선택과 결정을 할 것인가? 가상인가, 현실인가? 검정 돌인가, 하얀 돌인가? 메타버스 시대의 새로운 쟁점은 무엇을 삭제할 것인지를 누가 선택하고 결정하는가에 있다. 현대인들의 삶은 라이프로깅은 물론 게임 메타버스나 디지털 접속으로 인해 모든 삶이 구글이나 아마존 같은 글로벌 IT 기업의 클라우드 데이터 저장 시스템에 저장되고 있다. 데이터 주권을 기업이 쥐고 있기에 개인정보보호란 개인의 의지가 아닌 기업의 의지에 의해 좌우될 수 있다. 구글의 경우 개인의 요청이 있을 시 데이터를 지워주는 선례를 만들기도 하였으나 일반인들은 데이터 주권보다 데이터를 사용하는 데

더 집중한다.

이제 선택은 우리의 몫이다. 우리의 데이터를 쥐고 있는 글로벌 IT 기업이나 권력에 의해서 타의로 삭제될 것인지, 아니면 자신의 자의로 삭제할 것인지 선택하고 결정하는 삶의 통제권은 인간됨의 기초가 되는 '자유'의 문제와 직결된다. 특정 회사의 디지털 솔루션을 쓰기 싫다고 쓰지 않을 수 없는 것이 현실임은 물론 시스템적으로 쓰지 않을 수 없도록 만들어서 자기 결정권을 빼앗는다. 단 한사람의 업그레이드라도 기업 입장에서는 자본이기 때문이다.

하지만 그 어떤 상황에서도 자신의 선택과 결정에 의한 주인된 삶을 살아가는 것이 메타버스세대 교육의 핵심 키워드다. 과학기술의 대세를 거슬러 저항하라는 말이 아니다. 시대의 흐름에 뗏목을 타고 흐르되 과일 통조림 대신 사과를 깨물어 먹을 권리와 참치 캔 대신 시냇물에서 잡은 메기와 피라미로 어죽을 끓여 먹을 자기 선택권을 말하는 것이다. 적어도 스스로 선택하고 결정한 삶에는 결핍과 부족함이란 없다. 고통이 수반된다 하더라도 반드시 이겨내고 스스로를 토닥거리며 행복해진다. 티베트 승려들의 삶이 기도와 명상만으로도 충만한 것과 같다고 할까?

디지털 메타버스의 세계든, 자신만의 철학을 담아 구현한 현실의 메타버스든 품위 있는 삶의 자세와 태도로 지혜로운 선택과 결정을 하여 독자적인 라이프스타일로 특별한 자신만의 세계에 주인이 되는 것이다. 단어조차도 낯선 메타버스시대에 당황하지 않고 나도 행복하고 아이들도 행복한 세상을 만들고 싶다면, 나는 이미 태생부터 완성된 온전한 귀한 존재임을 알고 매 상황마다 현명한 선택과 결정으로 삶을 만들어가는 '지혜'를 증득해나가야 한다.

교육의 근본 자리는
인간의 생명을 가꾸는 일이다

교육이란 본디 인간의 생명을 진리로 가꾸는 소중한 일이다. 격자의 바둑판 세계 위에 세상만사 모든 것은 변한다는 진리 앞에서 검은 바둑돌을 놓을지 하얀 바둑돌을 놓을지, 긍정일지 부정일지, 행복일지 불행일지, 끊임없이 망설이는 두 갈래 삶의 여정에서 자신의 그 어떤 선택도 이미 온전하다는 믿음을 갖고 자신의 삶을 행복하게 가꾸어가는 지혜를 증득하는 것이 교육이라는 것이다. 원고 마감 시간에 쫓기며 새벽 여명이 밝아오는 지금 나의 독백은 다음과 같다.

"글을 쓰는 삶을 선택한 나는 시간에 쫓겨 피곤하지만 지금 이 순간 온전히 행복하다."

오늘 새벽 나의 독백이야말로 좋은 교육의 결과이며 성과이고 목표라고 할 수 있다. 파자마 바람에 책상 앞에 쭈그리고 앉아 자판을 두들기는 지금 나 자신의 존재만으로 온전한 삶의 평화와 행복을 느낀다면 그 이상의 충만하고 풍요로운 완성된 삶이 어디 있겠는가? 이것이 바로 메타버스세대 메타휴먼^{MetaHu-}의 메타팩션으로서의 라이프스타일이다. 글을 써서 좋고, 하필이면 동트기 전 새벽이라 더 좋고, 편안한 파자마 차림에 커피라도 한잔 홀짝일 수 있으니 금상첨화의 생이 아닌가? 바로 이런 자기 긍정의 태도와 자세를 선택하는 안목을 키워주는 것이 지혜의 증득이며 메타버스세대의 미래 교육이다.

이미 메타버스세대가 된 '호모메타버스 Z'는 이제까지 없었던 전혀 새로운 인류다. 메타버스세대를 이끌어갈 새 시대에 가장 중요한 교육의 덕목과 핵심 키워드가 궁금한가? 현재 제안할 수 있는 최선의 교육 키워드는 한마디로 '지혜'다. '智'는 선택한다는 뜻을 포함하고 있고 '慧'는 결정한다는 의미를 품고 있다. 곧 지혜^{智慧}란 사물의 이치나 도리를 잘 분별하여 스스로 선택하고 결정한다는 말이다. 생각하고 실천하는 자기 회복적 태도다. 내 인생은 내가 선택한다는 자기 주도적인 자세를 키워주는 것이 바로 지혜로서의 교육인 것이다.

코로나19는 문득 우리 앞에 새로운 시대를 툭 던져놓았다. 새 시대에는 새 기회가 온다. 교육이 지혜를 얻는 일이라면, 스스로 주인 된 삶을 위한 현명한 선택을 하도록 돕는 것이 교육과정이라고 할 수 있다. 인간을 둘러싼 감각적, 육체적, 물질적, 자연적, 정신적 일체 한계를 초극해가는 메타적 앎의 과정인 것이다. 지혜를 'sense'라는 단어로 표현한 맥락처럼 직관이나 통찰과 같은 통합된 일체적 감각의 촉수를 키우는 것이다. 일체 존재를 초월한 우리들이 참된 인간을 확립하고 진실한 자기를 회복하여 본성대로 살아간다는 것은 근원적 진리이며 교육의 근본이다. 그것이 바로 독자적인 라이프스타일이 된다.

자신만의 고유한 메타버스를 지니고 우리는 세상에 왔다

친환경적 라이프스타일로 세계가 자연 그대로의 건강한 환경과 질서를 되찾아가는 것도 큰 지혜를 완성하는 일임은 물론 BTS처럼 개인의 덕성과 지혜로 창조적 힘을 발휘하여 인류의 문화예술의 발전에 기여하는 것 또한 지혜를 완성하는 교육의 지향점이다.

디지털 메타버스 세계도 취향과 크루, 디지털 사회성이 중요하다. 15초로 접속하는 틱톡도 디지털 사회 활동이다. 메타버스의 세계는 나이와 성별의 차원을 뛰어넘어 차별이 없는 수평적 사회의 세계다. 이미 우리는 신의 피조물로 타자와 전혀 다른 각각의 고유한 메타버스를 지니고 세상에 왔다. 우리의 두뇌 자체가 이미 하나의 초월적인 세계다. 인간의 굽힐 줄 모르는 '의지'는 '베타 엔도르핀'이라는 호르몬을 만들어 환희의 경지에 이르게 한다. 메타버스세대 아이들에게 절실한 교육은 타자의 상상력이 만들어놓은 디지털 메타버스를 통해 현실에서 느끼지 못하던 쾌락과 즐거움을 추구하며 중독적 삶을 살아가기 전에 우리 자신 스스로의 강력한 몰입과 의지로 마약보다 강력한 희열과 기쁨을 얻을 수 있는 선승들의 명상과 같은 정신력의 세계가 있음을 몸소 체험하는 교육이다. 이승헌의《뇌파진동》에 소개된 에스토니아^{Estonia}처럼 명상 수업을 정규교육으로 만들어서 생각과 몰입의 힘을 키워나가 상상력을 키우는 교육정책이 너무나 중요한 시점에 와 있다.

디지털 세계에서는 관계보다 관심이 앞서고 흥미로운 것들은 결국 돈이 된다. 디지털 메타버스 세계의 사회적 관심은 곧 돈이다. 2021년 현재 우리 세계에 갑자기 디지털 메타버스가 돌풍을 일으키며 하나의 사회적 트렌드가 되어가고 있는 것도 그 근원은 자본에 있다. 그러나 거울은 현실을 제대로 비추지 않는다. 메타버스의 세계는 거울의 세계다. 내가 거울을 보고 있는 것인지 진짜 나를 들여다보고 있는 것인지에 깨어 있는 각성이 바로 교육의 방향이다. 앞서 교육이 수행으로 전환되어야 한다고 제안한 이유 중 하나도 생각과 몰입의 힘을 키워 상상력을 극대화시키는 것과도 맥락을 같이한다.

강력한 의지로 몰입할 경우 선승들은 견성의 경지에 도달할 수 있고 그 세계 자체가 저절로 상상하지도 못한 세계를 펼쳐주는 베타엔돌핀의 세계다. 우리가 상상할 수 없는 세계 속에서 얻어진 영감으로 만들어지는 새로운 생각과 예술과 기술들은 누구도 흉내 낼 수 없는 것으로서의 독점적 지위를 갖게 되고 그 자체가 복합적인 의미의 파워가 되기 때문이다.

행복과 불행은 두 가지 태도와
두 가지 선택일 뿐이다

거울은 현실을 제대로 비추지 않고 거꾸로 비춘다. 거울 속의 내가 나와 똑같다고 느끼는 것은 인지 오류다. 메타버스가 이상화된 천국과 같은 세상이라는 생각 또한 인지 오류다.《지혜는 어리석음을 먹고 자란다》에서 행복과 불행으로 표현되는 의식의 세계는 두 가지가 아니고 다만 두 가지 태도와 두 가지 선택일 뿐이라는 오쇼 라즈니쉬의 통찰은 절로 무릎을 치게 만든다. 우리는 메타버스를 올라타지 않아도 이미 자신의 삶의 태도와 자세에 의해서 행복과 불행을 선별적으로 선택할 수 있는 온전한 존재들이다.

다만 행복을 선택함으로써 내가 있는 곳이 천국이 된다. 똑같은 세상이 태도를 바꿈으로써 절대적인 지복으로 바뀔 수 있는 것이다. 메타버스 세계에서 현실을 잊고 화려한 아바타의 가면을 쓴 존재가 아닌 현실 세계의 남루한 누더기 내 모습 그대로일지라도 단지 삶의 초점과 관점을 바꾸는 것만으로, 긍정적인 언어와 마인드의 선택의 변화만으로 충분히 행복할 수 있다. 그것은 인과의 관계가 아니라 각성의 문제이기 때문이다. 깨달음이란 내가 나를 어떻게 인지하고 규정하는가에 대해 눈뜨게 하며 실체를 보게 만든다. 바로 '각성'이고 '각'이란 본디 교육의 기본 중 기본이었다.

메타버스에 이식된 인간의 욕망은 이미 온전한 자아로서의 존재가 아닌 지속적으로 채워져야 할 결핍체로서 설정된다. 글로벌 IT 기업들의 플랫폼 안에서 던져주는 업그레이드의 변화된 삶에 의존하기에 어쩌면 닭장의 삶을 택한 닭 신세가 될지도 모른다. 안전한 닭장을 빠져나와 위험한 태풍의 풍랑 속에 과감히 자신을 맡기고 단번에 수만 리를 날아가는 대붕大鵬의 자세와 태도를 키워주는 것이야말로 메타버스세대 교육의 목표다.

바로 이런 교육의 목표는 인간됨의 차이를 만들어낸다. 아이들이 현명한 선택과 지혜로운 자세로 현실 세계와 디지털 메타버스의 조화로운 삶의 밸런스를 유지하도록 부모들의 라이프스타일 디자인부터 새롭게 만들어 실천하는 것이 메타버스세대 스쿨 혁명의 요점이다. 이제 교육은 부모들의 라이프스타일이 전부인 시대로 돌입했다. 홈스쿨링과 학교교육을 구분하는 것이 의미가 없어진 시대인 것이다.

욕망은 욕망을 낳는다. 메타버스 선풍의 근원적인 이유 중 하나가 상품자본주의라는 것에 집중해야 한다. 수많은 인류학 연구는 사유재산이 없는 인간이 그렇지 않은 인간보다 대부분 더욱 행복하다는 사례를 제시한다. 디지털 메타버스가 또 다른 미래의 기회임은 분명하나 글로벌 공룡 기업들은 세계 모든 사람들이 자신들의 플랫폼에 올라타고 자신들이 만든 전자화폐와 자신들이 만든 단일한 세계관 속에서 기업의 꾸준한 이익을 보장하는 고객을 개발하고자 한다는 것은 이미 상식이다. 구독자와 세계시민 세계가 단일한 하나의 세계로 합쳐지고 단일한 온라인 시스템에 의해서 우리 일상의 모든 것들이 그들의 클라우드에 갇히게 된다면, 그리고 AI 알고리즘에 의해 우리의 의식주가 통제되고 있다면 이미 디스토피아는 시작된 것이라는 것을 알아야 한다.

구글의 사훈이 '악하지 말자'임을 다시 생각해봐야 한다. 마이크로소프트와 페이스북의 선한 영향력을 다시 생각해야 한다. 아마존은 왜 고객 중심인가? 세상의 모든 독재자들은 모두 선한 의지로 세상을 이롭게 할 목표로 독재정치를 실시했다. 심지어 히틀러도 자기 주변 사람과 지인들에게는 좋은 사람이었다. 그들은 새로운 자신들만의 세상을 만들기 위해 어떤 준비를 하고 있었던가? 맹신은 종교이고, 의심은 철학이다. 디지털 메타버스 또한 어쩌면 종교적 신화의 끝이자 또 다른 시작일지도 모른다.

메타버스세대 아이들을 교육한다는 것

메타버스세대 아이들을 교육한다는 것은 단순히 교과목을 가르쳐서 좋은 직장에 취업시켜 돈 많이 벌어 행복하게 살게 한다는 개인적이고 미시적인 목표만을 강조할 수는 없다. 좀 더 거시적이고 우주적인 목표에 집중해야 한다. 메타버스세대 아이들은 전염병, 기후 위기, 식량 위기, 경제 위기, 전쟁 위기 등등 인류의 최대 난제에 당면한 시대의 주역들이기 때문이다. 예방 이전에 과학기술로도 풀 수 없는 기후 문제와 식량문제는 죽느냐 사느냐의 생존 문제로 인간 본성의 야성을 키워줘야만 생존에 유리하다. 단순히 생태 환경을 지켜서 지구를 살린다는 막연한 슬로건보다 내 자식의 생명이 걸린 문제라고 지구가 당면한 문제를 다시 정의해보자. 우리 부모와 교사들의 교육에 대한 태도가 어떻게 달라져야 할지 금세 다시 생각하게 될 것이다.

엄마의 태내에서부터 디지털 미디어 콘텐츠에 둘러싸여 자라온 메타버스세대 아이들에게 당장 자연재해와 전쟁이 닥친다면 스스로를 보호해서 생존하게 될 확률이 몇 %나 되겠는가? 위기의 순간에 아이 손에 돌멩이나 나무 막대가 쥐어지고 자신을 방어하기까지 훈련되지 않은 아이들은 쉽지 않은 일이다. 몸이 먼저 자신을 보호하고 방어하게끔 훈련하려면 스포츠를 통한 신체 훈련은 물론이고 자연 속에서 캠핑도 하고 작은 텃밭이라도 일궈서 도구를 이용하며 몸에 체화시키는 신체 훈련이 동반되어야 한다. 적이나 자연의 위험 이외에 홍수와 같은 재난이 일어났을 때도 마찬가지다. 그냥 무작정 급류에 휩쓸리는 것과 야외 활동을 통해서 나무에 매달리거나 다른 사람들과 협력해서 위기를 넘기는 경험을 했던 아이들은 대처 능력이 달라진다.

어떤 상황에 직면하더라도 끝끝내 다시 생각하고 협력하고 아이디어를 내는 의지력과 힘을 교육과정 속에서 훈련한다면 아이들은 보다 더 적극적으로 자신의 삶을 위한 최선의 방어를 할 수 있다. 메타버스세대 아이들에게 교육은 단순히 개인적인 행복을 위한 조건이 아닌 인류 전체의 생존을 위한 교육, 또는 훈련임에 깨어 있어야 한다. 그와 더불어 지속 가능한 지구와 인류의 존속을 위한 거시적 교육목표에 합당한 메타적 교육 내용과 교육과정, 교육 방법으로 새로운 교육의 지평을 열어야 할 것이다.

디스토피아를 말하는 것이 아니다

나는 낙천주의자요, 몽상가에 히피즘적 일탈을 즐기는 사람임은 물론 별생각 없이 매 순간 재미난 일에 몰두한다. 미래에 대한 전망 또한 너무 낙관적이라 낭패를 볼 때도 많다. 책의 마지막 장에 와서 교육을 생존으로 절실하게 말하는 것은 디스토피아를 말하는 것이 아니다. 메타버스시대는 생존에 비할 만큼 교육이 더욱더 중요한 시대가 되었다는 것을 강조하고 싶었다. 교육의 근원 또한 아이들에게 생존 방식을 일깨워주던 원시 인류 부모의 역할에서부터 시작되었다. 하지만 원시시대 부모들처럼 아이들을 먹이기 위한 수렵·채집·어로 생활에 시간을 쏟을 필요는 없다. 이미 쿠팡과 아마존과 마켓컬리marketkurly가 당신 자녀를 위한 식단을 미리 준비하고 있다. 우리에게 필요한 것은 작은 텃밭이다.

그렇다면 메타버스세대 아이들의 부모와 교사들인 우리가

해야 할 일은 무엇일까? 어떻게 교육해야 할까? 아이 스스로 자신의 길을 찾아가도록 내버려두면 된다. 스스로의 길을 선택하고 결정해서 용기 내어 덤빌 수 있도록 아이들에게 힘을 불어넣어주고 '지혜'를 갖게 하는 일이다. 자신들의 삶의 주인이 되어 삶의 통제권을 갖도록 아이의 선택과 결정을 믿고 격려하고 사랑하며 어루만져주는 일이다. 상상력 가득한 미래를 꿈꾸며 용기 내어 스스로의 삶에 등불이 될 수 있도록 등을 두드려 공감해주는 것이다. 바로 이때 부모와 자녀, 교사와 학생은 서로 공명하며 하나의 큰 우주로 확장된다. 우리의 초월적 세계, 내추럴 메타버스가 꽃으로 피어난다.

작가가 사랑스러워
설레었나요?

SF소설 같은 교육적 상상력이 깜찍해서 혹시 작가가 몸살 나게 사랑스러워졌다면, 당신은 이미 자신만의 상상력과 세계관으로 자신만의 메타버스를 만들어 제 멋대로(자기 스타일대로) 놀 수 있는 사람임이 분명하다. 그뿐인가. 지금 당장 로맨스소설 한 편을 창작할 수도 있는 강력한 상상력의 스토리텔러임과 동시에 21세기가 요구하는 크리에이터가 될 가능성이 다분하다. 상상력 넘치는 이야기를 만들어내는 능력은 바로 21세기 과학 문명의 빈틈을 채울 문화콘텐츠산업의 기본이다. 그와 더불어 당신 삶의 목표를 단순하게 명료화하고 그것을 영화처럼 내러티브 기법을 이용하여 이미지화하면 당신이 원하는 현실을 끌어당길 확률은 더욱 높아진다.

또한 당신은 주변 사람들에게 페닐에틸아민^{Phenethylamine}과 세로토닌^{Serotonin} 호르몬으로 사랑을 나누어주며 스스로도 이미 사랑받고 있는 존재임이 분명하다. 사랑하고 사랑받을 때 우리의 상상력은 폭발하며 자신이 만들어낸 사랑스러운 세상과 조우한다. 기분 좋은 느낌과 상상력이 우리의 현실 또한 행복한 삶으로 만들어내는 것이다.

요절복통할 이야기지만, 호르몬의 작동 원리만 놓고 보자면 예술가가 바람둥이인 것이 아니라 바람둥이이기에 예술가가 되는 것은 아닐까? 바람둥이가 아닌 수행자의 두뇌에서도 더 크고 강력한 사랑인 법열의 상태를 가져오는 베타 엔도르핀이 폭발한다. 화두를 뚫기 위해 강력한 의지력으로 꾸준히 수행하면 그 어떤 마약보다도 더 강력한 행복감과 동시에 고요한 법열의 평화가 찾아온다는 것이다.

그뿐인가. 상상력은 물론 인내력과 기억력과 암세포를 파괴하는 'NK 세포^{natural killer cell}'까지 활성화되면서 평정심을 유지하며 평화 속에서 살아갈 수 있다. 교육이 수행적으로 전환되어야 한다는 제안의 포인트가 바로 여기에 있다. 수행은 꾸준히 자발적으로 강력한 의지력을 발현하며 지속적으로 꾸준히 행해야만 효과가 나타나는 교육과 비슷한 특징이 있다. 이는 아이들의 자발적 학습에 의한 교육 효과와 같다.

하지만 같은 상태의 쾌감과 행복감을 주지만 해로운 환각도 있다. LSD와 같은 환각 물질과 니코틴이나 알코올과 같은 중독 물질이 인체에 들어갔을 때, 디지털 LSD라 불리는 게임을 할 때도 수행자의 두뇌와 같은 쾌감과 행복감을 준다. 문제는 스스로 깨어 있지 못하고 약물과 행위에 휘둘리는 중독적이고 습관적인 삶을 살아가게 된다는 것이다. 디지털 메타버스의 문제점이 여기에 있다. 디지털 메타버스 안에서 상품자본주의의 노예로 살아갈 것인가, 깨어서 상상력 넘치는 몽상가로 자기 삶의 주인으로 살아갈 것인가 하는 것은 아이들의 선택에 달려 있다. 아이 스스로 선택할 수 있도록 간섭하지 말고 내버려두라! 다만 부모와 교사가 자리이타自利利他의 삶을 선택하고 가치 있는 자신의 삶에 몰입하면 아이들은 스스로 가치 있고 의미 있는 삶을 선택하고 결정해서 혼자서도 잘 자란다. 바로 이런 선택과 결정을 현명하게 할 수 있는 능력을 우리는 '지혜'라고 부른다.

미래 교육에서 '지혜의 증득'은 행복한 개인의 삶뿐만 아니라 인류의 생존을 좌우하는 매우 중요한 포인트다. 이제 특정 지식을 알고 모르고는 중요하지 않다. 이미 지식은 우리의 외장 하드 두뇌인 스마트폰이 실시간으로 알려준다. 정작 중요한 것은 자신의 삶을 고양시키기 위해 어떤 선택을 하는 것이 더 중요한지를 스스로 결정하는 과단성과 용기 있는 기개다. 윤봉길 의사가 농촌계몽운동을 위해 야학을 열고, 목숨 걸고 적진에서 적장을 향해 도시락 폭탄을 던진 것 또한 자신의 결연한 선택과 결정이었기에 죽는 순간까지 평정심을 잃지 않고 의연한 모습으로 격조 있는 죽음을 맞이할 수 있었다.

위대한 개인은 바로 이렇듯 스스로 가치 있는 선택과 결정을 통해 탄생한다. 아이들의 교육 또한 스스로 자발적으로 탐구 영역을 넓혀나갈 때 더욱더 확장된다. 이제 아이들의 교육 영역을 단순히 학교 교과에 한정짓지 말고 아이의 삶 전체에 영향을 미칠 세상 모든 삶의 앎에 집중하고 안내해야 한다. 의식주를 비롯한 일상의 모든 것이 배움이 되는 프로젝트 학습인 것이다. 더위를 피해 계곡으로 캠핑을 가기 위해서는 의식주 모든 것이 필요하고 캠핑의 준비 과정과 캠핑의 과정 모두가 아이에게는 큰 배움이 된다. 이것이 바로 라이프스타일 교육이다. 아이는 부모와 캠핑을 준비하고 즐기는 과정에서 부모와 자연과 사람들로부터 많은 지혜를 얻게 된다.

헤밍웨이의 아버지는 다섯 살의 어린 헤밍웨이에게 사냥총을 쥐어주고 인간의 생존을 위한 사격을 가르쳤다. 포획한 짐승은 반드시 식탁에 올려 짐승과 인간이 자연의 생태 고리 안에서 선순환하는 이치와 적게 먹는 이치를 가르쳤다. 불법에서도 최소한의 생명 유지를 위한 식사를 권장하는데, 이 또한 자연 생태 순환의 질서를 유지하기 위한 교육이었다. 어쩌면 헤밍웨이의 아버지는 선견지명으로 헤밍웨이에게 수렵 여행을 통한 로드스쿨링과 자급자족적 경제활동, 예술과 자발적인 삶의 중요성을 통합적으로 가르친 미래형 부모 교사였는지도 모른다.

과학기술 문명이 발전할수록 오히려 슬로우 라이프를 지향하면서 아이들에게 자급자족적인 삶의 가치를 공유해나가는 것 또한 당면한 지구의 문제를 해결해가기 위한 부모와 교사의 역할이다. 아이들은 어른들의 첫째도 사랑, 둘째도 사랑, 셋째도 사랑으로 무럭무럭 자란다. 아이를 사육하거나 교육하려고 애쓸 것이 아니라 충만한 사랑을 지속적이고 꾸준하게 주는 것만으로도 교육의 87.5%는 성공했다고 할 수 있다. 아무리 좋은 교육 프로그램이라 할지라도 부모의 애정이 결핍된다면 아이들은 평생을 마음의 결핍을 안고 살아가게 된다. 만약 부모가 아이에게 충분한 사랑을 줄 수 없는 상황이라면 부모를 대신해 교사와 주변 어른들이 시스템을 만들어서 아이에게 충만한 사랑을 줄 수 있어야 한다. 이것이 디지털 메타버스가 아닌 내추럴 메타버스의 영역을 키우고 사람을 사람답게 성장시키는 선택과 결정의 지혜 증득이고 교육의 역할이다.

<u>아이들을</u>
즐거운 삶에 중독시켜라!

에필로그의 실마리가 풀리지 않아 산에 올랐다. 산 중턱도 오르기 전에 힘든 등산을 멈추고 내려가고 싶은 마음이 절실하여 자꾸 뒤돌아보게 된다. 내 수준에서 최선의 상상력과 지식과 사례와 기획으로 미래 교육 제안이 담긴 원고를 출판사에 넘기지 않았나. 적어도 책 쓰레기를 만들지는 말자는 소신을 위해, 산림 훼손을 막고 지구 환경을 보호하고 싶어서 나는 이토록 잔혹하게 자신을 채찍질까지 해가면서 책의 완성도에 미쳐 있었던 것일까? 내가 산에 오르는 것이 진짜 글의 영감을 떠올리기 위한 것일까, 아니면 욕심일까? 자기모순을 일으키며 등산길의 숨막힘보다 더한 호흡곤란을 일으킬 즈음 자신보다 더 큰 벌레의 잔해를 가지고 날아가기 위해 발버둥치고 있는 말벌과 마주쳤다. 문득 그 모습에서 나를 본다. 작은 조각이라도 자기 것으로 만들어야 비로소 날 수 있다. 도대체 무엇 때문에 시작한 책 쓰기였던가?

산에 오르기 전 108배 기도를 마치고 공양 올린 케냐산 커피를 새벽 기도 도반들과 함께 마셨다. 외할아버지가 쇠죽을 끓이실 때 나던 구수한 볏짚 냄새가 올라온다. 아니 케냐의 소똥 냄새일까? 소똥 냄새에 생각이 이르니 문득 서산대사西山大師의 임종게臨終偈 한 부분이 생각났다.

'니우수상행泥牛水上行(진흙으로 만든 소가 물 위로 가니)'

어쩌면 책을 쓴 나의 상상력도 물 위를 걷는 진흙으로 만든 소이고, 내 삶도 그러하겠구나 하는 생각이 들었다. 우리가 사유하는 세계 모두 그것이 현실이든 가상현실이든 모두 물속으로 걸어 들어가 사라질 한 덩어리의 진흙 아닌가? 모든 것은 변하고 소멸된다. 이렇게 생각하고 나니 머릿속이 조금 더 가벼워졌다. 아마도 나는 이 책을 통해 얻고 싶은 것이 많았나 보다. 사람들에게 인정받고 싶은 욕망과 책을 많이 팔아 돈도 좀 벌면 좋겠다는 생각은 물론 내 제안과 생각이 사람들에게 공감을 불러일으켜 강의도 다니고 유명 작가도 되고 싶다는 욕망이 들끓고 있었던 것이다.

하지만 그 무엇보다도 더 강렬한 욕망은 교육과 삶의 '변화' 또는 교육의 '판 뒤집기'에 대한 욕망이었다. 이것이 교육에 미친 나의 진심이다. 내가 아무리 기상천외한 상상력과 수많은 교육 사례를 가지고 있다 할지라도 그토록 보수적인 세상의 교육을 이 책 한 권으로 바꿔놓을 수 있을까. 진실을 말하자면 교육은 보수적이지 않다. 공부를 잘하면 잘 먹고 잘산다는 중독적이고 습관적인 망상을 마약처럼 흡수하고 우리 스스로 선택한 환각 상태일 뿐이다.

사실 우리는 아이들을 교육하기보다는 사육한다. 짐승이 새끼를 낳아 먹이고 핥아주는 과정처럼 아이를 먹이고 입히는 것 외에 무엇을 했던가. 더 좋은 유기농 음식을 먹이고 명품 옷을 입히며 더 많은 지식을 학습하도록 동기를 부여한 것이 교육인가? 사육은 교육이 아니다. 어쩌면 우리는 아이들에게 강박을 키워주지는 않았을까? 부모인 내가 너를 위해 희생하며 이렇게까지 잘해주는데 공부하지 않는 너는 불효 막급이라는 죄의식을 심어주며 억압하지는 않았나? 효가 윤리적 잣대가 될 수 없는 강력한 이유다. 효는 다만 그 자신의 선택에 의한 사람 된 도리일 뿐이다.

나 또한 무척 관대한 부모님 아래에서 성장했으나 스스로 선택한 글쓰기를 할 때조차도 끊임없이 자신을 학대하는 수준으로 몰아친다. 자신의 생각을 정리하고 독자들에게 제안하는 책 쓰기조차도 눈치를 보며 완벽하게 잘 해야 한다는 강박이 자동적으로 작동한다. 공부해야 출세하고 부자 된다는 중독적 생각이 이미 세상에 만연되어 있어 설령 부모가 공부를 강요하지 않아도 아이들은 사회가 재생산하는 환상 속에서 공부 못하는 자신을 질책하고 돈과 운을 향한 맹목적인 달리기 속에서 좌절하며 자신을 학대한다.

오스트리아 건축가이자 화가인 훈데르트바서^{Friedensreich Hunder-twasser}는 우리가 살아가는 환경을 '나-옷-집-정체성-지구 환경'의 다섯 겹의 피부라고 비유했다. 커다란 욕망덩어리 때문에 날지 못하는 말벌처럼 다섯 겹의 피부를 가진 우리의 비대한 욕망덩어리가 바로 지구촌 80억 개의 '메타버스'다. 내가 접해 있는 현실 세계와 다른 더 멋지고 폼 나고 잘나가는 세상을 꿈꾸며 상상하는 것이 바로 현실의 나를 초월한 세계 메타버스 속의 나인 것이다. 디지털 메타버스에 들어가지 않아도 명상과 몽상만으로도 우리는 얼마든지 디지털 메타버스에서의 즐거움 이상의 것을 누릴 수 있다. 이상한 나라의 엘리스와 빨강 머리 앤의 꿈과 상상은 우리를 또 얼마나 신기하고 재미난 그들만의 메타버스로 안내했었던가. 내가 이 책에서 독자 여러분과 나누고 싶었던 것은 바로 이 부분이다. 타자의 상상력 속에 들어가서 노는 것과 내가 만든 상상력의 세계 속에서 노는 것의 차이를 말하고 싶었다.

타자의 상상력 속에 들어가서 노는 것은 사고를 종속시키고 타자의 사고에 나를 가두며 노예적 삶의 습관을 만들고 거대 기업의 자본은 개인의 자유를 억압한다. 그러나 나의 상상력 속에서 노는 것은 나의 세계를 확장시키고 그 세계 속의 주인 된 자로 당당히 새로운 세계의 주인이 된다. 노예와 주인의 삶은 완전히 다르다. 자신의 삶의 이야기를 만들어내며 주인이 되는 삶은 하나의 품격을 만들어낸다. 그러나 아무리 화려한 삶이라도 타자의 상상력에 의해 만들어진 세상의 기준과 생각 중독 속에서도 알아차리지 못하고 살아가는 삶은 비루하다.

왜 우리는 아이들이 스스로의 삶에서 당당할 수 있도록 교육하지 못하는가? 타자의 기준에만 맞추어서 타자의 눈치를 보며 살아가도록 '부와 행복'이라는 단어로 억압하고 있는가? 왜 디지털 메타버스라는 상품자본주의의 상상력 속에 아이들을 소비자로 가두려 하는가? 왜 몽상가처럼 꿈꾸는 눈빛으로 자신의 세계를 상상하고 꿈꾸며 상상을 현실로 만들어나가도록 하지 못하는가? 왜 일반화된 삶으로부터의 일탈을 막고 있는가? 아이의 행복을 위해서라고 말하고 싶겠지만, 사실 우리는 불안하다. 익숙하고 습관적이고 중독적인 것들이 편하고 안정감을 주기 때문이다. 아이들은 그들 자신이지 우리가 아니다. 내 아이일지라도 이웃집 아이들처럼 객관적인 주체로 바라보는 훈련이 필요하다. 아이들에게 진정 필요한 것은 우주적 몽상과 상상력으로 자신이 창조하고 디자인한 세계와 세상을 만들어가는 일에 용기 내어 덤비는 겁 없는 기개다.

아이들을 즐거운 삶에 중독 시켜라! 품격 있는 삶에 중독되어 춤추고 노래하며 두 손을 마주잡고 눈빛으로 교류하며 우주적 생의 에너지를 교환하게 하라! 우주적 몽상과 상상력이 아이의 꿈을 현실로 바꾼다는 진실을 직면하게 하라!

마야,
세상을 존재하게 하는 우주적 환상

우주적 몽상과 상상력은 세상을 존재하게 하는 우주적 환상의 마야^{Maya}의 마법 세계를 펼쳐놓는다. 우리의 마음이 천국과 지옥, 불행과 행복, 부정과 긍정의 환상을 지어내는 환각임을 고대인들은 이미 알고 있었다. 디지털 메타버스는 새로운 발명이 아닌 인간의 욕망과 환상을 물질적으로 실현한 새로운 도구일 뿐이다. 주먹도끼처럼 인간의 상상력에 의해 만들어진 삶을 위한 도구라는 것이다.

우리의 전 생애는 마음과 상상력이 만들어낸 일종의 마약 환각으로 운명을 만들어낸다. 우리의 모든 삶이 우리 자신의 작품이고 모든 책임은 전적으로 우리 자신의 몫이다. 이는 우리 자신의 삶을 스스로 스토리텔링화할 수 있다는 이야기가 된다. 그렇다면 프로그래밍 된 기존의 사회와는 다른 세상을 만들 수 있는 새로운 파격의 가능성이 생긴다. 자신의 운명을 자신의 상상력으로 창조하고 과보에 대한 책임만 지면된다. 실패해도, 불행해도, 손가락질 받아도 자기 생각대로 실행해보고 아니면 말고, 다시 또 시도하는 것이다. 이와 같이 위험을 감수하고 모험에 나서서 실패에 굴하지 않고 다시 도전해서 굴지의 세계적 공룡 기업을 만들어낸 것이 글로벌 IT 기업 CEO들의 공통점이다.

그럼에도 불구하고 당신은 여전히 아이의 안전한 삶을 원하는가? 중간만 가는 삶을 원하는가? 아이가 스스로 위험한 삶의 모험에 뛰어들도록 아이를 믿고 격려하고 응원할 때 아이는 스스로 자신의 길을 내면서 성큼성큼 걷는다. 상상력은 실재하는 인간 내부에 내재한 능력이자 가능성이다. 티베트 고승들이 명상과 수행의 효과로 혹한의 밤을 불에 대한 상상력으로 이겨내며 오히려 땀을 흘리는 것 또한 상상력의 힘을 말해주는 대표적인 예다.

'서태지와 아이들' 음악을 다시 듣다 보니, 현실 사회에 굴하지 않고 자기 스타일대로 살아가겠다는 새로운 세상에 대한 혁신적 확언이 가득했다. 당시 서태지가 청소년들을 정신적으로 이끄는 '스승'의 역할을 할 수 있었던 이유를 이제 알 것 같다. 그것은 하나의 파격이자 혁명이었던 것이다. 박진영의 패션 코드와 안무 또한 파격을 통한 혁명적 언어였음은 물론이다. 비난받을 각오를 하고 비닐바지를 입고 춤을 추며 기존 현실을 음악과 춤이라는 예술로 비틀어 새롭게 디자인했음은 물론 자신의 삶의 스타일로 만들었다. 이 창조적이고 예술적인 딴따라의 삶의 행위가 파격 아닌가? 바로 여기에 혁명이 있다.

건강한 혁명은 개개인의 의식 변화로부터 시작되어 삶의 양식과 가치가 변형되면 어느 순간 고드름이 단번에 뚝 떨어지듯이 세상을 변화시킨다. '코로나19' 또한 혁명적인 사회 변화를 가져오긴 했지만, 그 중심에 바이러스라는 병원균의 불안이 있다는 것이 병적이다. 우리는 단지 상상력을 통해 질병이 바로 이곳에 있다고 상상하는 순간, 그 질병이 도처로 퍼져나간다는 사실을 간과하고 있다. 결국 코로나19는 공포와 불안으로 인간과 사회를 통제하며 오프라인 시스템을 온라인 시스템으로 일시에 변형시켰다. 하지만 이 새로운 문명의 시작이 인간에게 정말 이로운 것이고 생존과 진화를 위협하는 것은 아닌지에 대해 숙고해야 한다. 온라인 시스템으로 이익과 권력을 거머쥘 수 있는 사람들이 누구일지를 생각해보고 독식을 막아야 한다. 코로나19 사회시스템으로 이익이 독점되면 세상의 균형은 깨지게 된다.

빈부의 격차는 하늘과 땅 차이가 됨은 물론 온라인상에서 강력한 세계 제국과 황제가 탄생할 수도 있다. 유저들을 모두 눈먼 자들로 만들고 주도권을 쥐고 있는 혁신적 CEO들이 자신들이 꿈꾸고 상상하는 세계의 유일한 눈뜬 자로 군림할 수도 있다. 그들은 온라인 시스템의 솔루션과 데이터를 모두 쥐고 있다. 세계의 모든 정보가 그들 수중 안에 있다고 말해도 과언이 아니지 않을까? 심지어 인공위성과 식품, 생체 바이오백신 시장까지 석권하고 있다는 것은 더 심각하다.

전쟁과 식량, 전염병은 인류의 존속을 결정하는 가장 치명적인 문제다. 미국을 비롯한 열강이 국가 이윤을 추구하기 위해 전쟁까지 불사하며 제국주의적인 정치 전략을 구사해온 것과 글로벌 공룡 기업들이 이윤 추구를 위해 과학기술력과 콘텐츠 개발 및 매입에 촉각을 세우고 있는 것은 다르지 않다. 페이스북은 어쩌면 디지털 메타버스 대제국으로 먼저 군림할 수도 있다. 왜? 이미 주커버그가 청소년기부터 그런 세상을 상상하고 꿈꿔왔기 때문이다. 인간의 상상력은 이토록 파워풀한 것이다. 자신의 상상력에 제한을 가하지 않고 관철될 때까지 의지력으로 밀어부친 사람들이 결국 세상을 바꿔왔다. 히틀러도 그중 한 사람이다. 인류의 역사에서 기업의 권력이 국가권력을 능가한 때가 있었던가? 페이스북은 곧 유저가 30억 명을 돌파할 것이라는 예견이 분분하다.

30억의 제국민이 모두 오큘러스 퀘스트를 착용하고 디지털 메타버스 세계의 비전을 발표하는 주커버그의 연설을 들으러 페이스북의 메타버스 플랫폼 '호라이즌'으로 모여드는 장관을 상상해보라. 세금도 구독료로 유저들이 기꺼이 자진 납세를 하는 시스템이니 미납자에 대한 세관원의 단속도 필요 없다. 2016년 갤럭시S7 언팩 행사 현장에 갤럭시 기어를 쓰고 있는 관람객들 사이로 입장하는 마크 주커버그 사진은 '눈먼 자들의 도시'를 시찰하는 유일한 '눈뜬 자'와 같은 이미지로 읽히기도 한다.

아이들은 이미 온라인 수업에 적응하여 학교에 가는 것을 힘들어하기 시작했음은 물론 어른들도 재택근무의 편리성에 적응하기 시작했다. 각자의 집이라는 새장에 갇혀 배달 앱에서 날라다주는 먹이로 연명하며 채팅 앱의 문자로(문자와 언어만으로 인간은 완벽한 소통을 할 수 없다. 비언어적 언어인 제스처와 눈빛과 태도 등을 통해 상대의 말을 더 많이 이해하기 때문이다.) 자신이 읽고 싶은 대로, 생각하고 싶은 대로, 원하는 환상대로 해석하고 관계를 결론짓고 자신의 행복과 불행을 단정짓는 세상이 왔다. 이는 80억 개의 언어를 의미한다. 진정한 바벨탑의 재앙이자 대혼란이다. 심지어 목소리 통화도 쑥스럽다. 애매한 표정의 하트와 '엄지 척' 이모티콘을 날리는 것만이 '긍정'을 말하는 의사소통의 명확함이 되었다. 그러나 진실은 모호하다.

우리의 감정도 이제 모호한 단 두 가지 기호, '하트와 엄지 척'만으로 작동한다. 상대의 진짜 마음은 나의 예측하는 두뇌와 상상력이 대신할 뿐 진짜 진실은 알 수 없다. 내가 두려워하는 디지털 메타버스 사회의 극단이 바로 여기에 있다. 커뮤니케이션의 부재다. 어떤 교육으로도 진정한 소통이 불가능해진다는 것. 심지어 현실 세계의 자신과 디지털 메타버스 내에서 이상적으로 구현된 자신의 아바타와도 일치된 자아로 타협할 수 없다. 자기 분열의 시초다.

아이들은 우리보다 훨씬 똑똑하지만, 인간의 욕망과 열등감은 보편적인 우매함을 갖고 있다. 우리는 관계 속에서 가면을 쓰는 것은 물론 뇌는 자기 자신에게조차도 거짓말을 하며 현실을 조작할 수 있다. 상상력과 환각은 한 끗 차이다. 현실은 어디까지나 상상력을 통해 창조된다는 것이 가능성이기도 하지만 위험성도 동반된다. 메타버스세대 아이들에게 비평적인 시각과 자기 성찰을 키워주는 미디어 리터러시 교육이 너무나 중요한 지점이다.

"아, 우리는 정말
날것으로 살아야 해!"

코로나19 시기에 공연장에서 라이브로 음악을 듣는다는 것은 하나의 기적이다. 삶의 생기가 사운드를 통해 생생하게 번져가며 뮤지션들이 교류하는 아름다운 에너지까지 눈에 보일 정도다. '아, 우리는 정말 날 것으로 살아야 해!' 저절로 속으로 외쳐진다. 막이 내리고 연주자들에게 호들갑을 떨며 감동을 전하니 독일인 지휘자가 당신의 에너지가 좋다며 다짜고짜 자신과 결혼하겠냐고 물어온다. 한순간 모두 폭소를 터트리며 웃는다. 이런 순간적인 위트들이 우리 삶의 생생함일 수 있고 관계의 본질일수도 있다. 단 몇 초만이라도 웃음으로 하나가 되어 동질감을 느낀다는 것, 우리가 웃음이라는 에너지로 하나가 되었다는 것이 생생한 날것의 아름다운 삶의 그림이다.

상상력은 힘이고 에너지이며 마음은 상상력을 통해 움직인다. 육체도 그 뒤를 따르게 된다. 코로나19 바이러스로 불행해지는 자신을 상상하고 불안과 공포에 떨기보다 바이러스보다 더

338

강력한 생기의 면역력을 키워 마스크쯤은 벗어던지고 다시 자유롭게 만나고 소통하고 웃고 떠드는 세상을 상상하고 우리의 현실로 만들어가야 한다. 디지털 메타버스 세계에 새로운 돈과 부의 기회가 시작되었으니, 지금 당장 메타버스를 타라는 경제 논리도 중요하다.

하지만 더 본질적으로는 진흙으로 만든 소가 물로 걸어 들어가면 결국 흙이 되고 만다는 사실이다. 인간에 대한 존중과 생존이 보장되지 않는 사회에서 돈을 많이 확보하는 것이 무슨 의미가 있을까? 배달 음식과 택배로 일회용품과 쓰레기는 점점 더 쌓여가고 결국 지구온난화로 물난리가 나면 세상의 모든 전원은 다 꺼지고 우리 삶의 도구들은 모두 바다로 쓸려 내려가고 만다.

진흙으로 만든 소가 흙탕물로 변하기 전에 오프라인의 태고적 라이프스타일을 지속해나갈 수 있는 교육과 사회적 움직임이 동반되어야 한다. 교육은 돈을 벌어서 부자가 되기 위한 것이 아니라 인간의 자유를 위해 돈을 벌어서 자연의 섭리에 순응하는 존재로서 나누며 살아가야 한다는 배움에서 시작되어야 한다. 혁명이란 바로 이런 것이다. 우리 개개인의 생각의 변화를 통한 상상력을 지혜로운 선택과 결정으로 새로운 삶을 디자인하고, 관계를 디자인하고, 사회와 세상을 디자인하여 모두에게 이롭게 쓰이는 것이다.

우리는 오쇼 라즈니쉬와 크리슈나므르티의 통찰처럼 세상은 하나로 연결되어 있다는 삶의 총체성을 이해해야 한다. 아이들 교육을 총체적 프로젝트 학습으로 일상에서 체험과 경험을 중심으로 변환해야 하는 이유도 그와 같고, 일상의 모든 라이프 스타일이 교육이 되는 이유이기도 하다. 자기 경험의 독특한 맛이 바로 지혜다. 지혜는 정보가 아니라 매순간의 선택과 경험을 통해서만 그 자신의 본성을 통해 깨우쳐진다. 지혜는 가슴을 통해 일어나며 논리가 아니라 사랑을 통해 일어난다. 이제 더 이상 아이들에게 지식을 얻기 위한 학습으로 시간을 낭비하게 하지 말자. 그 시간에 아이와 더 깊이 사랑하고 대화할 수 있도록 우리의 에너지를 가슴으로 옮겨 아이에게 더 많은 사랑을 전해주자. 우리의 사랑이 가슴속 깊은 곳의 자아^{self}로부터 진정성 있게 뿜어져 나올 때 아름다운 충만감과 축복의 감정이 밀려오며 아이와 세계에 더 많이 관대해지기 시작한다. 그것이 바로 지혜다. 지혜는 자유와 변형을 가져온다. 예술가도 자신의 작업에 몰입하며 경험 속에서 지혜를 얻고 자유와 변형을 거듭하며 예술과 혼연일체가 된다. 서태지와 박진영이 아티스트인 이유다.

인간은 예술가가 아닌 테크니션^{technician}으로 자기 자신을 무의식적이고 기계적인 로봇처럼 만들 수도 있다. 그들은 시대와 경제 트렌드라는 파도가 치는 대로 이리저리 떠돌아다니는 부표처럼 필사적으로 자신의 존재를 창조하려고 하지 않는다. 우리가 아이들 삶에 개입하고 교육을 한다면, 바로 이런 순간에 브레이크를 잡고 동기부여를 해주며 모험 속으로 뛰어들도록 아이에 대한 신뢰와 믿음으로 창조를 응원해주는 것이다.

아이들은
하나의 가능성이자 기회다

아이들은 하나의 가능성이자 기회이고 시대와 역사를 건너가는 여행자다. 여행길에 모험을 즐기며 매일 새로운 실수로 크게 웃고 또 새로운 지혜를 얻어 한 걸음 더 나갈 수 있도록 배움의 길을 더 크게 열어줘야 한다. 엄마 아빠와 계곡에서 신나게 물놀이를 하는 아이가 디지털 메타버스 세계에 빠져들 리는 만무하다. 더 즐거운 삶과 더 즐거운 가치와 더 품격 있는 삶에 우리 아이들을 안내하고 취향을 키워주는 것이 바로 우리가 해야 할 이 시대의 교육이자 배움이다.

자! 이제 당신 먼저 위험하고 창조적인 인간이 되어보라! 새로운 방식으로 모험에 뛰어들고 실수하며 폭소를 터트리고 다시 또 도전하라! 이것이 바로 수행으로써의 교육이다. 꾸준히 매일 매일 시도하다 보면 조금씩 더 좋아진다. 당장 일확천금을 바라는 불안을 당신 아이에게 유산으로 물려줄 것인지, 아니면 지금 당장 아이와 계곡물에 뛰어들어 피라미를 잡는 모험으로 사랑의 에너지 속에서 행복할 것인지는 이제 당신의 선택과 결정만 남아 있다.

당신이 지혜로운 사람인지 아닌지는 당신의 선택과 결정이 판단한다. 마음은 겁쟁이지만 가슴은 용감한 사람이 되어보자. 에고 아닌 자기 본성의 자아로 살아보자. 팔딱팔딱 뛰는 벅찬 가

습만이 미지의 것을 뚫고 자유로운 자만이 자기 삶을 책임감 있게 변화시켜나간다. 황금 새장이라도 새장은 새장일 뿐이다. 종교·국가·이데올로기의 새장 또한 내추럴 메타버스다. 이데올로기 이전에 인간이고 돈 이전에 인간의 생존이다. 심지어 디지털 메타버스는 말할 것도 없다.

우리는 본디 새장 속에서 살도록 만들어진 존재가 아니다. 모험과 변화가 조금 버거워도 우리들의 존재를 위해 따뜻한 사랑의 기운을 나누며 인간됨의 온기를 유지해나가자. 서로를 깊이 사랑하고 노래하고 춤추며 서로 손잡고 시에 취해 큰소리로 웃고 영혼까지 깊숙이 교감하며 살아보자. 광장으로 모이고 텃밭으로 모이고 산과 들에서 함께 모여 먹고 마시며 관계 맺는 인간됨의 근원! 인간 생명의 근원적 활동으로써의 슬로우 라이프를 지켜나가자. 그것이 바로 우리 삶의 클래식이다.

인간의 고독을 촉진시키는 고립과 단절의 온라인 사회시스템의 발전 방향에 웃고 기도하고 반항하고 저항하자! 더 깊게 이 세상 사람과 사물과 자연과 관계를 맺고 서로가 연결된 하나의 커다란 존재임을 느껴보자. 하나의 우주가 되어보자.

어쩌면 이 책은 디스토피아와 유토피아의 세계를 그리는 SF소설이자 메타팩션임이 분명한 것 같다. 다섯 달의 집필 기간 동안 책 쓰기를 통해 미래 교육과 아이들의 삶에 대해 마음껏 상상하고 제안하고 디자인하며 몽상가적 삶을 살 수 있어 즐거웠다. 마지막으로 함께해준 여러분들께 깊은 감사의 마음을 담아 우주적인 비유로 내 마음을 전하고 싶다.

"달이 참 밝네?"

옛분들은 그렇게 사랑을 고백했더란다.

메타버스세대 아이들을 위한 미래 교육의 방향

메타버스 스쿨혁명

초판 1쇄 발행 2021년 11월 10일
초판 2쇄 발행 2021년 12월 13일

지은이 김은형

대표 장선희 **총괄** 이영철
기획편집 이소정, 정시아, 한이슬, 현미나
마케팅 최의범, 강주영, 이정태, 이동희, 김현진
책임디자인 최아영 **디자인** 김효숙

펴낸곳 서사원 **출판등록** 제2018-000296호
주소 서울특별시 영등포구 당산로54길 11, 3층
전화 02-898-8778 **팩스** 02-6008-1673
이메일 cr@seosawon.com
블로그 blog.naver.com/seosawon
페이스북 www.facebook.com/seosawon
인스타그램 www.instagram.com/seosawon

ISBN 979-11-6822-006-5 03370

서사원은 독자 여러분의 책에 관한 아이디어와 원고 투고를 설레는 마음으로 기다리고 있습니다.
책으로 엮기를 원하는 아이디어가 있는 분은 이메일 cr@seosawon.com으로
간단한 개요와 취지, 연락처 등을 보내주세요. 고민을 멈추고 실행해보세요. 꿈이 이루어집니다.